U0925899

上海立信会计金融学院

SHANGHAI LIXIN UNIVERSITY OF ACCOUNTING AND FINANCE

—— 1928-2018 ——

本系列图书由上海立信会计金融学院
学术出版专项资金资助

序伦财经文库

生产性服务贸易自由化对制造业发展的影响

舒杏⊙著

立信会计出版社

图书在版编目(CIP)数据

生产性服务贸易自由化对制造业发展的影响/舒杏著. —上海：立信会计出版社，2018.6
(序伦财经文库)
ISBN 978-7-5429-5758-0

Ⅰ.①生… Ⅱ.①舒… Ⅲ.①生产服务—服务业—关系—制造工业—工业发展—研究—中国 Ⅳ.①F719 ②F426.4

中国版本图书馆 CIP 数据核字(2018)第 119371 号

策划编辑 窦瀚修
责任编辑 陈 旻
封面设计 南房间

生产性服务贸易自由化对制造业发展的影响

出版发行	立信会计出版社		
地　　址	上海市中山西路 2230 号	邮政编码	200235
电　　话	(021)64411389	传　　真	(021)64411325
网　　址	www.lixinaph.com	电子邮箱	lxaph@sh163.net
网上书店	www.shlx.net	电　　话	(021)64411071
经　　销	各地新华书店		

印　　刷	江苏凤凰数码印务有限公司		
开　　本	710 毫米×1000 毫米	1/16	
印　　张	14.75	插　　页	1
字　　数	196 千字		
版　　次	2018 年 6 月第 1 版		
印　　次	2018 年 6 月第 1 次		
书　　号	ISBN 978-7-5429-5758-0/F		
定　　价	58.00 元		

前　言

后金融危机时代，我国经济处于“三期叠加”的特定阶段，使服务业的重要地位日益彰显。2008—2014 年，国内生产总值（GDP）中制造业增加值所占比重从 41.5%下降至 35.8%，而服务业增加值比重从 41.8%上升至 48.2%，这表明经济结构正加速向服务业主导型转变。无论在国际层面还是国内层面，服务业开放都是关键，服务贸易自由化的趋势不可逆转。生产性服务业作为经济活动的中间枢纽，是从制造业内部生产服务部门独立发展起来的新兴产业，其发展程度对整个产业链的技术进步和创新至关重要。目前，我国生产性服务业发展相对滞后，使制造业面临高质量生产性服务供给不足的“瓶颈”。在此背景下，亟须通过对外开放来调结构和促改革，通过降低国外服务企业进入壁垒带来优质且高效的生产性服务要素投入。

本书研究生产性服务贸易自由化对制造业发展的影响机制及效果，主要从生产率效应、就业效应和商品出口效应三个角度展开分析。本书的研究具有一定的理论和实践意义：一方面，在一定程度上拓展了异质性企业贸易理论框架下关于服务贸易自由化收益的研究；另一方面，为我国推进生产性服务贸易自由化改革，促进制造业的发展提供了有力支持，同时对我国生产性服务部门开放政策的制定和完善，具有重要的参考和指导意义。

本书的基本思路是：首先，紧扣生产性服务贸易自由化与制造业发展的主题，进行理论基础和相关文献综述的归纳总结并形成机制分析。其次，分析我国生产性服务贸易的发展现状，分别从服务贸易的多边开放、双边或区域开放，以及商业存在模式下开放等视角来探讨生产性服务贸易自由化的实现路径，同时借鉴 Novy（2013年）的“相对贸易模型”间接测算我国生产性服务部门的贸易自由度并进行国际比较。接下来实证部分的研究涵盖三部分内容：一是考察生产性服务贸易自由化对制造业生产效率的影响，分别从理论机理、企业规模、所有制结构以及生产率分布异质性等角度来检验生产性服务贸易自由化的生产率效应；二是生产性服务贸易自由化与制造业就业的动态研究，主要基于 Feenstra 和 Hanson（1996 年）理论模型考察生产性服务贸易自由化对制造业就业总量和就业结构的影响；三是生产性服务贸易自由化对制造业出口的非线性检验，分别从企业层面和行业层面考察服务贸易自由化与企业出口的动态行为，并从出口贸易结构视角，探讨服务贸易自由化对行业出口技术复杂度的影响。最后，进行全文基本结论的归纳整理，提出我国推进生产性服务贸易领域开放促进制造业发展的政策建议，同时指出本书的研究不足与未来展望。

本书围绕研究的核心问题，充分吸收前人理论和实证研究经验，在理论探索、服务贸易自由化指标测度、研究视角和研究方法四个方面做了一些创新性的研究尝试：

（1）在理论层面，服务贸易自由化对制造业发展的影响效应属于服务贸易自由化收益范畴。已有关于服务贸易自由化收益的理

论研究，大都基于传统贸易理论和新贸易理论框架，从比较优势、要素禀赋和规模经济等角度，来探讨服务要素国际间流动是否增加贸易国福利效应。但是在异质性企业贸易模型框架下，从微观企业差异角度来研究服务贸易自由化收益的文献较少。本书尝试将Yeaple(2005年)关于异质性生产技术的假设与Melitz(2003年)模型基本假设相结合，通过数理模型的建立和推演，在生产率变化的情形下来探讨生产性服务贸易自由化对制造业行业生产率的影响。

(2) 由于服务贸易壁垒具有隐蔽性，没有类似于关税的统一衡量指标，已有研究采用的服务贸易自由化指标存在一定局限：如频度工具法对开放承诺的权重界定具有较强主观性，服务业FDI仅体现商业存在模式下的服务贸易开放，没有考虑其他三种贸易模式(跨境交付、境外消费和自然人流动)，而服务贸易依存度无法反映出规模经济的影响。本书创新地使用Novy(2013年)的“相对贸易模型”，将贸易成本关税等值的计算公式拓展为包含多个服务部门和充分考虑时间效应，该指标较全面地衡量了我国生产性服务部门的贸易自由度。

(3) 在研究视角方面，第一，多数研究仅对贸易自由化与生产率的关系进行简单判断和验证，缺乏从理论机理和企业异质性等角度进行更深层次的考察。此外已有研究主要基于静态视角，尚未从企业进入、退出和市场份额转移等动态视角进行研究。本书从理论上探讨了生产性服务贸易自由化对制造业生产率的作用机制，进一步从多渠道和多角度来进行检验。第二，直接研究生产性服务贸易开放与制造业出口内在关系的文献较少，本书采用Heckman两阶段估计来分析服务贸易自由化对企业出口参与决策和出口强度的影响，同时还采用 K-M 生存分析方法研究服务贸易自由化对企业出口退出行为和出口生存时间的影响。第三，对行业出口效应进行非线性检验并从出口贸易结构角度考察服务贸易自由化对制造行业出口技术复杂度的影响。本书在一定程度上弥补了异质性企业贸易理论框架下经验研究的空缺，特别是提供来自发展中大国和转型经济体的经验与证据。

(4) 在研究方法上，本书充分考虑了服务贸易自由化的内生性问题。多数文献仅将服务贸易自由化指标滞后一阶，本书则采用动态面板系统 GMM 估计来控制内生性，在稳健性检验和分组回归中使用工具变量两阶段最小二乘法（IV-2SLS）、倍差法（DID）以及 Heckman 两阶段估计等方法，从而纠正了以往采用普通最小二乘法（OLS）可能产生的偏差问题。

舒　杏

2018 年 3 月 26 日

目　　录

1 导　论

1.1 问题的提出

2015 年 11 月，习近平总书记首次提出了“供给侧结构性改革”，其核心在于通过改革优化资本、劳动、资源和技术等生产要素的投入质量和使用效率，进而为经济发展提供支撑。2017 年中央经济工作会议进一步明确指出，要形成以新发展理念为指导、以供给侧结构性改革为主线的政策体系。生产性服务业作为经济活动的中间投入，是以人力资本和知识资本为主要特征的高端生产要素，其发展程度关系到整个产业链的技术进步和创新。目前，我国生产性服务业的发展相对滞后，主要表现为高端生产性服务业占比较低、高质量生产性服务对制造业有效供给不足、生产性服务业与制造业协同发展不强。根据经济合作与发展组织（OECD）各国投入产出表计算，我国制造部门对生产性服务部门的依赖程度仅为 14.16%，而同期美国和德国分别为 37.1%和 31.6%，巴西和印度等发展中国家也远高于中国水平。

尽管我国生产性服务业发展水平滞后，但目前服务贸易自由化的趋势已不可逆转。无论在国际还是国内层面，服务业都面临扩大开放的迫切需要。2014 年国务院出台《加快发展生产性服务业，促进产业结构调整升级的指导意见》，提出进一步放开生产性服务业领域市场准入，营造公平竞争环境，不得对社会资本设置歧视性障碍，鼓励社会资本以多种方式发展生产性服务业。可以预见，生产性服务贸易开放将通过改进和优化服务要素投入来促进制造业的发展。本书将重点探讨生产性服务贸易自由化对我国制造业发展的影响及其作用机制，围绕生产率提高效应、就业增加效应和商品出口效应展开分析。这一问题的研究对中国尤为重要，原因为：其一，制造业已成为经济快速发展的主要推动力，我国制造业以“低端嵌入”的弱势竞争参与国际分工体系，面临价值链被低端锁定的风险。如何通过提高生产效率和出口技术复杂度来保持中国制造业的优势，并实现制造业的转型和升级，必然是“中国制造”未来的发展方向。蔡昉（2014 年）指出，全要素生产率及其对经济增长的贡献是新常态经济增长的动力。其二，关于“中国制造”的政策解释主要集中于制造业引资、市场化改革以及货物贸易自由化等，基于服务贸易自由化与制造业发展视角的研究较少。因此，本书对如何推进生产性服务贸易领域开放进而促进制造业转型升级具有重要的理论和现实意义。

在上述现实背景下，本书采用动态面板系统 GMM 估计、工具变量 2SLS 和 Heckman 两阶段估计等计量方法，通过中国工业企业数据库、世界投入产出数据库（WIOD）和 Uncomtrade 数据库，结合理论和实证研究方法，重点探讨以下三个问题：①中国生产性服务贸易自由化改革如何影响制造业生产效率；②生产性服务贸易自由化是否带来了制造业就业总量的增加，并且促进制造业就业结构的优化；③生产性服务贸易自由化如何影响企业出口动态以及行业出口动态行为，是否会提高出口产品技术复杂度。

通过对上述问题的研究，本书得出了比较丰富的结论，基本结论可概括为以下三方面：第一，生产性服务贸易自由化主要通过中间品贸易、产品内资源重置和技术创新等渠道提高制造业企业生产率；从动态视角来看，生产性服务贸易自由化显著提高了制造业行业总体生产率、企业平均生产率以及资源再配置效应，且对资源再配置效应的促进作用略高于企业平均生产率；此外，对资源再配置效应的促进作用主要是依靠企业的进入和退出实现，在位企业之间市场份额转移所带来的驱动作用甚微甚至为负。从异质性影响来看，生产性服务贸易自由化对生产率的影响在不同规模、所有制结构以及生产率分布差异

的企业间表现出异质性。第二，生产性服务贸易自由化对制造业就业总量有显著正向影响，并且促进了制造业就业结构的优化，即提高了技术工人的比重。第三，生产性服务贸易自由化提高了企业出口参与决策和出口强度，降低了出口市场上企业的退出概率并有利于延长企业出口生存时间；生产性服务贸易自由化对行业出口的影响会由于全要素生产率的作用表现出非线性特征，并且存在双重门限效应。从出口贸易结构来看，生产性服务贸易自由化促进了制造业出口技术复杂度的提升。本书在一定程度上拓展了异质性企业贸易理论框架下的经验研究，从生产性服务贸易开放视角为我国制造业快速发展提供了新的政策诠释。

1.2 选题意义

随着现代社会分工的日益明确细化，制造业与生产性服务业之间互动融合发展的趋势愈发明显。生产性服务业作为经济活动的中间枢纽，贯穿于生产链条的上、中、下游诸环节，是以人力资本和知识资本为主要特征的高端要素投入，对推动经济发展方式转变、产业结构转型升级以及吸纳就业起着不可替代的作用。与发达国家相比，我国生产性服务业仍然相对滞后，在国民经济中的地位以及对经济发展的引领支撑作用有待进一步增强。在此背景下，生产性服务贸易开放为我国制造业发展带来了良好契机。一方面，2014 年国家首次对生产性服务业发展进行全面部署并提出放开生产性服务业市场准入，此后又提出了“供给侧结构性改革”的伟大战略举措，要求在适度扩大总需求的同时，着力提高供给体系质量和效率，增强经济持续增长动力，因此，加快生产性服务部门开放，通过降低国外服务企业进入壁垒带来优质且高效的服务要素投入，对制造业的转型升级具有重要的意义；另一方面，从世界比较优势动态演进以及产业结构调整来看，经济结构正加速向服务业主导型转变。美、欧、日等发达国家经济结构正逐渐向服务业倾斜，我国经济结构中服务业的重要地位也日益彰显。因此，如何在全球服务贸易发展的大趋势下，有序推进服务贸易自由化进程，从而提高我国制造行业的生产效率和出口技术复杂度，成为实践部门和理论部门亟需解决的重要议题。

本书的研究意义是明显的。首先，从理论意义上来看，服务贸易自由化对制造业发展的影响效应属于服务贸易自由化收益范畴。已有关于服务贸易自由化收益的理论研究，大都基于传统贸易理论和新贸易理论框架，从比较优势、要素禀赋和规模经济等角度，来探讨服务要素国际间流动是否增加贸易国福利效应。但是在异质性企业贸易模型框架下，从微观企业差异角度来研究服务贸易自由化收益的文献较少。本书尝试将 Yeaple(2005 年)关于异质性生产技术的假设与 Melitz(2003 年)模型基本假设相结合，在企业生产率变化情况下来探讨生产性服务贸易自由化如何影响制造业行业生产率。本书在一定程度上扩展了异质性企业贸易理论框架下关于服务贸易自由化收益的理论研究。其次，从现实意义来看：①目前我国制造业被锁定在全球价值链低端，缺乏自有品牌和自主创新能力，探讨如何提高生产效率和出口技术复杂度对制造业转型升级显得尤为重要。本书研究生产性服务贸易自由化对制造发展的影响及其作用机制，从生产性服务贸易开放视角为“中国制造”的政策内涵提供了新思路。②本书基于企业微观层面和行业中观层面数据，充分考虑内生性问题并采用科学严谨的实证方法，得到的结果较为可靠，这也为我国如何推进生产性服务贸易领域开放以及服务贸易自由化政策的制定和完善提供了一定的参考和借鉴。

1.3 主要内容及结构安排

1.3.1 主要内容

本书研究的逻辑思路按照如下章节逐一展开：

第 1 章，导论。本章介绍本书的选题背景、研究意义、主要内容、结构安排和研究方法等。

第 2 章，文献综述。本章分别从相关概念界定、生产性服务贸易自由化与制造业发展的理论基础、生产性服务贸易自由化促进制造业发展的国内外相关文献角度进行分析，最后在理论与文献回顾基础上进行评述，探究既有研究的不足或存在的问题，从而确定本书的研究创新点与研究方向。

第 3 章，生产性服务贸易自由化对制造业发展的作用机制。本章综合整理已有文献中提到并解释的各种贸易自由化影响路径，从生产率提高效应、就业增加效应和商品出口效应三个角度展开分析，递进式地探讨生产性服务贸易自由化对我国制造业发展的作用机理。其中，生产性服务贸易自由化主要通过中间品贸易、产品内资源重置和技术创新等渠道来作用于制造业企业生产率。生产性服务贸易自由化对制造业行业生产率的影响则来自两个方面：一是行业内企业生产率加总效应；二是企业进入退出和市场份额转移带来的资源再配置效应。生产性服务贸易自由化对制造业出口和就业的影响，均可划分为直接效应和间接效应。

第 4 章，中国生产性服务贸易自由化现状分析。本章首先分析我国生产性服务贸易的发展现状，其次从服务贸易的多边开放、双边或区域开放，以及商业存在模式下开放等视角来探讨我国生产性服务贸易自由化的实现路径。最后，基于 1995—2011 年世界投入产出表(WIOT)和国家投入产出表(NIOT)，采用 Novy(2013 年)的“相对贸易模型”间接测度了我国生产性服务贸易自由度并进行国际比较。发现我国服务贸易成本关税等值排名第 10，总体呈不断下降趋势，其中批发零售业和航空运输业贸易成本的下降幅度较大，而金融业无论贸易成本的绝对值还是变动幅度均相对较小。

第 5 章，生产性服务贸易自由化对制造业生产效率的影响。首先，本章借鉴张艳等(2013 年)的任务外包模型探讨服务贸易自由化对制造企业生产率的影响并提出理论假说，认为服务贸易自由化会通过中间品贸易、产品内资源重置和技术创新等渠道影响制造业企业生产率。渠道效应的检验论证了理论假说。其次，本章从企业规模和所有制结构异质性视角，来考察生产性服务贸易自由化对企业生产效率的影响在不同规模和所有制结构方面是否存在差异。再次，基于企业生产率分布异质性视角，考察服务贸易自由化对制造行业内生产率不同的企业是否影响一致。然后，本章将内生技术选择与 Melitz 模型基本假设相结合，通过数理模型的建立和推导，在生产率变化情况下探讨服务贸易自由化对制造业行业生产率的理论机理。最后，根据 Baily 等(1992 年)分解思路，对制造行业生产率进行动态分解，重点考察企业进入退出、市场份额转移带来的资源再配置效应以及服务贸易自由化在其中发挥的作用。

第 6 章，生产性服务贸易自由化与制造业就业的动态研究。首先，基于 Feenstra 和 Hanson(1996 年)模型探讨生产性服务业开放对制造业熟练劳动者就业水平的影响；其次，采用动态面板 GMM 计量方法，以及分组回归的方式，分别研究生产性服务贸易自由化对制造业就业总量和就业结构的影响。结果发现，生产性服务贸易自由化对制造业就业总量有显著的正向影响，并且促进了就业结构的优化，即提高了技术工人的就业比重。

第 7 章，生产性服务贸易自由化对制造业出口的非线性检验。首先，基于 Baldwin 和 Forslid(2010 年)模型从理论上分析生产性服务业开放对制造业出口的作用机理；其次，采用 Heckman 两阶段估计和 K-M 生存分析方法，分别从企业出口参与决策、出口强度和出口持续时间角度，考察服务贸易自由化与企业出口的动态行为；最后，对服务贸易自由化的行业出口效应进行非线性检验，并从出口贸易结构视角，考察服务贸易自由化对行业出口技术复杂度的影响。结果发现，生产性服务贸易自由化提高了企业出口参与决策和出口强度，降低了出口市场上企业的退出概率并有利于延长企业出口生存时间；生产性服务贸易自由化对行业出口的影响会由于全要素生产率的作用表现出非线性特征，并且存在双重门限效应。从出口贸易结构看，生产性服务贸易自由化促进了我国制造业出口技术复杂度的提升。

第 8 章，研究结论与政策建议。首先，总结全书内容，对相关章节

的研究结论予以归纳;其次,根据研究结论,对利用生产性服务贸易开放促进我国制造业发展提出政策建议;最后,提出本书的研究不足与未来的研究展望。

1.3.2 结构安排

本书的研究框架,如图 1-1 所示。

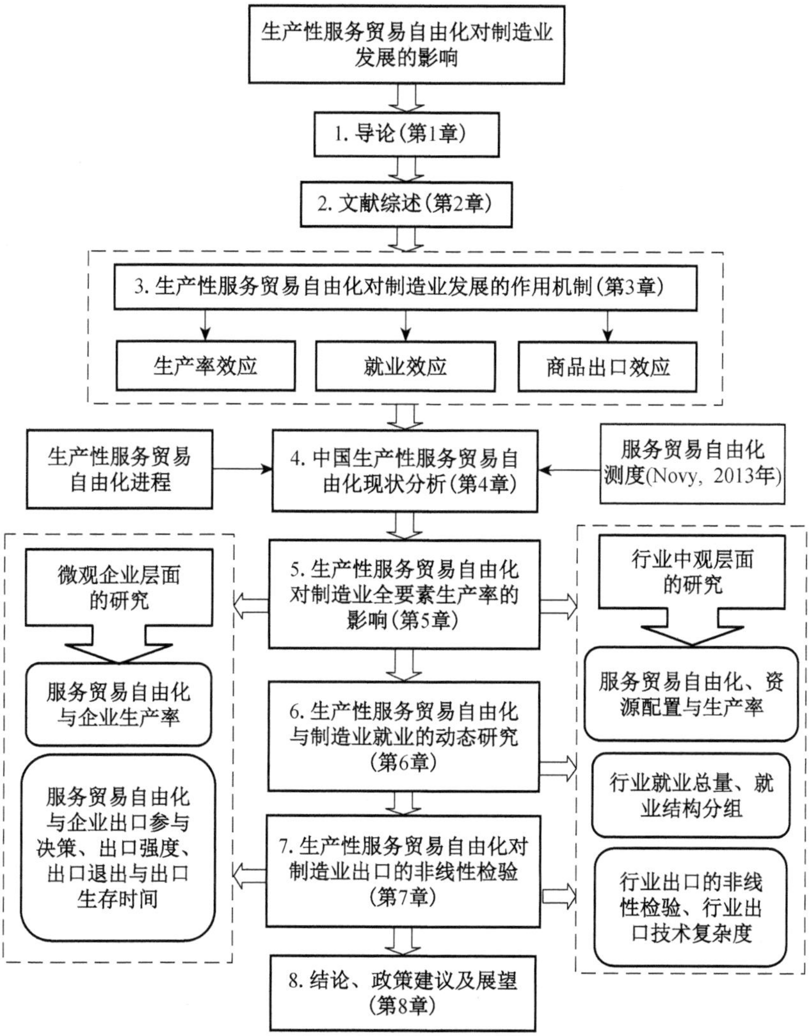

生产性服务贸易自由化对制造业发展的影响

1. 导论(第1章)

2. 文献综述(第2章)

3. 生产性服务贸易自由化对制造业发展的作用机制(第3章)

生产率效应

就业效应

商品出口效应

生产性服务贸易自由化进程

4. 中国生产性服务贸易自由化现状分析(第4章)

服务贸易自由化测度(Novy, 2013年)

微观企业层面的研究

服务贸易自由化与企业生产率

服务贸易自由化与企业出口参与决策、出口强度、出口退出与出口生存时间

5. 生产性服务贸易自由化对制造业全要素生产率的影响(第5章)

6. 生产性服务贸易自由化与制造业就业的动态研究(第6章)

7. 生产性服务贸易自由化对制造业出口的非线性检验(第7章)

8. 结论、政策建议及展望(第8章)

行业中观层面的研究

服务贸易自由化、资源配置与生产率

行业就业总量、就业结构分组

行业出口的非线性检验、行业出口技术复杂度

图 1-1 本书的研究框架

1.4 研究方法

本书围绕生产性服务贸易自由化促进制造业发展的生产率效应、就业效应和出口效应展开分析。上述影响效应的研究均遵循先通过对已有文献的归纳或数学模型的构建推演提出理论假说,再对理论假说进行实证检验的思路展开。为保证研究结论的可靠性,本书力求从多维度、多方法和多层次进行分析,具体而言,本书所采用的研究方法可归纳如下。

1.4.1 规范分析与实证分析相结合

经济学最基本的研究方法包括规范研究和实证分析,其中规范分析说明“应该是什么”,实证分析强调“是什么”和“为什么”。两者相辅相成,规范分析为实证分析提供指导,实证分析以规范分析为基础。本书对服务贸易自由化收益的理论进行探讨和归纳,在该框架下通过逻辑推演或模型构建来对服务贸易自由化影响制造业发展的机制进行规范分析;在理论分析基础上,本书采用 1998—2007 年中国工业企业数据库和世界投入产出数据库进行实证分析,有效验证了理论假说,进而做到规范分析与实证分析相结合。

1.4.2 定性分析与定量分析相结合

本书研究过程中的定性分析主要表现为:梳理并归纳生产性服务贸易自由化对制造业发展的作用机制(第 3 章),从政策视角回顾服务贸易的多边开放、双边或区域开放,以及商业存在模式下的开放(第 4 章),通过绘制生存函数和风险函数来刻画服务贸易自由化对企业进入出口市场及出口生存时间的影响(第 7 章)。由于计量回归仅反映变量的统计显著性而未能揭示其影响程度,从这个意义上讲,不能作为真正意义的定量分析,本书在对生产率效应计量检验的基础上,采用行业生产率分解方法来考察服务贸易自由化对生产率增

长来源的贡献度(第5章)。本书尽量做到定性与定量分析相结合,进而更加系统和全面地分析服务贸易自由化对制造业发展的微观影响。

1.4.3 微观层面与中观层面相结合

本书在异质性企业贸易理论框架下,采用中国工业企业数据库进行企业微观层面实证分析,以考察生产性服务贸易自由化对微观企业生产率、出口决策、进入退出等方面的影响。另外,微观企业异质性特征变量也会进一步影响到行业中观层面的动态行为,为更深入地研究服务贸易自由化的影响效应,本书基于行业视角进行分析。例如,采用Olley-Pakes(1996年)方法对行业总体生产率进行分解,进而考察服务贸易自由化与行业资源配置、企业平均生产率的关系(第5章);同时借鉴Baily等(1992年)思路对行业生产率变动进行动态分解,包括企业进入退出和市场份额转移的资源再配置效应、技术进步效应。此外,研究服务贸易自由化的出口效应和就业效应时均使用行业数据。

1.4.4 对比分析法

为全面考察服务贸易自由化的生产率效应,本书充分采用对比分析法,不仅估计了服务贸易自由化对总体企业生产率的影响,而且还进一步对分组样本进行估计,并以此为基础进行对比分析。在具体分析过程中,本书根据所有制结构将总体样本划分为国有企业和外商投资企业;根据企业规模划分为大型企业、中型企业和小型企业;根据行业内企业生产率分布的异质性,将总体样本划分为靠近技术前沿和远离技术前沿企业。在研究服务贸易自由化的出口效应时,我们从所有制结构差异、不同服务使用程度以及不同技术水平角度来研究服务贸易自由化对企业出口参与决策和出口强度的影响。通过对比分析揭示贸易自由化对分组样本的差异性影响,并对其背后的原因和机制作深入的剖析,从而极大地丰富了本书研究的内涵。

1.4.5 静态分析与动态分析相结合

静态分析考察既定时点某事物在经济变量作用下的特征，而动态分析则是在时间序列变化的基础上研究不同时点该事物的形成及变化过程。例如，使用 Novy(2013 年)方法计算生产性服务贸易成本的关税等值时，采用基于静态分析的测算方法；在检验服务贸易自由化对制造业出口效应和就业效应影响时，采用基于动态 GMM 背景的面板数据进行回归。两种方法相结合的分析方式可以更全面、准确地考察贸易自由化的效应。

2 文献综述

2.1 引言

本章将阐述生产性服务贸易自由化与制造业发展的理论基础，以及国内外相关研究综述，主要围绕以下四方面展开：一是对生产性服务业、服务贸易自由化、制造业发展等相关概念的界定；二是梳理和归纳生产性服务贸易自由化与制造业发展的理论基础；三是回顾和总结生产性服务贸易自由化促进制造业发展的国内外相关文献，厘清生产性服务贸易自由化与生产率、就业和出口之间的关系；四是对既有理论研究和经验研究进行述评。

2.2 相关概念界定

2.2.1 生产性服务业

2.2.1.1 概念

生产性服务业(Producer Services)在我国也称生产者服务业。美国经济学家 Greenfield(1966 年)最先提出生产性服务业的概念，认为满足客户最终消费需求的为消费性服务业，提供中间服务的为生产性服务业。随着生产性服务业的逐渐发展，一些学者从投入产出联系、服务功能等角度来定义生产性服务业。Browning 和 Singelman(1975 年)指出，生产性服务业包括保险、金融、经纪、法律工商等为客户提供专业服务的知识密集型行业，有助于保障工业持续生产，促进生产效率提高和产业结构升级。Howells 和 Green(1987 年)提出了相似的观点，认为生产性服务业处于服务其他行业的地位，主要包括商业服务、金融、保险和银行。Hubbard 和 Nutter(1982 年)，Daniels(1995 年)将生产性服务业界定为消费性服务业以外的服务领域，并将安全服务、办公清洁与仓储分配纳入其中。Gruble 和 Walker(1989 年)认为生产性服务业不能产生直接效用，只是作为中间投入用于其他服务或产品的生产。同时，生产性服务业包含大量知识和人力资本，可以提高专业化生产程度和其他要素生产率。Hansen(1993 年)和 Coffey(2000 年)指出生产性服务业具有连接其他服务或产品生产的中间功能。我国学者也对生产性服务业的内涵进行界定，耿殿贺和原毅军(2010 年)认为，生产性服务业是从制造业内部生产服务部门独立出来的，为制造业发展起带动作用并提供生产服务的新兴产业。

尽管上述学者对生产性服务业的概念表述不尽相同，但基本上达成共识，认为生产性服务业是与消费性服务业相对应的概念，主要用来满足客户中间消费需求，并为其他服务和产品生产过程提供中间投入的服务业。

2.2.1.2　分类

目前，国内外学者与机构对生产性服务业范围的界定还没有统一标准，比较有代表性的分类方法包括以下几类。

黄少军 2000 年在《服务业与经济增长》一书中指出，生产性服务业主要包括商业服务、房地产业和金融保险业。陈保启和李为人(2006 年)认为生产性服务业是为其他生产部门提供服务的行业，如保险、金融、现代物流、通讯服务、计算机信息和商务服务等。联合国贸发会(UNCTAD)相关文件指出生产性服务业包含 5 类：金融保险、商业银行、科学技术服务、批发贸易与信息服务。赵伟和郑雯雯(2011 年)将 UNCTAD 分类与中国国民经济统计相对应，进一步将生产性服务业界定为计算机、信息、软件、交通、仓储、邮政、金融、批发零售、商业服务和科研技术服务业共 10 类。国际标准产业分类(ISIC Rev4)对生产性

服务业进行更为具体的分类，分为运输仓储、信息通信、金融保险、租赁、房地产、专业科技活动、行政支持服务和教育这8类。我国《十一五纲要》中曾提出5类生产性服务业，包括信息服务、现代物流、交通运输、金融服务和商业服务业。我国《十二五纲要》则将生产性服务业具体划分为现代物流、金融服务、商务服务和高技术服务业。我国服务业“十二五”规划进一步将生产性服务业细分为交通运输、金融服务、科技服务、电子商务服务业等11个大类。

对生产性服务业范围的界定尚未达成共识，原因在于，实际生产和生活中，很多服务业既用来满足消费者最终需求又可作为中间投入，因此，很难准确界定其属于消费性服务业还是生产性服务业。本书参照国民经济行业分类标准（GB/T 4754-2002年），并结合中国投入产出表，将服务中间需求率大于50%的行业划分为生产性服务业（胡国平等，2013年；段炼，2014年）。服务中间需求率＝服务中间使用合计÷（最终使用合计＋中间使用合计），如表2-1所示。

表2-1　2007年服务业中间需求率

建筑业	3.22%	研究与试验发展业	65.44%
交通运输及仓储业	74.80%	综合技术服务业	74.84%
邮政业	85.66%	水利、环境和公共设施管理业	31.94%
信息传输、计算机服务和软件业	54.20%	居民服务和其他服务业	50.27%
批发和零售业	51.71%	教育	9.87%
住宿和餐饮业	56.74%	卫生、社会保障和社会福利业	9.19%
金融业	76.38%	文化、体育和娱乐业	48.17%
房地产业	25.11%	公共管理和社会组织	0.85%
租赁和商业服务业	64.72%		

资料来源：根据2007年中国投入产出表计算得到。

我国《国民经济行业分类指导》将生产性服务业大致划分为以下几类：现代物流、信息服务、科技服务、现代金融、商务服务及涉农服务业。结合表2-1中间需求率大于50%的行业，本书将我国生产性服务业范围界定为以下5大类行业：交通运输、邮政通信、批发零售和商业服务、金融以及研究与技术发展业。由于本书实证部分数据主要来源于世界投入产出数据库，该数据库涉及的 19 个服务部门并没有关于研究与技术发展的统计，因此，本书在实证分析中仅考虑前 4 类生产性服务行业。

2.2.2 服务贸易自由化

考察服务贸易的特点是界定生产性服务贸易自由化的基础。与货物贸易不同，服务贸易最显著的特征在于无形性、不可储存性以及生产、消费和交易的不可分割性。货物贸易的壁垒主要体现为关税壁垒、许可证和配额等形式，而服务贸易的壁垒主要表现为政府管制、配额和限制措施等。

由于各国服务业的基础存在差异，且不同学者研究目的的不同，国际上对服务贸易自由化的内涵尚未达成统一共识。服务贸易总协定(GATS)将服务贸易自由化理解为经过持续、多轮的谈判，逐步降低各项服务贸易措施对市场准入方面的消极影响。这种解释具有广泛性，但对内涵的界定略显粗糙。张汉林(2002 年)较为明确地定义了服务贸易自由化，即一国政府以提高效率和资源优化配置为目的，通过国家间协议或立法对服务贸易四种模式相关的资本、信息、人员和货物流动进行规定，并逐渐放松贸易管制和政府行政干预的过程。刘莉、黄建忠(2008 年)对上述经济目标进行拓展，从国家利益最大化目标出发，强调实现服务贸易自由化，以及完善交易制度与环境过程的冲突性和曲折性。李丹(2012 年)综合考虑不同学者对服务贸易自由化的定义，并结合 GATS“逐步自由化”原则，指出服务贸易自由化的目的是为了提升一国服务业生产效率，通过成员国之间的贸易谈判和协商逐步削减服务贸易壁垒，进而创造公平、竞争、有效的服务贸易制度与环境。刘中伟(2015 年)对已有研究进行归纳总结，提出服务贸易自由化包含了如下三方面含义：一是以削减服务贸易壁垒和降低政府内在干预为前提；二是在双边或多边服务贸易谈判基础上，逐渐推进服务贸易自由化进程；三是以国家福利增加、效率提升和利益实现为衡量标

准。武力超等(2016 年)认为生产性服务贸易自由化是指各国为实现经贸合作与对外投资,通过减少政府管制来促进生产性服务部门的开放,具体包括降低外资进入和市场准入壁垒,国有企业私有化以及削弱服务业垄断势力等。

综上所述,本书对服务贸易自由化的界定包括以下几方面特征:①服务贸易自由化的内容涵盖了 GATS 四种贸易模式下的所有生产性服务贸易;②服务贸易自由化的实现路径是通过连续多轮谈判签订双边或多边贸易协定;③服务贸易自由化的实施手段是削减生产性服务部门壁垒,使国内法律法规、贸易政策符合之前签订的国际协定或准则;④服务贸易自由化的目标是建立自由、公平竞争的国际秩序,最终实现资源优化配置并提高全社会福利;⑤从动态角度来看,服务贸易自由化是一个不断放松管制、渐进发展的动态过程。

2.2.3 制造业发展

当前,我国制造业既面临国际需求萎缩、产能过剩以及发达国家“再工业化”等诸多挑战,也面临信息技术与制造技术深度融合带来的制造业变革、“四化同步”带来的需求扩张以及全面深化改革带来的制度红利等机遇。国务院发展研究中心(产业经济研究部)部长赵昌文在提及中国制造业未来的发展方式时曾表示:“未来中国制造业必须实现以质量和效益为导向的内涵式发展。”根据《制造强国战略研究总报告》一书对制造业发展评价指标体系的构建,具体包括规模发展、质量效益、结构优化和持续发展四个一级指标,其中规模发展、质量效益和持续发展分别涉及制造业的出口状况、制造业全员劳动生产率以及制造业研究人员占从业人员比重情况。基于此,本书在探讨生产性服务贸易自由化对制造业发展的影响时,主要围绕生产率效应、就业效应和商品出口效应展开分析。张艳和唐宜红(2013 年)曾指出,通过提高生产效率来保存中国制造业的优势,并实现制造业转型升级,必然是“中国制造”未来的发展方向。白瑜婷(2014 年)在研究中国服务外包问题时,也强调从生产效率、出口和就业等方面来考察其对制造业发展的影响。本书在一定程度上拓展了异质性贸易理论框架下的经验研究,并从生产性服务贸易开放的政策层面为进一步推动我国制造业转型升级提供了新的研究视角。

2.3 生产性服务贸易自由化与制造业发展的理论基础

伴随服务贸易重要性的日益显现,以及全球性、双边性和区域性服务贸易自由化的兴起,服务贸易及其自由化研究逐步为国际经济学界所重视。鉴于服务贸易自身理论基础的缺乏,目前学术界对服务贸易问题的研究主要遵循货物贸易的理论框架。一些学者认同国际贸易原理对服务贸易领域的适用性,但需要根据服务贸易的特征进行修正(Deardorff, 1985 年; Sagari, 1989 年)。本节主要基于传统贸易理论、新贸易理论、新新贸易理论和开放性内生增长理论视角,来梳理生产性服务贸易自由化与制造业发展的理论基础,如表 2-2 所示。

2.3.1 传统贸易理论

生产性服务贸易开放对制造业发展的影响隶属于贸易自由化收益研究范围。早期的古典和新古典贸易理论是在生产率外生不变的假定下,探讨贸易自由化对一国福利效应的影响。斯密的绝对优势理论认为,国际分工和国际贸易产生的基础是贸易双方劳动生产率或生产技术的绝对差异。各国应生产并出口具有绝对成本优势的产品,进口不具备绝对成本优势的产品。该理论将贸易互利性局限于绝对成本优势范围,无法解释绝对落后与绝对发达国家间贸易的原因。英国古典经济学家李嘉图提出了比较优势理论,认为各国按比较成本差异进行国际分工并开展贸易,同样可获得劳动时间节约、消费水平提高和总产量增加的收益。该理论从一定程度上突破了绝对优势理论的局限,但将各国劳动生产率或生产技术的差异视为外生,没有探讨导致这种差异的原因。20 世纪 30 年代,瑞典新古典经济学家赫克歇尔和俄林提出了要素禀赋理论(H-O 理论),从国家间要素禀赋差异和产

品要素投入组合的差异来解释国际贸易的基础。与李嘉图比较优势理论相比，H-O理论在劳动力要素的基础上，新纳入资本、自然资源等生产要素，将要素禀赋差异视为比较优势的重要来源，进一步拓展和深化了比较优势理论。

随着WTO框架下多边服务贸易开放、双边及区域服务贸易开放的推进，服务贸易及其自由化研究逐步为国际经济学界所重视。一些学者开始将比较优势理论和要素禀赋理论运用于服务贸易自由化收益的研究，主要探讨服务要素国际流动对一国福利效应的影响。

Deardorff(1985年)最初基于标准“2×2×2”H-O模型，从服务贸易的三个独立特征来分析比较优势理论对服务贸易的适用性。研究发现，服务贸易是否遵循比较优势原则取决于前提条件。当服务贸易作为货物贸易的副产品，或服务贸易作为一种变相的要素流动方式时，服务贸易可以按比较优势理论运作；而从需求角度把服务贸易作为一种特殊货物贸易时，服务贸易不遵循比较优势原则。但是，文章没有进一步分析服务贸易的福利效应。Melvin(1989年)利用扩展后的H-O模型证明了比较优势理论适用于服务贸易，说明生产者服务要素国际流动可以改善世界福利水平。该模型假设有两个国家，资本和劳动两种生产要素，资本密集型和劳动密集型两种产品，其中劳动要素在国家间不可流动，资本要素由资本丰裕的国家提供给劳动丰裕的国家。研究表明：如果可贸易品密集地使用可流动的要素服务，则世界有效产出增加是可能的；如果可贸易品密集地使用不可流动的要素服务，无论要素初始禀赋如何，为交换要素服务进行的自由贸易均会增加世界有效产出。Jones和Ruane(1990年)建立了一个扩大的李嘉图模型来分析服务产品和服务要素的自由化。模型假设存在两个国家和两种产业(制造业和服务业)，其中两国之间两种产业的比较优势不同，国家内部两种产业的技术优势也不同。分析表明，服务产品和服务要素的贸易自由化对一国福利有正向影响，但开放次序不同会导致福利的大小不同；无论服务贸易自由化采取何种服务贸易模式，其利益相关者在国内并非获得均等的福利效应。Burgess(1995年)在完全竞争和规模报酬不变条件下，探讨了服务要素贸易自由化的福利经济效应。该模型假设一国有商品和服务两个部门，每个部门均使用劳动和资本两种要素，其中劳动要素可在部门间自由流动，资本要素为某些部门特有且短期内供给给定。研究发现，服务贸易自由化对一国的福利效应不确定，如果服务要素流入与产品部门的特定要素具有互补性，则国民经济受益；如果服务要素流入与特定要素间具有替代性，则国民经济受损；此外，如果服务贸易自由化对国内其他要素有挤出效应，同样会造成参与国损失。

2.3.2 新贸易理论

以保罗·克鲁格曼为代表的一批经济学家吸收传统贸易理论的合理因素，利用市场结构理论和产业组织理论来解释产业内贸易这种新的贸易现象。新贸易理论认为，即使不存在生产技术和要素禀赋的比较优势，由于差异性产品和不完全竞争的存在，一国可以从专业化分工中获取规模经济来提高福利效应。该类研究突破了传统贸易理论关于规模报酬不变和完全竞争的假定，讨论由企业规模收益带来的国际贸易能否增加贸易国福利。

Helpman 和 Krugman(1985 年)对代表性企业的研究发现，两国之间的贸易通过市场规模扩大降低了平均成本，并且为企业带来生产者收益，消费者则从更专业化的产品中获得消费者收益。Coe 等(1997 年)在以往研究的基础上探讨国际溢出效应对发展中国家自身研发水平的影响。通过分析 22 个工业化国家对 77 个发展中国家的技术溢出效应，发现贸易促使发展中国家进口大量中间产品和资本设备，或促进发展中国家对发达国家先进技术的模仿和学习，进而提高一国的生产率水平。Horn 等(1995 年)利用一般均衡合同理论来考察国际一体化是否通过降低企业内部管理松散(也称企业 X-非效率)来提高社会福利效应。研究发现，贸易带来的产品市场竞争会导致企业管理努力程度的增加，这种因素最初是供给不足的。随着企业内部 X-非效率的降低，同等劳动力可以生产更多产量，从而提高企业劳动生产率和社

会福利水平。

随着生产性服务业作为中间投入对国家经济发展起着日益重要的作用，一些学者在新贸易理论框架下，从规模报酬递增、服务外包等角度来研究生产性服务贸易自由化对经济增长的影响，得出的结论大致相同，认为生产性服务贸易自由化会带来正的福利效应。

Marrewijk 等(1996 年)基于要素禀赋理论和垄断竞争理论，建立了一个两国一般均衡模型，来考察生产性服务部门自由化对贸易模式和福利效应的影响。假设两国均生产两种产品，本国知识密集型生产性服务部门是有效运作的市场。研究发现，生产性服务贸易自由化有助于形成开放国出口产品的比较优势，进而通过改善出口产品结构来提升本国福利水平。Görg，H(2008 年)考察生产性服务贸易开放如何影响企业生产效率是基于对制造任务和服务任务外包模型的推演。假设制造业企业的产成品需要服务任务和制造任务来实现，服务任务只需投入高技能劳动，而制造任务只需投入低技能劳动；服务任务的完成既可通过国内采购也可进行国际外包。模型证明了在全要素生产率外生不变以及内生决定两种情况下，服务外包固定成本与制造业企业生产率呈负向关系，说明当服务贸易壁垒趋于减少时，则会提高服务贸易自由化程度，从而提升制造业企业全要素生产率。

作为其他产业中间投入的生产性服务业，其开放程度与经济发展水平密切相关。Markusen(1989 年)从差异性和规模报酬递增角度研究了中间品贸易的收益问题，认为一国如果降低服务贸易壁垒可以促使企业获得种类更多的服务要素投入，因此生产性服务具有规模报酬递增的特征，并且大多与国内要素呈现差异性和互补性。生产性服务贸易自由化带来了国际分工的发展和专业化程度的提升，相比最终品贸易自由化更能提高世界的整体福利水平。Francois(1990 年)构建了一个具有张伯伦垄断竞争特征的产品差异模型，并以此为基础分析了生产性服务的发展与专业化生产引发的规模报酬递增之间的关系，他指出生产企业的规模是实现专业化分工的前提，而企业规模受制于整个市场容量的大小，因此，有必要通过服务贸易开放来扩大市场容量。Francois 通过理论模型分析发现，生产性服务贸易自由化有利于提升本国制造业生产率（本国为服务进口国），并且对生产率的提升效应存在国别和部门差异。部分学者从服务贸易进口与制造业技术进步视角进行理论研究，Gustafsson（2010 年）指出作为中间投入的服务进口具有适宜性和地方化特征，通过与当地要素发生关联从而促进进口国制造业技术进步。Lennon 等（2009 年）从服务中间投入的特征出发，认为生产性服务业进口与其他生产要素互动所产生的溢出效应，有利于一国制造业的技术进步和生产效率提升。Lnghammer（2006 年）则从分工演进的角度，指出生产性服务贸易进口会通过中间品种类增加和质量提升来促进制造业效率的提高。Raff 等（2001 年）基于服务可贸易性视角的研究，发现服务可贸易性增强会激发服务业和制造业在跨区域空间分布的联动效应，服务贸易进口增加，由此可以助推下游制造业的技术进步和效率水平提升。伍华佳等（2009 年）进一步将服务贸易进口促进制造业技术进步的机制归纳为：物质资本积累效应、人力资本效应与制度变迁效应的综合作用。

2.3.3 新新贸易理论

2.3.3.1 异质性企业贸易理论的基本模型

以 Melitz（2003 年）为代表的新新贸易理论首次引入市场进入固定成本和企业异质性来研究贸易自由化促进行业生产率增长的微观机制，并提出了市场选择效应和行业内资源重置效应。该模型认为，企业生产率差异对企业出口决策有重要影响，即较高生产率的企业倾向于对外出口，而较低生产率的企业更多立足于国内市场。同时，贸易自由化促使生产率最低的企业退出市场，资源从低效率的企业转移到高效率的企业，这种资源重置效应促进了行业生产率的提升。但 Melitz（2003 年）模型仍然存在一定局限性：其一，模型仅考虑了企业生产率异质性，但现实中企业异质性还表现在所有权、要素密集度和创新能

力等其他方面;其二,假定异质性企业生产率是外生决定的,没有考虑企业生产率变化的情形;其三,模型仅考虑了企业通过出口方式进入国际市场,没有考察企业其他的国际化路径方式。

Bernard 等(2003 年)将 Bertrand 寡头垄断引入 Eaton 和 Kortum (2002 年)模型中,建立了不完全竞争、国家和产业间要素禀赋差异的企业异质性贸易理论。该理论指出,较低生产率的企业倾向于退出市场,较高生产率的企业仍然会进行出口,贸易开放使得资源在行业内重新配置。该理论模型在建模方法与生产率分布假定方面与 Melitz (2003 年)模型有差异,但两者的基本思想相似,均强调行业整体生产率提升来源于资源的再配置作用。

2.3.3.2 异质性企业贸易理论的扩展研究

与 Melitz(2003 年)采用的 CES 效用函数不同,Melitz 和 Ottaviano(2008 年)利用线性需求函数(Ottaviano, G.,2002 年)来建立国家间竞争程度内生差异的异质性企业贸易模型。该模型认为,贸易自由化通过影响企业加成价格进而导致行业竞争程度加剧,迫使最低生产率的企业退出市场。这一结论与 Melitz(2003 年)类似,但该模型没有揭示资源从低效率企业转移到高效率企业的重置效应。Hsu(2006 年)采用新的效用函数(次效用函数)并假定贸易成本不存在,建立了市场规模不同的两个产业部门的异质性企业贸易模型。该模型从市场竞争导致产品需求弹性变化的角度解释了贸易自由化对行业生产率的影响。所揭示的原理与 Melitz(2003 年)模型基本一致。Bernard 等(2007 年)将 Melizt(2003 年)模型拓展为包括两国、两行业和两要素的异质性企业贸易模型。该模型揭示了当国家间存在要素禀赋驱动的比较优势差异,行业间存在技术密集度差异时,降低贸易成本会带来国家间、国家内、行业间和行业内的资源再配置。同时贸易开放提高了两个行业中所有企业的最低生产率,出口企业与在位企业最低生产率之间的差距在一国具有比较优势的行业中相对更小。

上述异质性企业贸易模型在企业生产率不变假定下,基于不同视角考察贸易开放对行业生产率影响的资源重置效应。另一些学者尝试在企业生产率变化前提下进行分析。Yeaple(2005 年)在 Melitz(2003 年)模型的基础上,构建了一个一般均衡模型,探讨可变贸易成本降低对差异性产品部门生产率的影响。模型将企业异质性的根源归结为异质性生产技术、国际贸易成本、异质性劳动力三种要素共同作用的结果,从而发展了 Melitz(2003 年)只将生产率的差异作为企业异质性根源的论断。该模型还解释了技术溢价的原因,即贸易自由化导致不同技能劳动力在异质性生产技术企业之间转移,这种重置效应提高了差异性产品部门的生产率。Bustos(2005 年)将 Yeaple(2005 年)技术选择策略纳入 Melitz(2003 年)模型,在企业生产率内生决定的前提下来分析贸易自由化的经济效应。研究发现,贸易自由化通过利率水平降低、技术转移壁垒取消以及市场规模扩大,激励企业采取新技术进行生产;贸易自由化使生产率最高的企业选择出口,其出口所得可以补偿新技术采纳的固定成本,因而非出口企业的技术强度和总支出会显著低于出口企业。Segerstrom 和 Gustafsson(2006 年)建立了研发驱动与企业生产率异质性相结合的贸易模型,来探讨贸易自由化对经济增长的影响。该模型认为,研发溢出强度决定了贸易自由化的总生产率效应。当研发溢出强度较大时,贸易自由化会消极地影响企业生产率;反之,研发溢出强度较小时,贸易自由化短期内会提高企业生产率并且长期内会增加消费者福利水平。Ederington 和 McCalman(2008 年)放松 Melitz(2003 年)企业生产率外生的假定,从企业新技术引进时间的角度来考察贸易自由化对不同类型企业生产率的影响。研究表明,进口贸易自由化会缩减非出口企业的新技术引进时间,延长出口企业的新技术引进时间,因而提高了非出口企业的生产率而降低了出口企业的生产率;出口贸易自由化缩减了所有企业的新技术引进时间,因而提高了企业整体生产率水平。

2.3.4 开放性内生增长理论

20 世纪 90 年代以来,以 Romer(1991 年),Grossman 和 Helpman

(1991年)为代表的一批经济学家,将R&D理论与不完全竞争假设纳入已往新增长理论模型,提出了开放条件下的内生增长理论。这些研究关注开放条件下知识的国际溢出、产业政策与贸易政策对技术创新的影响,并对国际贸易与经济增长的关系进行了多角度和多层面研究。相关研究揭示了贸易自由化通过国际溢出和规模经济效应等途径提升一国福利效应的微观机理。

Rivera和Romer(1991年)通过建立两类不同的模型(LE模型和KD模型),来考察相似发达国家之间知识国际溢出和商品自由流动对经济增长的影响。研究表明,经济一体化可以为研发部门带来长期的规模报酬递增收益,进而促进生产率的增长。Rivera和Romer(1991年)利用类似消费者行为的理论,将贸易限制对全球经济增长率的影响分解为一体化效应、冗余效应和分配效应。研究表明,贸易限制的减少会增加一体化效应并减少冗余效应。这两种效应综合起来提高了一国的生产率水平。而分配效应具有不确定性,资源从高生产率部门转移到低生产率部门时会降低生产率水平,反之亦然。因此,贸易限制对一国生产率的影响最终取决于冗余效应和一体化效应的正向影响以及分配效应负向影响的综合权衡。Grossman和Helpman(1991年)将Romer(1991年)的模型推广到研究内生技术创新、贸易开放和经济发展的两国、两要素模型,具体涵盖小国模型和大国模型。其中,小国模型指出贸易对内生技术创新的影响不确定,贸易开放对经济增长的正向影响取决于知识要素从制造部门向研发部门的单向流动。大国模型则探讨了贸易对内生技术创新和经济增长的影响渠道,即贸易开放减少了创新活动中的大量重复劳动,有助于激发知识要素的国际间流动和研发机构的竞争,因而有效提升了一国研发机构的整体生产效率。Feenstra(1999年)探讨知识要素在国与国之间流动的情况,认为国内进口决定的知识流动会对长期经济增长有正效应;国内外创新共同决定的知识流动带来的自由贸易则会对长期经济增长产生趋同作用。

表 2-2　贸易自由化收益研究的理论框架

贸易理论	传统贸易理论	新贸易理论	新新(异质性企业)贸易理论	开放性内生增长理论
基本假设	完全竞争市场;固定规模报酬;代表性企业;同质产品	不完全竞争市场;规模经济;差异化产品;代表性企业	不完全竞争市场;规模经济;差异化产品;企业异质性	开放经济;垄断竞争市场;规模经济;差异化产品
贸易理论主要结论	按照比较优势(生产技术或资源禀赋差异)开展国际贸易,解释了产业间贸易	规模经济使各国进行专业化分工并开展国际贸易,解释了产业内贸易	企业异质性导致企业选择不同国际化路径,解释了产业内贸易和公司内贸易	引入内生创新模式,强调贸易政策对世界经济长期增长有影响
货物贸易自由化的收益研究	贸易自由化只会带来水平增长效应,而不能促进生产率的增长	贸易自由化通过专业化分工来提高劳动生产率,获取规模经济	贸易自由化通过资源重置促进行业生产率增长	贸易自由化通过国际溢出和规模经济等途径促进一国经济增长
服务贸易自由化的收益研究	基于比较优势和要素禀赋理论,探讨服务要素国际流动的福利效应	从规模报酬递增、服务外包等角度研究服务贸易自由化的经济效应		
代表性理论研究文献	Ricardo(1817年); Heckscher(1919年) Ohlin(1933年)	Helpman和Krugman(1985年); Horn等(1995年); Coe等(1997年)	Melitz(2003年); Bernard(2003年); Yeaple(2005年)	River和Romer(1991年) Grossman和Helpman(1991年)

资料来源:对相关理论文献的整理和归纳。

2.4　生产性服务贸易自由化与制造业发展的相关研究

自 WTO《服务贸易总协定》(GATS)签订以来,各成员逐步开放本国(地区)的服务贸易领域,在统一框架下推动了服务贸易自由化的进程。随着 2002—2007 年入世过渡期完成,各成员国已经逐渐开放了很

多重要的服务贸易领域。服务贸易自由化能在多大程度上促进经济的增长，产生多少经济收益，是各国政府实施服务贸易开放政策的理论依据，也是影响多边和区域服务贸易自由化谈判的重要因素。鉴于前文对制造业发展内涵的界定，本节将从以下几个方面对国内外相关研究进行梳理，围绕生产性服务贸易自由化对制造业生产率、制造业就业和制造业出口的不同影响展开分析。

2.4.1 生产性服务贸易自由化与制造业生产率

以 Meliz(2003 年)，Bernard 等(2003 年)为代表的异质性企业贸易理论，引发了学术界对货物贸易自由化与制造业生产率的关注。与之相比，服务贸易壁垒削减或自由化视角的研究寥寥可数。但 Arnold 等(2011 年)认为，货物贸易自由化与制造业生产率的判断在服务贸易自由化背景下同样有效。货物贸易自由化与制造业生产率的相关文献梳理如下。

第一类文献，关注国内市场进口竞争效应。贸易自由化会导致国外大量同类产品进入国内市场，进而加剧国内市场的竞争。但这种竞争效应是否会促进制造业生产率的提升尚无定论。Levinsohn(1993 年)认为国际竞争会迫使企业变得更有竞争力，通过构建静态寡头垄断模型并采用土耳其制造业面板数据，进一步验证了该结论。Lawrence 和 Weinstein(1999 年)也发现进口竞争导致的技术创新和学习效应有利于提高日本企业的全要素生产率(TFP)。一些其他国家的相关研究均得出相似结论(Topalova 和 Khandelwal, 2011 年; Kasahara 等, 2013 年)。汪建新、黄鹏(2011 年)采用中国入世后2002—2009 年面板数据研究进口关税减让对全要素生产率的影响。结果发现，削减关税不利于企业生产率提升，原因在于进口竞争的消极影响要大于技术溢出的积极影响。同样考察进口关税减让对中国工业行业生产率的影响，张燕、谢建国(2013 年)则认为削减关税导致的竞争效应会提高企业生产率，这种作用表现在技术进步而非效率进步方面。简泽等(2014 年)综合考虑了进口竞争对生产率影响的两面性,通过实证分析发现:①进口竞争对国内企业生产率的影响取决于规模效应和激励效应的最终权衡;②对高生产率企业而言,规模效应的负向影响要小于激励效应的正向影响,反之亦然。

第二类文献,关注进口中间品种类、质量效应。中间品关税削减带来的贸易自由化降低了国外供应商的进入壁垒,通过中间品投入多样性提高了国内企业生产率(Parsons 和 Nguyen, 2009 年;Halpern 等, 2011 年)。中间品关税削减还使国内企业得到质量更优的中间投入,进口质量的提升促进了企业生产率提高(Bas 等,2015 年)。陈勇兵等(2012 年)基于异质性企业理论模型,探讨了中间品进口对中国工业企业全要素生产率的影响机制,发现进口中间品通过"垂直效应"和"水平效应"促进生产率的增长,这种作用因地区和企业差异表现异质性。Yu(2014 年)同时考察了最终品关税和中间品关税削减对中国企业生产率的影响,发现在控制企业自我选择内生性后,两者均会促进企业生产率的提升。相比而言,最终品关税削减的正向影响更明显,但这一结论在非加工贸易企业中恰好相反。毛其淋、许家云(2015 年)基于中国海关和工业企业匹配数据,采用倍差法后发现中间品关税削减对企业生产率影响为正且稳健。进一步从影响渠道来看,进口产品种类增加比进口产品质量提升的效应更显著。

第三类文献,侧重于企业研发创新效应。Goldberg 等(2007 年)认为中间品关税的削减通过降低进口成本,使企业有能力购买更多核心技术和关键零部件,进而激励企业加大研发投入和学习国外先进技术。Bustos(2011 年)也认为进口中间品关税削减会降低企业的贸易成本,使企业利润增加并加大研发投入。田巍、余淼杰(2014 年)在中国加入 WTO 的自然实验框架下,采用倍差法(DID)重点研究了中间品关税削减对制造业企业研发的影响。结果发现,将加工贸易企业作为对照组,并控制加入 WTO 的贸易政策和贸易自由化的其他决定因素后,中间品贸易自由化会积极地影响企业的研发投入。韩先锋、惠宁等(2015 年)从两阶段技术创新的角度,考察了进口关税削减对中国工业企业研发创新效率的影响。研究表明,进口关税减让衡量的贸易自

由化有利于提高企业研发创新效率，这种促进作用存在门槛值效应且随约束条件不同表现出异质性。其中对技术转化效率的促进作用要显著高于技术开发效率。王璐(2015年)基于全球价值链视角探讨了贸易自由化对中国工业行业技术创新能力的影响，认为贸易自由化对创新表现出适度抑制作用和阶段性差异特征。李平、姜丽(2015年)进一步将中间品贸易自由化的技术创新效应分解为人力资本、研发资本和贸易自由化激励效应，证明了进口中间品自由化对中国技术创新有显著的正效应。

第四类文献，侧重于行业内资源重置效应。以Melitz为代表的异质性企业贸易理论揭示了贸易自由化的资源重置效应对行业生产率的影响，即生产率最低的企业退出市场，资源从低效率企业转移至高效率企业。Hsieh和Klenow(2009年)使用制造业微观数据考察了中国和印度的资源配置程度，认为如果两国资本和劳动力的有效配置达到美国的水平，那么两国的制造业生产率将分别获得30%～50%和40%～60%的增长。Harison等(2011年)对印度的研究发现，贸易自由化改革促进了制造业整体生产率的提升，其中行业内资源重置效应远远小于企业平均生产率提升效应。国内学者主要从要素市场扭曲、进入退出障碍等角度来考察资源误置带来的效率损失(聂辉华等，2011年；简泽，2011年)，对开放条件下资源配置问题的研究相对较少。田荣华(2015年)从行业和地区层面研究了贸易开放对中国工业企业资源误置的影响，发现在地区贸易开放度不低于24.39%的前提下，行业贸易开放有利于降低企业资源误置程度。毛其淋(2013年)、孙浦阳等(2014年)分别从货物贸易自由化与外商直接投资角度，证实了开放条件能够缓解融资制度扭曲或要素市场扭曲导致的资源误置，从而有助于提高行业生产率。

随着服务贸易数据和研究方法的不断完善，关于服务贸易自由化与生产率关系的研究逐渐兴起。从研究视角来看，主要基于服务业整体或特定服务贸易部门，以金融、电信等生产性服务部门居多。从研究内容来看，大多集中于探讨服务业管制改革、服务部门开放、服务部门对外直接投资(FDI)以及服务外包发展对制造业部门生产率的影响。多数研究表明,服务业管制程度下降和服务外包能促进制造业生产率的提升。但服务业FDI对东道国制造业生产率是否产生正向作用,有赖于服务业与制造业产业间关联的溢出效应。现有文献具有重要的指导和借鉴意义,但仍需进一步拓展:第一,服务贸易自由化影响制造业生产率的理论机理并不清楚,多数经验研究仅对两者关系进行简单判断和验证;第二,已有研究主要基于静态视角,缺乏从企业进入退出和行业内资源重置等动态视角的考察。

2.4.1.1 基于服务业管制改革视角

关于服务业管制改革如何影响制造业生产率的实证研究,得出的结论较为一致,认为服务管制程度的减少能促进制造业生产率的提升。行业层面,Bourles等(2013年)认为上游行业缺乏竞争会抑制下游行业生产率的提高,进一步使用OECD 15国的面板数据进行研究发现,服务部门管制程度的降低确实提高了下游制造业行业的生产效率。谢慧和黄建忠(2015年)同样采用跨国面板数据探讨服务业管制改革对OECD国家制造业生产率的影响,发现服务业管制改革整体上提高了制造业行业生产率。但相比最终品关税和中间品关税的削减,服务业管制改革的促进作用稍显不足。企业层面,Erik(2011年)从进出口贸易角度考察了服务部门监管与生产率之间的关系,认为企业低生产率通常与更具限制的服务监管有关。Maria Bas(2014年)对1994—2004年印度能源、电信、运输服务改革与制造业出口绩效关系进行实证检验,结果表明服务业管制改革通过降低中间投入成本提高了下游制造业企业的生产率。Arnold等(2015年)进一步分析了印度银行、电信、保险和运输部门改革对制造业生产率的影响,发现服务业管制改革使内资和外资制造企业均受益,但对外资企业影响更显著,增加一标准差单位的服务自由化指数会使内资企业和外资企业的生产率分别增长11.7%和13.2%。

2.4.1.2 基于服务部门开放视角

世界银行研究院(World Bank Institute)近期对服务部门开放与生

产率的关系进行了大量的经验研究，集中于探讨欧洲转型国家和中亚国家的服务自由化问题。David Tarr（2012年）通过对相关文献进行归纳梳理后发现，不同视角的研究均显示了服务贸易自由化对生产率具有促进作用。Kim和Kim（2003年）结合投入产出数据发现，1990年年初韩国的服务自由化提高了制造业部门的全要素生产率，在众多生产者服务部门中，运输部门和通信部门生产率的增幅最大。Arnold等（2008年）考察了非洲国家服务中间投入与制造业企业生产率之间的关系，发现两者呈显著的正相关，并指出服务投入增加有助于改善下游经济部门绩效、促进经济增长和减少贫困。Knobel（2012年）对俄罗斯服务部门自由化与制造业各部门生产率的关系进行实证检验，结果表明完全开放服务部门会使制造业劳动生产率提高20%。Shepotylo和Vakhitov（2012年）使用2001—2007年乌克兰制造业企业的独特数据库，发现服务自由化单位标准差的增加使制造业企业TFP增长了9%，并且通过投资渠道的服务自由化会产生更大效果。

国内关于服务贸易自由化的研究主要基于生产性服务业特定部门或跨国视角，多数研究表明服务自由化对制造业生产率有正向影响，但关于其影响机制的研究比较匮乏。姚星等（2012年）构建省际面板门限模型，考察开放经济条件下生产性服务业如何影响制造业生产效率。研究发现，投资开放度和贸易开放度作为门槛变量，会正向调节生产性服务业的溢出效应，且这种溢出效应根据不同开放程度表现出差异性。霍杰（2012年）以中国银行业为视角，研究贸易自由化对制造业行业生产率的影响，认为相较于银行业竞争力和私有化程度，银行业外资对制造业生产率的促进效应更明显。宋丽丽等（2014年）基于GATS框架考察了入世后多边服务贸易自由化对中国工业部门生产率的影响，进一步从服务中间投入与工业行业联系的角度进行了解释，得出服务业部门的贸易自由化程度提高对工业部门生产率的提升有负向抑制作用。李强（2014年）借鉴Francois（1990年）理论模型，采用跨国数据分析了生产性服务业自由化对制造业生产率的影响，得出两者之间呈正相关的结论。但这种促进作用会因服务部门和国家收入差异表现出异质性，其中高收入国家的制造业受贸易自由化影响较大。从具体服务部门来看，商务服务和金融服务自由化对生产率的作用更明显。

2.4.1.3 基于服务业 FDI 视角

商业存在是 WTO《服务贸易总协定》框架下较为重要和复杂的服务贸易提供模式，通常与跨国公司的全球化经营活动密切联系。这一提供模式下的研究多以服务业 FDI 来衡量服务贸易自由化程度。近年来，国内外学者从不同角度验证了服务业 FDI 对东道国制造业生产率的促进作用，这种作用的发挥依赖服务业与制造业产业间关联的溢出效应。然而还有部分研究发现服务业 FDI 对制造业的溢出效应不显著甚至为负。

1. 服务业 FDI 的正向溢出

行业层面，Francois 和 Woerz(2007 年)使用 OECD 1994—2004 年商品贸易和服务贸易面板数据，考察了服务业开放与制造业整体出口模式之间的联系。结果发现，商务服务 FDI 的增加显著提高了知识技术密集型制造业行业的竞争力(如机械、化工和电力设备等)。Duggan 等(2013 年)探讨了 1997—2009 年印尼服务业 FDI 政策限制对下游制造业绩效的影响，发现放松服务部门 FDI 限制会带来制造业行业全要素生产率 8%的增长。企业层面，Javorcik 和 Li(2009 年)采用倍差法研究罗马尼亚零售业外商直接投资对东道国经济增长的影响，结果显示零售业 FDI 促进上游制造业企业生产率增加了15.2%，这种作用对规模较大的企业更显著。Arnold 等(2011 年)基于捷克共和国 1998—2003 年企业层面数据，探讨了服务业自由化与依赖服务作为中间投入的制造业生产率之间的关系。他们在文章中指出，考虑服务自由化的几个因素(即国外提供商、私有化和竞争力)后，服务业外商直接投资是服务自由化改善下游制造业企业绩效的关键渠道。Armenise 等(2012 年)对意大利的进一步研究发现，商务服务 FDI 可以通过前向关联提高制造业企业生产率，这种作用在高技术部门中更显著，而传统部门对服务业 FDI 的敏感程度较低。Fernandes 和 Paunov(2012 年)研究

生产者服务部门 FDI 对智利制造业生产率的影响，同样发现 FDI 通过前向关联解释了制造业企业生产率 6%的增长，此外服务业 FDI 还为落后企业赶超行业领导者提供了机遇。

在国外研究的基础上，国内学者开始探讨服务业 FDI 对中国制造业生产率的渠道效应。罗立彬（2009 年）通过文献梳理阐述了服务业 FDI 提升制造业效率的影响机制，其中直接机制包括促进优质服务要素投入和制造业出口结构升级；间接机制则包含服务种类增加、竞争效应和示范效应带来的技术溢出。夏晴（2011 年）总结了服务业外资促进制造业发展的微观溢出效应：劳动溢出和资本溢出。其中后者是指服务业外资通过溢出效应提高制造业生产率，从而增进投资水平。企业层面，韩德超（2011 年）基于产业间关联视角，发现生产性服务业 FDI 无论何种情况下均能提升外资工业企业生产率，而本土企业生产率在考虑制度因素后变得不显著。行业层面，王诏怡（2013 年）比较分析生产性服务业 FDI 与进口对东道国制造业生产率的影响效应，发现服务进口比服务业 FDI 的促进作用更显著。屠莉佳（2015 年）采用 1990—2013 年中国制造业面板数据，证实了生产性服务业 FDI 会促进制造业劳动生产率的提高，这种促进作用对外资制造业更明显；其他因素如产权制度和人均资本同样对制造业生产率有正向影响。刘艳（2013 年）采用 DEA 方法对中国制造业 TFP 增长进行分解，并利用制造业面板数据和投入产出表测算了服务业 FDI 前向关联度。研究发现，前向关联有助于提高制造业行业生产率，并且对技术进步增长的作用更明显。胡国平等（2013 年）从产业间联系的角度，分析了生产性服务业 5 个子行业 FDI 对中国制造业效率的影响，发现金融、租赁和商业服务通过前向和后向关联提高了制造业效率。但金融业的两种关联效应呈上升趋势，租赁和商业服务呈下降趋势，而其他服务业的关联效应则不显著。张如庆等（2014 年）基于 Malmquist 指数法将制造业 TFP 增长分解为效率提升和技术进步，采用省级面板数据验证了生产性服务业 FDI 对制造业生产率的正向溢出效应。从渠道效应来看，效率提升的作用显著高于技术进步。

2. 服务业 FDI 的负向溢出

部分文献在研究服务业 FDI 如何影响制造业生产效率时，发现两者之间溢出效应微弱甚至显著为负。Alfaro(2003 年)认为外商直接投资通过与当地企业之间的知识技术溢出，进而推动东道国经济的增长。通过对 1981—1999 年跨国面板数据进行实证分析发现，不同产业部门 FDI 对经济增长的作用存在显著差异性。其中初级产品部门 FDI 的溢出效应为负，制造业部门 FDI 的溢出效应为正，而服务业 FDI 的溢出效应不明确。Doytch 和 Uctum(2011 年)采用产业内和产业间各种数据分类和 FDI 流入数据，研究服务业和制造业 FDI 的产业内、产业间溢出效应，以及对东道国整体经济的影响。证据显示服务业 FDI 会促进服务业自身的增长但抑制了制造业的增长。从细分产业来看，金融服务业 FDI 通过刺激制造业和服务业生产活动促进了东南亚、太平洋地区以及以服务为基础的经济体的经济增长；然而，非金融服务业 FDI 会消耗资源且不利于东道国制造业的发展。徐宏毅等(2015 年)考察生产性服务业 5 个代表性子行业引进外资的溢出效应，进一步将溢出效应分解为垂直溢出和水平溢出。研究发现，生产性服务业 FDI 对制造业劳动生产率的垂直溢出效应(前向和后向关联)显著为负，而对服务业内部生产率的水平溢出效应显著为正。

2.4.1.4 基于服务外包视角

服务贸易自由化在市场准入和国民待遇原则下降低贸易壁垒，促使种类更多且质量更优的国际服务企业进入国内市场。国内制造企业通过将低效率服务环节外包出去，集中资源从事更有效率制造环节的生产。此外，服务外包产生的溢出效应也有利于制造业生产率的提升。国内外学者基于不同视角的研究结论一致，认为服务外包有利于提升制造业生产效率。

企业层面：Görg 和 Hanley(2005 年)对爱尔兰制造业企业的研究发现，服务外包对制造业出口企业的生产率有积极影响，相比之下对非出口企业的影响缺乏有力证据。李艳华和葛丹丹(2011 年)考察中国服务外包对制造企业生产率的影响及中介效应，结果表明，服务外

包整体上促进了制造企业生产率提升，其中交易成本的中介效应显著为正，制造成本显著为负，而技术创新的中介效应非常微弱。张艳等(2013年)借鉴Grossman(2008年)任务贸易模型，从服务外包角度探讨了服务贸易自由化影响制造企业生产率的理论机制，即任务外包效应、技术促进效应和重组效应，进一步用中国数据验证两者间的正相关关系。

行业层面：Girma和Görg(2004年)使用英国制造业行业数据对服务外包进行实证分析，发现服务外包强度与制造业全要素生产率和劳动生产率均成正相关，这种促进作用在外资企业中更显著。Amiti和Wei(2005年，2009年)考察了1992—2000年外包对美国制造行业生产率的影响，发现与实物中间品外包相比，服务外包更能促进制造业生产率的显著提升，两者分别解释了10%和5%的增长。刘海云和唐玲(2009年)以中国作为发包国视角，比较分析了原材料外包和服务外包对中国工业行业生产率的影响，认为服务外包会带来更大的生产率促进效应。姚战琪(2010年)基于超对数生产函数和CES生产函数，并结合国内投入产出表，考察了中国总体外包、服务外包和工业外包对工业行业生产率的影响。发现三种外包均对生产率有正向影响，但服务外包对生产率的贡献大于另外两种外包形式。与前人研究结果相似，蔡宏波(2011年)基于投入产出表构建DJ指数进行分析表明，服务外包比材料外包对生产率的促进作用更强。盛斌和牛蕊(2009年)验证了服务外包对中国工业行业TFP的促进作用，认为服务外包解释了1998—2006年中国工业TFP增长的1/3。樊秀峰和余姗(2013年)使用1997—2011年制造业跨国面板数据，证明了服务外包与制造业行业生产率的正相关关系。进一步从行业要素密集度来看，服务外包对资本技术密集型行业的影响程度要大于资源劳动密集型行业。

2.4.2 生产性服务贸易自由化与制造业就业

国内外直接研究服务贸易自由化与制造业就业的文献很少，已有研究主要基于服务业FDI、生产性服务业进口以及服务外包视角展开。

薛敬孝和韩燕(2006 年)研究发现服务业 FDI 对中国就业质量有显著促进作用,但对就业数量的提升作用不大。OECD(2011 年)发现服务业 FDI 有利于欧盟成员国就业的增加,其中对高技能劳动力的影响较大。Ahn, Fukao 和 Ito(2008 年)对韩国和日本的研究发现,中间品贸易对劳动力需求结构产生差异化影响,增加了高技术劳动力的需求,同时降低中等技术劳动力的需求。关于服务外包就业效应的文献相对丰富,研究角度也较为全面。多数研究指出服务外包通过降低成本增加了就业机会。Feenstra 和 Hanson(1999 年)采用"工资回归法"估计了国际外包对美国制造行业劳动力需求以及相对工资的影响,结果发现将低效率服务环节外包给低收入国家,可以增加国内技术工人的就业和相对工资。Head 和 Ries(2002 年)采用日本企业层面数据考察国际外包对技术人员相对需求的影响,但仅限于商品外包,并未考虑服务外包。Ahn 等(2008 年)基于 1990—2003 年东亚各国贸易数据,发现服务外包会减少韩国和日本劳动力市场中低技术工人就业,而增加对高技术工人的相对需求。国内学者陈仲常和马红旗(2010 年)、孟雪(2012 年)以及肖芍芳等(2012 年)均证实了服务外包与制造业就业增长之间的正向关系。少数研究发现服务外包对制造业就业增长无显著影响。Amiti 和 Wei(2005 年)探讨了服务外包对就业的影响机制,具体包括规模经济效应、产出效应与价格替代效应,但结果表明服务外包与就业水平之间无显著相关性。Vickery 和 Welsum(2005 年)认为职业差异等原因的存在使得服务外包的就业效应不明显。魏浩和黄皓骥(2012 年)基于中国 2000—2005 年面板数据,通过计量分析发现服务外包的就业效应不明确,正负向效应取决于外包环节类型、服务外包对就业的规模效应和替代效应以及外包量大小。还有部分研究发现服务外包对就业有长短期效应。Garner(2004 年)指出国际服务外包带来的失业或就业转移仅占就业总量的较小部分,如果失业人员能寻找到新岗位,那么国际外包在长期内可能导致国家就业的增加。Bhagwati(2004 年)指出短期内国际服务外包会造成部分服务人员失业,但长期内这部分失业人员会转移到新岗位,因而政府需关注

外包带来的失业结果并采取适当再就业措施。吕延方和王冬（2011年）考察中国承接服务外包和对外发包对就业的影响，结果显示服务外包会促进制造行业就业的增加，且对就业的拉动效应是动态持续的。

2.4.3 生产性服务贸易自由化与制造业出口

国内外关于服务贸易开放与制造业出口的文献较少，已有文献大致分为三种研究思路。

一是考察服务贸易对贸易成本的影响，因为贸易成本与产品出口竞争力直接关联，而贸易成本大多受服务水平尤其是基础设施服务水平的制约。Beck（2002 年）指出金融体系较发达国家的经济发展同制造业出口密切相关。Djankov 和 Cong（2010 年）认为运输贸易成本是影响国家潜在出口竞争力的决定因素。Francois 和 Manchin（2007 年）也认为在发展中国家出口贸易的决定因素中，运输服务和通信服务水平相比贸易壁垒更为重要。

二是生产性服务业进口与制造业出口的关系。已有文献主要集中于探讨生产性服务业进口对制造业出口贸易额、出口竞争力以及出口技术复杂度的影响。Mazumder（2003 年）发现美国生产性服务业进口倾向于增加收入水平较低国家的商品出口。Francois 和 Woerz（2007 年）也证实了中间服务进口对制造行业出口的正向促进效应。Francois（2007 年）使用 1994—2004 年 OECD 国家面板数据进行分析，发现生产性服务业进口与制造业出口竞争力以及生产率之间表现出高度正相关，尤其在技术密集型行业（主要包括机械、机动车、电子设备和化工业）更为明显。尚涛等（2009 年）、蒙英华等（2010 年）利用中国数据分别证实了生产性服务贸易进口对制造业生产效率以及国际竞争力的显著提升作用。张如庆（2012 年）认为生产性服务业进口以及服务业外资是出口制成品技术结构升级的重要途径。刘艳（2014 年）基于 52 国的跨国面板数据，通过实证分析发现生产性服务业进口显著提高了高技术制成品的技术复杂度。Gonzales 等（2010 年）基于投入产出表考察了 44 个 OECD 国家生产性服务进口与商品出口之间的关系，发现生产性服务进口每提高 1%，高技术、中等技术和低技术商品的出口分别增加 0.8%、1.4%和 1%。他们还指出商业服务市场开放与生产率提高、产品质量阶梯攀升和专业化分工之间存在良性互动。

三是服务外包对制造业出口的影响。Görg，H(2008 年)、Amit 和 Wei(2009 年)认为服务贸易自由化通过外包效应带来质量更优且效率更高的服务中间投入，直接提高了制造企业的生产效率。通常生产率较高的企业在国际市场更具竞争优势，更倾向于出口(Bernard 和 Jensen，1999 年)。Hummels 等(2001 年)使用 1970—1990 年 10 个 OECD 国家的数据进行研究，发现国际外包相比原材料进口对出口增长的贡献更大。潘明韬、卫平(2012 年)基于投入产出关系测算了国际服务外包率，结果表明高效率服务中间投入会导致制造业结构改善和出口数量增加。Nordas(2010 年)、Lodefalk(2014 年)先后从中观层面和微观层面进行实证研究，发现服务外包与制造业出口密集度或价值比呈正相关。

2.4.4 生产性服务贸易自由化的测度

受关贸总协定谈判中贸易壁垒削减的启发，澳大利亚 H. Corbett 最早对服务贸易自由化与壁垒问题进行研究，提出通过减免服务贸易壁垒来促进服务贸易的发展。在他的倡导下，伦敦经济学院 Briffiths 于 1975 年出版了《无形贸易的无形壁垒》一书，对国际间服务贸易壁垒进行了开创性研究。服务贸易壁垒的削减，即是服务贸易自由化的过程。由于服务贸易壁垒不同于关税壁垒，而是以许可证、进出口配额以及政策法规等体现的非关税壁垒，因此，如何进行量化存在很大难度。目前，国内外学者常用频度工具法、价格工具法和数量工具法来估算服务贸易壁垒，得到与这些壁垒相对应的税收或价格变动幅度，以此来判断服务贸易自由化进程。还有一些学者采用服务业 FDI、服务贸易依存度等来衡量服务贸易自由化水平。

2.4.4.1 频度工具法

频度工具法是以某一时间特定国家特定部门的非关税壁垒为基础，通过计算各类壁垒发生的频率以及壁垒在各国或地区贸易中的覆盖率来衡量壁垒的程度。Hoekman(1995 年)最先对服务贸易壁垒的限制程度进行度量，并建立了频度指标来反映服务贸易自由化状况。他采用“三类型赋值法”对各国在 GATS 中的承诺进行赋值，其中“不作承诺”和“没有限制”分别取值为 0 和 1，介于两者之间的“部分限制”取值为 0.5。通过将各种承诺的得分加总进而得到频度指数，指数越高说明服务贸易壁垒越低。这种方法简单易操作，能够清楚地反映各国的服务贸易壁垒情况，但仍存在一定局限：一是对“部分限制”的承诺赋予相同分值，没有区分不同承诺对经济影响的差异性；二是将“不作承诺”视为最大限制并赋予最低分值，没有考虑国家间不存在相关服务部门或服务贸易技术上不可行的情况。

部分学者继承并改进了 Hoekman 的方法，针对多边服务或区域服务框架下的具体承诺进行定量分析，以探讨服务贸易自由化的发展水平。Mattoo 等(2001 年)建议从政策角度来衡量一国服务部门的开放程度，并进一步评估了电信业和金融服务业开放对长期经济增长的影响。盛斌(2002 年)基于中国加入 WTO 的附件，对服务业整体和各部门承诺减让表进行量化评估，系统地分析了中国入世后的服务贸易自由化水平。王健(2005 年)根据中国在 GATS 协议中作出的服务贸易承诺，采用建模法构建了服务贸易自由化指标并对其进行比较研究。杨荣珍(2007 年)对中国和印度区域服务贸易自由化承诺进行分析，探讨了双方在建筑、商业和通信等领域的开放程度和合作可能性。周念利(2008 年)研究了区域贸易安排(RTAS)下的服务自由化发展机制，并以此为基础量化评估了 32 个国家和地区的服务贸易自由化程度。Ishido(2011 年)基于中国和东盟各国签订的承诺减让表，以及 4 种服务贸易模式下有关国民待遇和市场准入的承诺，测度了中国-东盟服务贸易自由化的进程。黄建忠和袁姗(2011 年)将 Hoekman 方法细化为“五类型赋值法”，并结合中国加入

WTO和两岸经济合作架构协议(ECFA)作出的服务贸易承诺,系统评估了福建与台湾的服务自由化进程。周念利等(2012年)根据印度加入GATS时的具体承诺,测算了印度的服务贸易自由化程度,并与WTO其他成员进行服务业整体、具体部门和具体贸易模式的比较分析。邹春萌(2013年)采用Hoekman频度工具法测算了东盟区域服务自由化水平,认为东盟区域服务自由化在理论上获得了"GATS+"效果,但实践中自由化水平并不高并且面临诸多挑战。李钢等(2015年)认为国际上缺乏统一的标准来衡量服务业开放,因此,需要进行多维度的评估,具体包括多边协议维度、区域协议维度、自主开放维度、服务业开放的业绩评价维度等。

2.4.4.2 价格工具法

价格工具法通过比较没有进入壁垒和有限制两种情况下的价格差额(边际成本差)来计算关税等值。假设价格差额的存在不是由沉没成本和在位者阻止进入战略等因素导致,而是由政府的限制措施所致,则根据价格差可计算关税等值。Deardorff和Stern(1997年)认为,进口商品的国内外价格差异可以通过计量模型加以量化,并结合供给弹性和需求弹性将结果转化为等值关税。由于缺乏足够的服务贸易价格数据,无法对两种价格进行准确比较。澳大利亚生产力委员提出采用计量经济方法获得服务贸易壁垒价格工具(Nguyen-Hong, 2000年;Kalirajan, 2001年;Trewin, 2001年)。这些研究主要有如下步骤:①选取所在行业的国内价格代理指标;②构建模型确定影响国内价格的变量,包括用澳大利亚委员会的贸易限制指数衡量的贸易壁垒;③对回归模型进行估计;④根据贸易限制指数和模型估计系数计算各经济体的边际价格。

此外,还有部分学者运用上市公司披露的财务报表数据,通过计算跨国或部门间毛利率的差额来衡量服务贸易壁垒。Francois和Hoekman(1999年)提出以营业毛利率为基础的价格工具法,其中营业毛利率定义为(销售总收入-平均总成本)÷平均总成本。该指标代表不同行业的盈利状况,间接反映了进入壁垒的规模大小。Hoekman

(2000年)提出了基于利润率测度服务贸易壁垒的两种方法,分别为服务业与制造业利润率差额和国家之间利润率差额。

2.4.4.3 数量工具法

数量工具法的基本思想是比较存在和不存在贸易壁垒情形下的贸易额,以两者的差额来衡量服务贸易壁垒的大小。存在贸易壁垒情形下的贸易额容易获得,关键是测算不存在贸易壁垒时的贸易额。已有文献根据标准的国际贸易模型(如Heckscher-Ohlin的比较优势模型、Helpman-Krugman的产品差异化模型、引力模型等),运用涵盖多种贸易情形的数据,构造出一种接近自由贸易的情形。Francois和Hoekman(1999年)首次采用引力模型估计了美国与主要贸易伙伴在建筑、金融、商务服务等领域的双边贸易量,并用预测进口额和实际进口额的差额代表贸易壁垒的规模。进一步以新加坡和香港作为自由贸易的标准,将贸易壁垒结合假定的需求价格弹性,计算出相应服务部门的关税等值。Warren(2000年)以贸易限制指数表示投资和贸易壁垒,通过计量模型估计出136个国家投资和贸易壁垒的影响,将这种影响量化并与需求价格弹性相结合,进而得到相应的关税等值。与Francois数量工具法相比,Warren测算对消费量而并非对双边贸易量的影响,此外采用服务贸易限制指数表示壁垒规模,能够分别出贸易壁垒与人口密度、人均收入等其余解释变量的影响。

2.4.4.4 其他估计方法

目前多数研究采用服务业FDI来测度服务贸易自由化程度,如Javorcik和Li(2009年)、Arnold等(2011年)以及Fernandes和Paunov(2012年)等。还有部分研究参照货物贸易自由化采用贸易依存度来衡量。姚星等(2010年)利用服务贸易进出口总额占GDP比值来表示服务贸易开放度,并考察了以贸易开放度和人力资本代表的吸收能力带来的经济增长效应。赵书华等(2011年)分析了中国和美国试听服务贸易的行业开放度,发现我国的开放度远远低于美国。季剑军(2015年)采用服务贸易依存度衡量中国服务业整体开放度,并与主要发达国家和发展中国家进行国际比较,发现我国服务业开放度较低。姚战琪(2015 年)采用相同指标测算了中国入世以来服务业整体开放水平。

相比较而言,价格工具法和数量工具法的信息含量较大,但对数据来源要求较广且不易操作,同时跨部门兼容性较低。价格工具法计算的价格差额并非只反映服务贸易壁垒,还反映了国内市场结构、服务质量差别等其他因素;至于毛利率差额同样忽略了影响企业利润的其他经济和制度因素。服务业 FDI 只考虑了商业存在这种贸易模式下的服务贸易开放,没有涵盖其他三种服务贸易模式。在精确度和可信度方面,频度工具法可以较全面地测度服务贸易开放水平(邹春萌,2012 年),从而为指导贸易谈判提供更充分的信息,但对服务市场开放承诺的赋值和权重界定有待商榷。而服务贸易依存度指标无法反映出规模经济的影响(杨玲,2011 年;陈明和魏作磊,2016 年)。服务贸易自由化与贸易壁垒测度方法的比较,如表 2-3 所示。

表 2-3 服务贸易自由化与贸易壁垒测度方法的比较

	频度工具法	价格工具法	数量工具法	其他估计方法
提出者	1. Hoekman(1995 年) 2. Mattoo(2001 年) 3. Ishido(2011 年)	1. Deardorff 和 Stern(1997 年) 2. Nguyen-Hong (2000 年)	1. Francois 和 Hoekman(1999 年) 2. Warren(2001 年)	1. Arnold(2011 年) 2. Fernandes 和 Paunov(2012 年)
基本思路	1. Hoekman(1995 年)最初对各国在 GATS 中的承诺进行赋值,将各种承诺的得分加总得到频度指数; 2. 改进的频度工具法对贸易限制进行分类加权,计算贸易限制指数	1. 通过比较没有进入壁垒和有限制两种情况下的价格差额来计算关税等值; 2. 计算跨国或部门间毛利率的差额来衡量服务贸易壁垒	通过引力模型计算出预测进口额和实际进口额的差额表示贸易壁垒的规模,并选择一种自由贸易情形为基准	1. 用服务业外商直接投资(FDI)来表示商业存在模式下的贸易自由化程度; 2. 用服务贸易依存度来衡量

（续表）

	频度工具法	价格工具法	数量工具法	其他估计方法
数据来源	1. GATS服务承诺减让表； 2. 其他外资或服务壁垒信息	1. 国内外服务价格； 2. 上市公司披露的财务信息	跨国别或跨行业的服务贸易流量等	UNCTAD网站数据；World Bank WDI数据库
经验研究	对WTO成员承诺的分析	银行、电信、分销、建筑部门等	建筑、金融、电信部门	服务业整体或细分部门
优点	涵盖GATS下的四种贸易模式，反映绝对保护水平	信息含量较大	信息量含量较大	数据较易获得，计算相对简单
缺点	服务贸易承诺的赋值和权重界定有待斟酌，需要根据实际情况进行调整	1. 服务贸易价格数据较难获得、不易操作； 2. 价格差额并非只反映贸易壁垒，还反映了国内市场结构、服务质量差别以及制度等因素	1. 数据和信息来源要求广，不易操作； 2. 用预测进口与实际进口额的差额来表示服务贸易壁垒，忽略了其他因素的影响	服务业FDI仅考虑了商业存在模式下的贸易自由化问题，没有考虑其他贸易模式的情况。服务贸易依存度无法反映规模经济的影响

资料来源：根据相关资料整理。

2.4.5 生产性服务业与制造业互动关系的研究

生产性服务业与制造业的互动关系一直是学术界关注的重点。现有文献以顾乃华等(2006年)为代表，较全面地归纳了关于两者关系的四种代表性观点，包括供给主导论、需求遵从论、互动论与融合论。这些观点揭示了两者间互动发展的演化进程：工业化初期，生产性服务业从制造业剥离，无法直接反哺制造业，因此制造业占据主导地位；工业化中后期，随着生产性服务业嵌入制造业价值链的某个核心环节，主导地位由制造业逐渐向生产性服务业转移；后工业化时期，两者进入互动融合的发展阶段，形成良好的内在互动机制。

第一类供给主导论认为生产性服务业是提升制造业生产率的前提，缺乏先进的生产性服务业，制造业部门竞争力的提高会受极大限制。根据奥地利学派的生产迂回说,生产性服务业通过增加迂回度延伸生产链条,进而提高专业分工程度和劳动效率,同时制造企业可以外包生产性服务环节来降低成本并提高企业竞争力。Kakaomerlioglu和 Carlsson(1999 年)对 1987—1994 年美国制造业与生产性服务业关系的研究发现,美国制造业对生产性服务业投入的依赖增加了近 1 倍。Eswaran 和 Kotwal(2002 年)认为服务部门扩张通过提高专业化分工水平和降低制造业中间服务投入成本来使制造业部门受益。江静等(2007 年)运用中国细分行业和地区层面的面板数据,证明了生产性服务业对制造业整体效率的促进作用。

第二类需求遵从论强调生产性服务业的发展对制造业发展的依赖性,生产性服务业位于遵从地位。Cohen 和 Zysman(1989 年)认为制造业位于产业链下游,其对上游部门的需求有助于推动生产性服务业的发展。Klodt(2000 年)同样认为生产性服务业发展以制造业发展为基本前提,是对制造业的有效补充。Guerrieri 和 Meliciani(2005 年)分析了经合组织 6 个代表性国家制造业的投入产出关系,发现一国生产性服务业的发展取决于密集使用服务投入的制造业的产业结构。江小涓、李辉(2004 年)证实了过去 20 年来中国服务比重一直处于较低水平的事实,由此提出服务业的发展速度很大程度上取决于未来经济的增速。

第三类互动论与融合论。互动论表明了制造业与生产性服务业的相互依赖,互动发展的动态关系。融合论则认为制造业与生产性服务业之间的界限日益模糊,两者呈现融合发展的新趋势。事实上,互动论与融合论是对同一现象的不同阐释,本质上均反映了制造业与服务业发展的相互依存关系。Bathla(2003 年)指出当劳动专业分工与社会经济发展到特定阶段时,制造业和生产性服务业呈现出彼此依赖、协同发展的互补关系。陈伟达、冯小康(2010 年)基于投入产出表对中国制造业分行业的研究表明,制造业与生产性服务业的互动发展已经历工业化阶段,正逐渐迈入信息化阶段。高觉民、李晓慧(2011 年)建立制造业与生产性服务业互动关系的理论模型,并利用中国 2000—2007

年省市的面板数据，验证了两者间积极的互动关系。吉亚辉等(2012年)运用产业聚集度和EG指数分析了我国制造业与生产性服务业的集聚相关性，发现两者整体上呈均衡化发展态势。周静(2014年)探讨了我国制造业与生产性服务业发展阶段的特征以及互动效应，强调应根据阶段特征和效应强弱来确定未来发展重点。

2.5 述评与启示

2.5.1 对理论研究的评价

目前，学术界对服务贸易自由化理论的研究严重滞后于服务贸易自由化的实践，尚未形成独立的理论与方法体系。服务贸易自由化理论是对传统货物贸易理论的继承和发展，其研究的深度和广度都有待拓展。生产性服务贸易自由化对制造业发展的影响属于贸易自由化收益范畴。综观贸易自由化收益的理论文献，揭示了不同视角下贸易自由化对经济增长的理论机理。早期的古典和新古典贸易理论是在生产率外生假定下，探讨贸易自由化对经济增长的影响，认为贸易自由化仅产生水平增长效应，而无法导致生产率增长。新贸易理论和开放性内生增长理论在代表性企业框架下，从规模经济、技术溢出和国际竞争加剧等角度来考察贸易自由化对一国福利效应的影响。这些研究大都从国家、行业或地区层面进行分析，没有考虑企业层面的微观事实。以Melitz(2003年)为代表的新新贸易理论首次引入市场进入固定成本和企业异质性的观点，来研究贸易自由化促进行业生产率增长的微观机制。该模型是企业异质性视野下研究贸易自由化与生产率关系的基本模型，但本身仍存在一些局限性，如企业生产率外生决定、企业异质性特征和国际化路径方式单一等。之后很多学者从不同视角进一步拓展和完善了异质性企业贸易理论。多数异质性企业贸易理论揭示了贸易自由化通过异质企业之间资源重置，从而促进行业生产率增长的机理(Bernard等，2003年；Hsu，2006年；Bernard等，

2007 年等)。但这些模型大都假定生产率是外生决定的,没有考虑企业生产率变化的情形。少数学者放松企业生产率不变的假定,从异质性劳动力转移、研发溢出强度、企业新技术引入时间等方面来探讨贸易自由化带来的生产率效应(Segerstrom 和 Gustafsson,2006 年;Ederington 和 McCalman,2008 年)。

目前关于服务贸易自由化收益的理论研究,都是基于传统贸易理论和新贸易理论框架,从比较优势、要素禀赋或规模经济等视角,来探讨服务要素国际间流动是否会增加贸易国的福利效应。研究的结论大致相同,认为服务贸易自由化会带来正的福利效应。然而在异质性企业贸易理论框架下,从差异性企业微观视角来探讨服务贸易自由化收益的理论研究非常缺乏。从动态角度来看,企业生产率是不断变化的,经济的长期增长有赖于企业自身生产率的增长(技术进步)。本书尝试在理论方面进行创新,将 Yeaple(2005 年)关于异质性生产技术的假设与 Melitz(2003 年)模型基本假设相结合,通过数理模型的推导与演示,在企业生产率变化的情况下来探讨生产性服务贸易自由化如何影响制造业行业生产率。模型中用高技术引入成本的下降来衡量生产性服务贸易自由化,研究发现,生产性服务贸易自由化对制造业行业生产率的影响主要来自两部分:一是异质企业进入退出和市场份额转移带来的行业内资源再配置;二是通过内生技术选择带来的企业技术进步效应。

2.5.2 对实证研究的评价

本书梳理了生产性服务贸易自由化与制造业发展的相关文献,主要围绕生产性服务贸易自由化与生产率、就业和出口之间的关系展开。已有研究具有重要的指导和借鉴意义,但仍有进一步拓展的必要和空间:①关于生产性服务贸易自由化与制造业生产率的相关文献,集中于探讨服务业管制改革、服务部门开放、服务部门 FDI 以及服务外包对制造业生产率的影响。多数研究仅对两者关系进行简单判断和验证,而对于服务贸易自由化通过何种理论机制影响制造业生产率

尚不清楚。此外，现有研究主要基于静态视角来分析，缺乏从企业进入退出和行业内市场份额转移等动态视角的考察。本书的创新在于从理论上探讨了生产性服务贸易自由化对制造业生产率的作用机制，进一步从多渠道、多角度和异质性等方面来检验生产性服务贸易自由化的生产率效应。②直接研究生产性服务贸易自由化与制造业出口的文献很少，已有文献大致分为三种研究思路：一是考察服务贸易对贸易成本的影响，因为贸易成本与产品出口竞争力直接关联；二是考察生产性服务业进口与制造业出口的关系；三是考察服务外包对制造业出口的影响。本章提出一个新的研究视角，从企业微观以及行业中观层面深入探讨生产性服务贸易自由化与我国制造业出口之间的内在关系。首先，基于 Baldwin(2005 年)模型从理论上分析生产性服务贸易开放对制造业出口的作用机理并提出理论研究假说；其次，采用 Heckman 两阶段估计和 K-M 生存分析方法，分别从企业出口参与决策、出口强度和出口生存时间角度，研究生产性服务贸易自由化与企业出口的动态行为；最后，对生产性服务贸易自由化的行业出口效应进行非线性检验，并从出口贸易结构视角，考察服务贸易自由化对行业出口技术复杂度的影响。③在核心变量的衡量方面，由于服务贸易壁垒具有隐蔽性，没有类似于关税的统一衡量指标。已有研究采用的服务贸易自由化指标存在一定局限，如频度工具法对开放承诺的权重界定具有较强主观性，服务业 FDI 仅体现商业存在模式下的服务贸易开放，没有考虑其他三种贸易模式，而服务贸易依存度无法反映出规模经济的影响(陈明和魏作磊，2016 年)。本书拟采用 Novy(2013 年)的“相对贸易模型”，将贸易成本关税等值的计算公式拓展为包含多个服务部门和充分考虑时间效应，该指标较全面地衡量了我国生产性服务部门的贸易自由度。本书在一定程度上拓展了异质性企业贸易理论框架下的研究，为我国推进生产性服务贸易领域开放，促进制造业转型升级提供了相关的理论和经验研究基础。同时，对我国生产性服务贸易领域自由贸易政策的制定和完善，具有重要的参考意义。

3　生产性服务贸易自由化对制造业发展的作用机制

3.1　引言

外商直接投资、货物贸易自由化和服务贸易自由化是一国对外开放的主要形式。目前，国内外学者关于货物贸易自由化与 FDI 如何影响一国生产率的研究起步较早、研究体系相对成熟，尽管结论不尽统一，但多数研究揭示了货物贸易自由化与 FDI 会通过进口竞争、技术扩散、人员流动等渠道促进东道国技术的进步(Keller, 2002 年；Smarzynska, 2004 年等)。相比之下，服务贸易自由化对一国制造业发展的作用机制并不明确。服务部门之间具有较大的差异性，既包括直接提供服务效用的消费性服务业，如房地产、旅游、商贸服务等，又包括作为其他部门中间投入的生产性服务业，如金融保险、交通运输、科研技术等。生产性服务业以人力资本和知识资本为主要投入品，贯穿于生产链条的上、中、下游诸环节，对制造业的转型升级起着非常重要的助推作用。然而我国生产性服务业的发展相对滞后，亟需通过对外开放来调结构和促改革。本章从理论上探讨生产性服务贸易自由化对制造业发展的作用机制，为之后的实证研究奠定理论基础。梳理和归纳已有文献中提到并解释的各种贸易自由化影响路径，围绕生产率提高效应、就业增加效应和商品出口效应三个角度展开分析，深入研究生产性服务贸易自由化对我国制造业发展的作用机理。

3.2 生产性服务贸易自由化对制造业生产率的作用机制

生产性服务贸易自由化与制造业生产率之间存在何种机制,由于生产性服务业作为制造业的中间投入,是技术溢出的主要载体,其贸易自由化会通过产业间关联效应影响制造业生产率。本书结合已有研究,对生产性服务贸易自由化影响制造业生产率的理论机制进行系统梳理,从微观层面到中观层面阐述其内在逻辑关系。

3.2.1 微观机制

第一,中间品贸易效应。生产性服务贸易自由化降低了国外服务企业的进入壁垒,带来种类更多、质量更优和效率更高的服务中间投入,直接促进制造业企业生产率的提升。相关研究表明,服务中间投入相比实物中间品贸易对生产率的促进作用更为明显(Görg, H., 2008年; Amiti和Wei, 2009年)。Halpern, Koren和Szeidl(2015年)通过建立一个进口国外异质性中间产品的模型,分析了进口服务要素投入如何影响东道国制造业企业生产率,发现服务贸易自由化通过进口服务要素的质量提升和种类增加可以促进企业生产率的增长。

第二,产品内资源重置效应。国内制造业企业将低效率服务环节外包出去(如分销和运输服务等),集中资源从事更有效率制造环节的生产。无论是通过国内制造企业与跨国服务企业国内分支机构之间的在岸外包,还是通过网络通信手段进行的商业流程的离岸外包,均有助于提高企业的专业化生产水平,从而最大程度地发挥企业的比较优势并实现规模经济效应。因此,生产性服务贸易自由化减少了服务管制导致的资源误置,通过替代国内低效率服务环节实现产品内资源重置,进而促进制造业企业生产率的提升。

第三,技术创新效应。生产性服务贸易自由化将间接地促进制造业企业的技术创新,具体表现在以下几个方面:第一,质量更优、效率更高的生产性服务投入降低了制造业企业的单位生产成本，成本的节约使企业利润增加，有可能加大研发投入并购买更多的核心技术和关键零部件；第二，生产性服务业具有高辐射性、高附加值和高知识性的贸易特征(Sassen, 2001 年)，其贸易自由化带来服务投入种类增加和质量提升，通过间接的技术溢出促进制造业企业生产率的提高；第三，生产性服务业在产业链中拥有市场势力，其下游制造业在创新过程中获得的收益会被低效率的服务企业所攫取(Bourles 等, 2013 年)，而生产性服务业自由化扩大了服务的供给，通过削弱服务企业的市场势力来激励制造企业进行技术创新。

3.2.2 中观机制

大多数异质性企业贸易理论揭示了货物贸易自由化促进制造业行业生产率增长的机制。Arnold 等(2011 年)认为，货物贸易自由化与生产率的判断同样适用于服务贸易自由化情形。因此，生产性服务贸易自由化对制造业行业生产率的影响可以归纳为以下两方面：

一是企业生产率的提高通过行业内的加总效应提升了行业整体生产率水平。具体来说，生产性服务贸易自由化通过前文所述的中间品贸易效应、产品内资源重置效应和技术创新效应，直接促进制造业企业生产率的增加；此外，生产性服务贸易自由化还可以通过直接的技术转移、间接的技术扩散、进口竞争效应以及制度推动等，作用于国内生产性服务部门，进而间接地影响制造业企业的生产率。

二是制造业企业进入退出和市场份额转移带来的资源再配置效应。生产性服务贸易自由化会导致制造业内部企业生存门槛的下降，其中生产率较高且成本较低的企业得以存活并发展，生产率较低的企业被迫退出该行业，存活企业之间的市场份额由低效率企业转移到高效率企业，进而推动了行业整体生产率的提升。

3.3 生产性服务贸易自由化对制造业就业的影响路径

3.3.1 间接影响路径

国内外直接研究服务贸易自由化与制造业就业的文献较少,已有研究主要基于服务业 FDI、生产性服务业进口以及服务外包视角展开分析。其中,服务外包就业效应的文献相对丰富,研究角度也较为全面①。

服务贸易自由化通过外包效应影响制造业生产部门的生产率和出口,进而影响劳动力市场的就业水平。本书基于 Amiti 和 Wei(2005年)对服务外包影响劳动力需求的研究,将服务外包对劳动力市场就业水平的间接影响途径细分为三大类:①服务外包会通过规模扩张增加就业。制造企业将低效率服务环节外包出去,集中资源从事更有效率环节的生产,有利于提高企业的生产率水平和增强企业出口产品的国际竞争力。同时,出口需求的增加促使企业增加产量并扩大市场规模,因而创造更多新的就业机会并刺激劳动力市场需求。②服务外包提高效率进而减少就业。服务外包提高企业的生产效率和技术水平,使企业生产单位产品的劳动投入要素减少,因而在完成给定生产任务时只需聘请较少的技术工人,即服务外包减少了就业需求。③服务外包通过出口结构间接地影响就业结构。如果一国出口产品主要集中于资本密集型或技术密集型产品,则应提高熟练型劳动力(技术工人)的比例;如果一国出口产品主要集中于劳动力密集型产品,则应增加非熟练劳动力(非技术工人)的比例。陈仲常和马红旗(2010 年)从生产效应、替代效应和规模效应这三个层面阐述了服务外包对就业的影响,通过实证分析发现我国制造业服务外包与就业水平之间存在正向关系。

3.3.2 直接影响路径:就业转移效应

进一步从服务外包视角来阐述服务贸易自由化的就业转移效应,具

① 本章梳理生产性服务贸易自由化对制造业就业和出口的影响路径参见白瑜婷(2014 年)。

体涵盖两个方面:一方面是就业转移效应体现为发包企业和接包企业之间的就业变动;另一方面是就业转移效应体现为不同劳动技能的劳动者在不同企业之间的就业变动。前者是指制造企业将生产过程中某一服务环节外包出去,该环节减少的劳动力可能会转移至其他企业相应的服务环节,即制造行业内部服务部门的劳动力由于服务外包转向其他服务部门就业,进而减少了制造行业的就业。确切地说,本国制造企业的国际外包会减少制造业内部服务部门的劳动力需求,而本国制造企业的国内外包则会增加服务行业的劳动力需求。后者是指由于企业将技术密集型或非技术密集型的服务环节外包出去,从而减少本企业劳动熟练型技术工人或非熟练型技术工人的就业,提高服务贸易接包方的劳动熟练型技术工人或非熟练型技术工人的就业。Jacobson 等(1993 年)指出,服务外包可以促进劳动力从制造业部门转向非制造业部门,导致工资收入水平出现差异,使得制造业企业内部提供服务的成本高于服务外包的成本,进而促进了制造业部门服务外包的发展。Garner(2004 年)指出,虽然国际服务外包的就业转移效应挤压了部分劳动力的就业岗位,但总体而言,转移的这部分就业量只占社会劳动力就业的一小部分,且不会永久性地降低总体就业水平,因此,若一国能完善再就业政策,提供更多的就业支持措施,则服务外包导致的失业工人可以重新寻找到就业机会,从而提高社会总体就业水平。Bhagwati 等(2004 年)指出,短期内国际服务外包会导致部分低技能型劳动者的失业,但从长期看那些暂时失业的劳动者会转移到收入水平更高的行业。因而政府需关注服务外包带来的失业并采取适当地再就业措施。原毅军和刘浩(2009 年)认为制造业企业中受服务外包影响而被解聘的服务部门的劳动力会转移到服务业部门就业,从而降低制造业部门的就业水平。

3.4 生产性服务贸易自由化对制造业出口的影响路径

3.4.1 间接影响路径

服务贸易自由化通过影响制造业部门生产率进而提高出口。通

常，生产率较高的企业生产的产品在国际市场上更具有比较优势，因而会更易于出口。因此，服务贸易自由化对制造业部门生产率的作用机制，也同样适用于出口方面。Bernard 和 Jensen（1999 年）指出出口型企业的生产规模和生产率均高于非出口型企业，未来出口参与概率高的企业相比概率低的企业更具有生产率优势。Görg，H（2008 年）、Amit 和 Wei（2009 年）认为服务贸易自由化促进了本国制造企业将部分服务任务外包给质量更优、效率更高且品种更多样的国外服务企业，这种外包直接提高了制造企业的生产效率。并且与实物外包相比，服务外包的生产率促进效应更显著（如管理咨询、会计、后台管理和计算机服务等）。Miroudot 等（2010 年）指出，企业为了提高生产率会更倾向于进口发达经济体的中间品投入，并将最终消费品出口至第三国。尚涛等（2009 年）、蒙英华等（2010 年）利用中国数据分别证实了生产性服务贸易进口对制造业生产效率以及国际竞争力的显著提升作用。田巍和余淼杰（2014 年）研究了中间品贸易自由化和企业出口强度关系，指出中间品进口关税的下降有利于企业进口更多种类的中间投入品，从而降低企业生产成本，提高企业生产率，扩大出口规模。Lodefalk（2014 年）认为中间服务投入会影响企业生产率，进而影响其国际竞争力。

3.4.2 直接影响路径：市场准入效应

生产性服务贸易自由化降低了国外服务企业的进入门槛，从而产生了服务任务外包效应。某些服务外包尤其是国际服务外包对企业研判市场、获取信息、成功进入目标市场起着至关重要的作用，从而可以提高企业的出口贸易额（白瑜婷，2014 年）。Lodefalk（2014 年）认为生产性服务业会影响企业的生产率，从而影响企业在国际市场的出口竞争力。企业将产品出口至目标市场时，会面对某些挑战，包括贸易壁垒和激烈的竞争等。例如，企业出口时必须了解特定海外市场的规则与制度；必须分析市场、调整其生产规模和销售网络；掌握每次进出口贸易涉及的通关成本、运输费用和保险成本，以及在物流和通关时的时间损耗(Hummels 等，2001 年)；保持与国外当局的联系，监管海外市场以适应需求变动和规章制度变化的成本等。此外，对外贸易的中介机构可以发挥桥梁作用。例如，可以定期发布目标市场的资讯与信息，协助客户处理跨文化沟通的障碍，稳定出口贸易关系。

3.5 本章小结

本章系统地梳理了生产性服务贸易自由化促进制造业发展的作用机制，综合整理已有文献中提到并解释的各种贸易自由化影响路径，从生产率提高效应、就业增加效应和商品出口效应三个角度展开分析，深入探讨了生产性服务贸易自由化对我国制造业发展的作用机理。

(1) 生产性服务贸易自由化对制造业企业生产率的影响路径可以分为三类：①中间品贸易效应，即生产性服务贸易自由化降低国外服务企业的进入壁垒，通过改进和优化服务要素投入来提升制造业企业生产率；②产品内资源重置效应，即制造业企业通过外包其低生产效率环节，来改进企业的专业化生产水平；③技术创新效应，即生产性服务贸易自由化通过降低单位生产成本、削弱服务企业市场势力以及间接的技术溢出来促进企业技术进步。

(2) 生产性服务贸易自由化对制造业行业生产率的影响途径来自两方面：一是企业生产率的提高通过行业内的加总效应提升行业整体生产率水平；二是制造业企业进入退出和市场份额转移带来的资源再配置效应。

(3) 从服务外包视角分别考察了服务贸易自由化对制造业就业和制造业出口的影响，均可划分为直接效应和间接效应。首先，从服务外包的就业效应来看，一方面通过企业间不同技术水平劳动力的转移来影响就业结构；另一方面通过提高制造业生产效率和出口来间接影响就业。其次，从服务外包的出口效应来看，一方面通过影响制造业生产率促进出口；另一方面通过国际外包削减国外市场的固定进入成本来促进制造业出口增加。

4 中国生产性服务贸易自由化现状分析

4.1 引言

随着世界经济的发展以及产业结构的不断调整，各国服务业均得到不同程度的发展，在国民经济中的地位逐渐提升。2014 年我国服务业增加值占 GDP 的比重为 48.2%，比工业高 5.6%，这表明我国经济结构正加速向服务业主导型转变。生产性服务业作为经济活动的中间枢纽，在经济发展中起着愈来愈重要的作用。然而，目前我国生产性服务业发展相对滞后，亟须通过对外开放来调结构、促发展并最大限度地释放改革红利。本章内容安排如下：首先，分析我国生产性服务贸易的发展现状；其次，从生产性服务贸易的多边开放、双边或区域开放以及商业存在模式下的开放等视角来探讨我国生产性服务贸易自由化的实现路径；最后，基于 Novy(2013 年)关税等值法测度我国生产性服务部门的贸易自由度并进行国际比较。

4.2 中国生产性服务贸易发展现状

4.2.1 服务贸易总量和结构特征

4.2.1.1 贸易规模

从贸易总量来看，1999 年以来中国生产性服务贸易总额不断扩大，除 2009 年受金融危机影响显著下降外，其余年份均表现出递增趋势，如表4-1所示。2013年生产性服务贸易进出口总额达到3 220.2亿美元，是2005年的3.34倍，1999年的11.2倍。从增长率来看，2002年加入WTO后增长速度明显加快，出口额、进口额以及进出口总额均保持在两位数以上增长。2008年后增速明显放缓，2009年首次出现负增长，但2013年增速又回升至13.7%。从进出口额的差额来看，中国生产性服务贸易进口额一直高于出口额，长期处于贸易逆差状态。就具体数值而言，进出口贸易逆差由1999年的67.36亿美元，上升至2013年的275亿美元，这14年的年均增长率高达10.54%。与发达国家相比，我国生产性服务业还处于初级发展阶段，对高端生产性服务要素投入的需求不断增加，未来我国生产性服务贸易的规模将继续扩大，贸易逆差在一定时间内仍将持续。

表4-1　中国生产性服务贸易进出口额与变动情况

单位:亿美元

年份	总额	增长率	出口额	增长率	进口额	增长率	进出口差额
1999	287.36	7.93%	110	2.10%	177.36	11.89%	−67.36
2000	337.15	17.33%	132.53	20.48%	204.62	15.37%	−72.09
2001	364.28	8.05%	141.41	6.70%	222.87	8.92%	−81.46
2002	440.95	21.05%	175.87	24.37%	265.08	18.94%	−89.21
2003	624.29	41.58%	275.64	56.73%	348.65	31.53%	−73.01
2004	834.92	33.74%	370.51	34.42%	464.41	33.20%	−93.9
2005	962.19	15.24%	417.29	12.63%	544.9	17.33%	−127.61
2006	1 215.82	26.36%	543.83	30.32%	671.99	23.32%	−128.16
2007	1 666.04	37.03%	783.86	44.14%	882.18	1.28%	−98.32
2008	2 011.96	20.76%	942.85	20.28%	1 069.11	21.19%	−126.26
2009	1 759.66	−12.54%	788.62	−16.36%	971.04	−9.17%	−182.42
2010	2 187.6	24.32%	999.49	26.74%	1 188.11	22.35%	−188.62
2011	2 636.17	20.51%	1 180.32	18.09%	1 455.85	22.53%	−275.53
2012	2 832.2	7.44%	1 269.9	7.59%	1 562.3	7.31%	−292.4
2013	3 220.2	13.70%	1 472.6	15.96%	1 747.6	11.86%	−275

资料来源:中国商务部、国家外汇管理局。

4.2.1.2 贸易比重

根据WTO数据库服务贸易统计口径，生产性服务贸易包括了运输服务、计算机和信息服务、其他商业服务、通信服务、保险服务和金融服务等六大类。从贸易地位来看，中国生产性服务贸易进出口额占世界的比重呈递增趋势，虽逐年上升但比重相对较低。2011年中国生产性服务贸易进口比重为5.67%，而出口比重为4.16%。从排名来看，2001—2011年中国生产性服务贸易进出口的排名也在不断上升，其中服务进口排名从2001年第10位提升至2011年第3位，出口排名则由2001年第12位提升至2011年第5位，如图4-1所示。

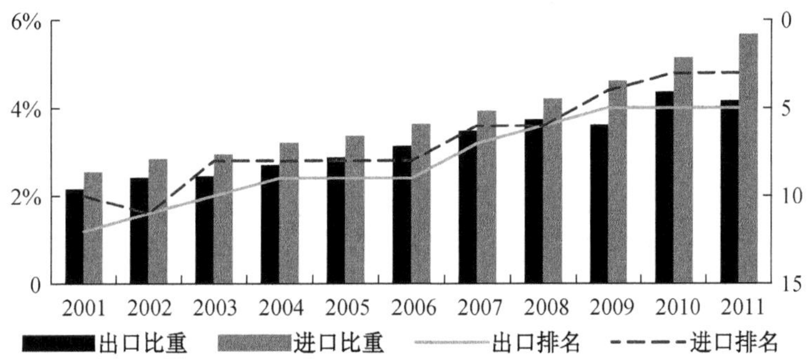

图4-1 中国生产性服务贸易进出口额占世界比重与排名

资料来源：根据WTO国际贸易统计数据库计算绘制。

4.2.1.3 贸易结构

我国生产性服务贸易规模在逐年增加的同时，其内部各行业的进出口情况也表现出异质性，如图4-2所示。从生产性服务贸易出口的部门分布来看，出口比重较大的是其他商业服务和运输服务，分别占生产性服务贸易出口总额的39.43%和36.98%。其次是计算机和信息服务，其出口数量占总出口的15.16%。相比之下，金融服务、保险服务和通信服务的出口比重最低，分别为2.87%、3.93%和1.64%。从生产性服务贸易进口的部门分布来看，运输服务进口占生产性服务贸易进口总额的63.71%，位居首位，远远超过了其他所有部门的进口比重之和。金融服务和通信服务的进口比重仍然最低，分别占总进口的 2.31%和 1.11%[①]。与出口情况不同，保险服务的进口比重大幅上升至 14.92%，而其他商业服务、计算机和信息服务的进口比重迅速下降，分别为 13.91%和 4.05%。上述分析表明，占我国生产性服务贸易进出口比重较大的依然是运输服务、其他商业服务等传统生产性服务部门，高端生产性服务部门，如金融服务、保险服务、计算机和信息服务以及通信服务等，所占的比重相对较低，生产性服务贸易的部门结构有待进行优化。

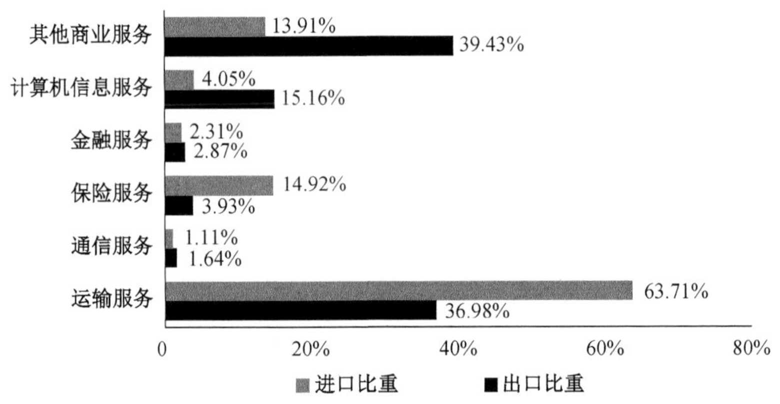

图 4-2　2013 年中国生产性服务贸易进出口的部门内分布

资料来源：根据 WTO 国际贸易统计数据库计算绘制。

在对生产性服务贸易部门结构进行横向比较后，我们进一步与发达国家进行纵向比较，如表 4-2 所示。从出口贸易结构来看，2013 年中国服务贸易出口总额中，其他商业服务和运输服务的比重分别为 19.49%和 18.28%，计算机和信息服务的比重为 7.49%并位居第三，而通信服务、保险服务和金融服务比重居末位。同样地，美国和德国其他商业服务和运输服务的比重均排名前列。但美国金融服务、保险服务和通信服务的比重要高于中国水平，分别为 12.27%、2.29%和 2.17%。德国则在金融服务、通信服务和计算机服务的出口方面更具优势。从进口贸易结构来看，2013 年中国服务贸易进口总额中，运输

① 数据来源于 WTO 国际贸易统计数据库，经笔者计算而得。

服务、保险服务和其他商业服务的比重排名靠前，分别为 28.27%、6.62%和 6.17%。而通信服务、金融服务和计算机服务的比重仅为 0.49%、1.02%和 6.17%。类似地，美国在运输服务、保险服务和其他商业服务的进口比重较高，德国则在运输、通信和计算机服务的进口方面更具优势。从生产性服务贸易占服务贸易比重来看，无论出口还是进出口，中国生产性服务贸易的比值均显著低于美国和德国。

表 4-2　2013 年各国生产性服务贸易额占服务贸易的比重

服务贸易部门	中国		美国		德国	
	进口	出口	进口	出口	进口	出口
运输服务	28.27%	18.28%	22.99%	12.65%	22.71%	20.90%
通信服务	0.49%	0.81%	2.06%	2.17%	4.63%	5.32%
保险服务	6.62%	1.94%	11.98%	2.29%	1.11%	1.91%
金融服务	1.02%	1.42%	4.48%	12.27%	2.92%	5.27%
计算机和信息服务	1.80%	7.49%	6.31%	2.66%	6.33%	7.65%
其他商业服务	6.17%	19.49%	22.34%	20.23%	27.75%	29.69%
生产性服务贸易整体	44.37%	49.44%	70.17%	52.27%	65.44%	70.73%

资料来源：根据 WTO 国际贸易统计数据库计算整理。

4.2.2 服务贸易国际竞争力评价

4.2.2.1 服务贸易竞争力测度指标

目前，国内外学者关于服务贸易竞争力的测度主要采用：国际市场占有率(MS)、显示性比较优势指数(RCA 指数)、贸易竞争力指数(TC 指数)以及显示性竞争优势指数(CA 指数)等。国际市场占有率较直观地体现了一国服务贸易出口在国际市场中的地位，但该指标没有反映一国服务贸易的具体优势。RCA 指数被广泛应用于测度一国某产业的比较优势，但具有以下诸多缺陷：其一，缺乏对进口贸易层面的考虑；其二，该指数取值具有非对称性，削弱了跨国商品比较优势的可比性(Yu, R.，2009 年；吴贤彬等，2012 年)。本章拟采用 TC 指数，竞争优势 Michaely 指数和 Lafay 指数，来测算中国生产性服务贸易整体及各部门的竞争力，并与美国和德国等发达国家进行比较分析。这几个指标分别从不同角度评价了一国服务贸易部门的比较优势和竞争力。

1）TC 指数

TC 指数又称净出口率指数，是指一国某服务部门或商品部门的净出口额与该服务部门或商品部门进出口总额之比。该指数修正了 RCA 指数仅考虑出口贸易的局限，并剔除了通货膨胀等宏观因素波动的影响。TC 指数直接反映了一国对外贸易部门在国际市场中竞争优势的强弱。其具体公式为：

$$TC_{ji} = (X_{ji} - M_{ji})/(X_{ji} + M_{ji})$$

其中：X_{ji} 为 j 国 i 服务部门的出口；M_{ji} 为 j 国 i 服务部门的进口；TC_{ji} 表示 j 国 i 服务部门的竞争力。TC_{ji} 的取值介于（－1，1），该指数>0 时，表示服务贸易部门具备较强的竞争优势；该指数<0 时，表示服务贸易部门具备国际竞争劣势；该指数越靠近 1 竞争优势越强；反之，越弱；当该指数＝0 时，表示服务部门为产业间贸易，其竞争优势趋于国际平均水平。

2）Michaely 指数

Michaely 指数又称 MI 波动指数，通常用于分析每年经济变数的平均波动程度。该指数充分考虑了进口份额和出口份额的大小，从另一角度反映了贸易部门的出口比较优势（郑展鹏，2010 年）。同时，该指数还清楚地体现了一国贸易部门国际竞争优势变化的不均衡性，具体公式如下：

$$MI_{ji} = X_{ji}/\sum_{i=1}^{n} X_{ji} - M_{ji}/\sum_{i=1}^{n} M_{ji}$$

其中：X_{ji} 和 M_{ji} 分别为 j 国 i 服务部门的出口和进口；$\sum_{i=1}^{n} X_{ji}$ 和 $\sum_{i=1}^{n} M_{ji}$ 分别为 j 国 n 个服务部门的出口总额与进口总额；MI_{ji} 表示 j 国 i 服务部门的 Michaely 指数。M_{ji} 的取值介于（－1，1），正值表示具有

比较优势，负值表示具有比较劣势。正值越大则竞争优势越强，负值越大则竞争优势越弱。

3) Lafay 指数

Lafay(1992 年)在其专著中提出了 Lafay 指数，该指标同时考察了进出口双向贸易，此外，在以净出口率指数(TC)计算一国某贸易部门和所有贸易部门偏差的基础上，辅以贸易份额当作权重，能够有效地减小周期性经济波动带来的测算误差。该指数具体计算公式如下：

$$LFI_i^j = 100\left[\frac{X_i^j - M_i^j}{X_i^j + M_i^j} - \frac{\sum_{i=1}^{n}(X_i^j - M_i^j)}{\sum_{i=1}^{n}(X_i^j + M_i^j)}\right]\frac{X_i^j + M_i^j}{\sum_{i=1}^{n}(X_i^j + M_i^j)},\ i = 1,\ \cdots,\ n$$

其中：LFI_i^j 表示 j 国 i 服务部门的 Lafay 指数；X_i^j 和 M_i^j 分别为 j 国 i 服务部门的出口额和进口额；$\sum_{i=1}^{n}(X_i^j - M_i^j)$ 和 $\sum_{i=1}^{n}(X_i^j + M_i^j)$ 分别表示 j 国 n 个服务部门的进出口净额和进出口总额。由上式可以看出，该指数由两部分组成，左边括号内部分表示 i 服务部门贸易竞争力与 n 个服务贸易部门贸易竞争力累计的偏差；右边部分表示 i 服务部门进出口总额在 n 个服务贸易部门进出口总额中的比重。所以，Lafay 指数不仅测度了一国特定服务部门比较优势的大小，同时还反映了该部门产业内贸易程度的高低。当 LFI_i^j 的取值大于 0 时，表明为 j 国 i 服务部门具备比较优势，数值越大则比较优势越明显；反之，表明该服务部门在国际市场中具有比较劣势。与 Lafay 指数的正负无关，偏离 0 越远表示该服务部门产业间贸易的程度愈高，越接近 0 值则表示产业内贸易的程度愈高。给定年份一国 n 个服务部门满足条件：$\sum_{i=1}^{n} LFI_i^j = 0$。

4.2.2.2 生产性服务贸易竞争力 TC 指数分析

本章测度了中国、美国和德国生产性服务贸易部门的 TC 指数，并对其进行对比分析，如表 4-3 所示。分部门来看，中国运输服务部门 TC 指数持续为负，表明该部门长期处于逆差状态，具有明显的比较劣势。这种逆差在 2004—2008 年逐年下降，2009 年后又出现上升趋势。

中国比较劣势最显著的是保险服务部门，自 2004 年以来一直维持在－0.8左右的水平。中国在计算机信息和其他商业服务中表现出一定比较优势，其中计算机信息服务 TC 指数呈长期增长趋势，由 2004 年的0.13 上升为 2013 年的 0.44，其他商业服务 TC 指数在 2013 年也达到 0.32 的水平。在通信部门和金融部门，中国的 TC 指数在 0 值附近窄幅波动，不具备行业竞争力。相比之下，德国的保险服务部门具有很强的竞争力，2004—2013 年 TC 指数均维持在 0.7 以上。德国在金融服务部门中也具有较强的竞争优势，运输服务和计算机信息服务则具有微弱的竞争优势。此外，通信服务和其他商业服务的贸易逆差逐渐缓解，由微弱的竞争劣势转变为微弱的竞争优势。对美国而言，金融服务具有显著的比较优势，2009 年以来维持在 0.6 以上，保险服务则比较劣势最为明显。其他商业服务和通信服务具有一定的竞争优势，而运输服务和计算机信息服务的 TC 值常年为负，表现出微弱的竞争劣势。

表 4-3　2004—2013 年中国生产性服务部门 TC 指数比较

服务部门	国家	2004	2005	2006	2007	2008	2009	2010	2011	2012	2013
运输	中国	－0.34	－0.30	－0.24	－0.16	－0.13	－0.33	－0.30	－0.39	－0.38	－0.43
	美国	－0.21	－0.20	－0.17	－0.12	－0.08	－0.04	－0.04	－0.03	－0.04	－0.05
	德国	0.24	0.25	0.20	0.14	0.09	0.11	0.09	0.10	0.14	0.15
通信	中国	0.08	－0.11	－0.02	0.04	0.02	0.00	0.04	0.18	0.04	0.01
	美国	－0.03	－0.01	0.03	0.04	0.10	0.12	0.14	0.23	0.26	0.27
	德国	0.06	0.01	0.05	0.08	0.08	0.10	0.04	0.03	－0.15	－0.25
保险	中国	－0.88	－0.86	－0.88	－0.84	－0.80	－0.75	－0.80	－0.73	－0.72	－0.69
	美国	－0.60	－0.58	－0.61	－0.63	－0.63	－0.63	－0.62	－0.58	－0.53	－0.52
	德国	0.70	0.71	0.87	0.87	0.87	0.89	0.88	0.85	0.87	0.87
金融	中国	－0.19	－0.05	－0.72	－0.42	－0.28	－0.29	－0.02	0.06	－0.01	－0.08
	美国	0.53	0.53	0.53	0.52	0.57	0.63	0.65	0.63	0.64	0.64
	德国	0.51	0.45	0.44	0.41	0.38	0.34	0.37	0.29	0.37	0.35

(续表)

服务部门	国家	2004	2005	2006	2007	2008	2009	2010	2011	2012	2013
计算机信息	中国	0.13	0.06	0.26	0.33	0.33	0.34	0.51	0.52	0.58	0.44
	美国	0.00	−0.06	−0.14	−0.12	−0.13	−0.14	−0.20	−0.18	−0.19	−0.18
	德国	0.03	0.10	0.18	0.12	0.10	0.18	0.18	0.19	0.20	0.14
其他商业服务	中国	0.37	0.28	0.27	0.19	0.06	0.14	0.21	0.28	0.18	0.32
	美国	0.31	0.30	0.23	0.25	0.20	0.22	0.22	0.18	0.21	0.20
	德国	−0.16	−0.13	−0.03	−0.06	−0.02	0.00	0.03	0.04	0.04	0.04

资料来源：根据联合国贸易和发展会(UNCTAD)数据库计算整理。

4.2.2.3 生产性服务贸易竞争优势 Michaely 指数分析

进一步测度了中国与美国、德国生产性服务贸易部门的 MI 指数，可以看出中国与发达国家竞争力的比较情况，如表 4-4 所示。分部门来看，中国 MI 指数为正的部门有计算机信息和其他商业服务，说明中国在这两个部门具有比较优势，这与上述 TC 指标计算结果相吻合。在运输服务和保险服务部门，MI 指数常年为负，表明中国在上述部门中一直存在比较劣势。至于通信部门和金融部门，中国总体来说竞争力不强，接近世界平均水平。金融服务 MI 指数长期在零值附近波动，近几年来呈现微幅上升趋势，而通信服务 MI 指数除 2005 年为负值外，其余年份均为正值但数值较小。相比之下，德国在保险服务中具有明显比较优势，MI 指数常年为正值，而中国和美国在该部门长期处于劣势。德国在通信服务中竞争力基本与国际平均水平持平，但 2012 年以来 MI 指数开始出现负值，逐渐表现出轻微的竞争劣势。在其余几个部门，如金融、计算机信息和其他商业服务，德国则具有一般竞争力，没有很明显的比较优势。对美国而言，金融服务的比较优势相对更显著，MI 指数高于中国和德国该部门的同期水平。美国通信服务的比较劣势出现缓和趋势，2004—2010 年 MI 指数一直为负值，但 2011 年以后每年均为正值。此外，美国运输服务、保险服务和计算机服务的 MI 指数长期为正值且较小，表现出微弱的比较劣势。

表 4-4　2005—2013 年中国生产性服务部门 Michaely 指数比较

服务部门	国家	2005	2006	2007	2008	2009	2010	2011	2012	2013
运输	中国	−0.132	−0.112	−0.076	−0.056	−0.111	−0.116	−0.136	−0.102	−0.102
	美国	−0.123	−0.107	−0.092	−0.078	−0.054	−0.064	−0.069	−0.074	−0.083
	德国	0.258	0.196	0.132	0.094	0.076	0.072	0.077	0.102	0.107
通信	中国	−0.001	0.000	0.001	0.001	0.002	0.002	0.005	0.003	0.003
	美国	−0.004	−0.003	−0.004	−0.001	−0.001	−0.001	0.002	0.003	0.003
	德国	0.008	0.009	0.010	0.009	0.008	0.005	0.004	−0.008	−0.016
保险	中国	−0.078	−0.082	−0.075	−0.071	−0.059	−0.071	−0.066	−0.056	−0.047
	美国	−0.075	−0.095	−0.107	−0.121	−0.137	−0.125	−0.105	−0.094	−0.086
	德国	0.153	0.199	0.201	0.216	0.253	0.234	0.188	0.182	0.160
金融	中国	0.000	−0.007	−0.002	−0.001	−0.001	0.001	0.002	0.003	0.004
	美国	0.065	0.069	0.073	0.075	0.088	0.092	0.086	0.079	0.082
	德国	0.052	0.053	0.056	0.041	0.033	0.036	0.032	0.036	0.036
计算机信息	中国	0.005	0.015	0.019	0.023	0.030	0.042	0.053	0.062	0.057
	美国	−0.010	−0.016	−0.017	−0.017	−0.021	−0.026	−0.029	−0.031	−0.031
	德国	0.024	0.031	0.023	0.019	0.028	0.031	0.033	0.037	0.028
其他商业服务	中国	0.113	0.102	0.008	0.031	0.073	0.075	0.106	0.079	0.133
	美国	0.057	0.040	0.035	0.022	0.030	0.025	0.002	0.009	−0.001
	德国	0.000	0.028	0.011	0.023	0.021	0.040	0.046	0.051	0.048

资料来源：根据联合国贸易和发展会议（UNCTAD）数据库计算整理。

4.2.2.4　生产性服务贸易竞争力 Lafay 指数分析

表 4-5 提供了 2004—2013 年中国、美国与德国生产性服务贸易各部门的 Lafay 指数。分部门来看，中国其他商业服务 Lafay 指数的均值为 4.71，远远高于其余各部门，表明其他商业服务具有显著的比较优势。同时，该指数偏离 0 值较远，表明该服务部门以产业间贸易为主，产业内贸易的程度较低。运输服务和保险服务的 Lafay 指数长期为负且远离 0 值，表明这两个部门具有明显的比较劣势且主要进行产

业间贸易。相比之下,通信服务、金融服务和计算机信息服务的 Lafay 指数在 0 值附近波动,说明这些部门比较优势不明显,产业内贸易的程度很高。从发展趋势来看,保险服务的竞争劣势逐年有所改善,金融服务的竞争力也在增强,由微弱的竞争劣势逐渐转化为微弱的竞争优势。运输服务和其他商业服务则以 2008 年为拐点,呈倒 U 型变动趋势。计算机信息和通信服务的竞争优势虽弱但长期呈递增态势,这两部门作为知识、技术密集型服务贸易部门的代表,具有较大发展潜力。

进行国际比较时发现,中国在其他商业服务中具有显著的比较优势,德国具有较强比较优势,而美国具有微弱比较劣势。相比之下,中国在运输服务和保险服务中的比较劣势十分突出,美国也具有明显的劣势,但德国在这两个部门中一直保持很强的竞争力。在通信、金融以及计算机信息服务中,中国表现出一般竞争力,比较优势并不明显。但中国通信服务和计算机信息服务表现出长期增长的趋势,2013 年这两个部门的 Lafay 指数分别为 0.15 和 2.66,已经略高于美国和德国的同期水平。在金融服务部门中,美国一直具有较强竞争优势,中国的竞争劣势虽逐年有所改善,但仍有一定差距。

表 4-5 2004—2013 年中国生产性服务部门 Lafay 指数比较

服务部门	国家	2004	2005	2006	2007	2008	2009	2010	2011	2012	2013
运输	中国	−7.56	−6.55	−5.61	−3.81	−2.77	−5.50	−5.77	−6.66	−4.92	−4.85
	美国	−5.82	−6.07	−5.27	−4.51	−3.84	−2.63	−3.12	−3.34	−3.59	−3.98
	德国	13.19	12.68	9.71	6.58	4.69	3.78	3.59	3.84	5.10	5.32
通信	中国	0.10	−0.03	0.02	0.06	0.06	0.08	0.08	0.23	0.17	0.15
	美国	−0.20	−0.18	−0.15	−0.19	−0.07	−0.03	−0.03	0.11	0.15	0.14
	德国	0.58	0.39	0.46	0.49	0.42	0.41	0.26	0.19	−0.39	−0.79
保险	中国	−3.90	−3.90	−4.07	−3.72	−3.53	−2.91	−3.52	−3.22	−2.69	−2.24
	美国	−4.05	−3.72	−4.68	−5.25	−5.92	−6.73	−6.11	−5.09	−4.51	−4.14
	德国	8.39	7.50	9.84	10.01	10.74	12.62	11.66	9.41	9.09	8.00

（续表）

服务部门	国家	2004	2005	2006	2007	2008	2009	2010	2011	2012	2013
金融	中国	−0.02	0.00	−0.36	−0.12	−0.07	−0.06	0.05	0.08	0.15	0.18
	美国	3.29	3.23	3.43	3.56	3.68	4.34	4.47	4.15	3.82	3.93
	德国	2.82	2.58	2.63	2.77	2.03	1.66	1.80	1.59	1.81	1.77
计算机信息	中国	0.40	0.27	0.74	0.93	1.13	1.48	2.07	2.59	2.98	2.69
	美国	−0.26	−0.50	−0.80	−0.82	−0.85	−1.01	−1.29	−1.41	−1.50	−1.48
	德国	0.87	1.19	1.53	1.13	0.95	1.39	1.53	1.64	1.82	1.42
其他商业服务	中国	8.25	5.64	5.11	4.00	1.56	3.59	3.71	5.19	3.80	6.27
	美国	3.21	2.83	1.95	1.69	1.08	1.46	1.21	0.08	0.43	−0.06
	德国	−0.33	−0.02	1.38	0.55	1.15	1.06	2.00	2.29	2.57	2.40

资料来源：根据联合国贸易和发展会议(UNCTAD)数据库计算整理。

4.3 中国生产性服务贸易自由化进程

4.3.1 生产性服务贸易的多边开放

4.3.1.1 加入WTO前中国生产性服务业开放

服务业对外开放是逐步削减和取消服务投资与贸易壁垒，改进服务业规制和加快服务要素自由流动的过程（樊瑛，2012年）。改革开放初期，我国服务业基本处于封闭状态，该时期开放的领域主要为餐饮业和旅游业的外资准入。1987年，为引导外资流向，国务院办公厅发布了《指导吸收外商投资方向暂行规定》，对服务业外商投资领域进行明确规定，将其划分为禁止、限制、允许和鼓励四大类。1992年国务院发布了《关于加快发展第三产业的决定》，通过深化改革、扩大开放来加快第三产业的发展。其中涉及的重点生产性服务部门包括：商业、金融保险业、科学研究事业、信息和各类技术服务业、交通运输业和仓储邮政业等。1995年，原国家计委、外经贸部和外经贸

委首次发布《外商投资产业指导目录》,将外商投资产业调整为禁止、限制和鼓励三大类。其中,交通运输、邮电通信业,广播影视服务业属于禁止类,金融服务业为有限开放类,而国际经济、科技信息咨询以及精密仪器设备维修等属于鼓励类。1997 年"十五大"报告提出要积极合理有效利用外资,有步骤地推进服务业对外开放。2001 年年底,中国在经历 15 年复关和入世谈判后成功加入 WTO,统一框架下的多边服务贸易自由化进程开始推进,自此中国服务贸易步入了扩大开放的阶段。

4.3.1.2 加入 WTO 后 GATS 框架下生产性服务业开放

服务贸易总协定(GATS)既是乌拉圭回合谈判的主要成果,也是入世议定书的重要内容之一。GATS 框架下中国服务贸易开放的相关内容体现在以下文件中:中国加入世贸组织议定书附件 9《中国服务贸易具体承诺减让表》,以及第 2 条《最惠国豁免清单》。中国在上述文件中给出了具体服务部门的开放承诺,主要基于国民待遇和市场准入两个层面,每个层面的承诺再细分为不做承诺、部分承诺和没有限制,并根据跨境交付、商业存在、境外消费和自然人流动四种服务贸易提供模式列出。接下来对中国生产性服务贸易部门的开放情况进行分析,如表 4-6 所示。

表 4-6 GATS 下中国生产性服务部门的开放情况

一级服务贸易部门	二级(三级)服务部门分类	覆盖率
商业服务(27/45)	专业服务(8/11);计算机相关服务(3/6);研究与开发服务(0/3);无操作人员的租赁服务或转租服务(5/5);其他商业服务(11/20)	41.5%
通信服务(11/18)	速递服务(1/1);邮政服务(0/1);电信服务(10/15);其他(0/1)	61.1%
分销服务(4/5)	佣金代理服务(1/1);批发销售服务(1/1);零售服务(1/1);特许经营服务(1/1);其他(0/1)	80%
金融服务(12/17)	银行与其他金融服务(不含保险)(8/12);所有保险及其相关服务(4/4);其他(0/1)	70.6%

（续表）

一级服务贸易部门	二级（三级）服务部门分类	覆盖率
运输服务（12/33）	内水运输服务（1/6）；海洋运输服务（4/6）；航空运输服务（1/5）；铁路运输服务（1/5）；航天运输服务（0/1）；公路运输服务（1/5）；所有运输方式的辅助服务（4/4）；其他运输服务（0/1）	36.4%

注：不同学者对WTO服务开放部门个数的统计有差异，原因在于是否考虑了三级服务部门中"其他"这一类别，本书考虑对该类别的统计。括号内数值表示中国生产性服务部门开放数/WTO生产性服务部门开放数，数值1表示仅有二级服务部门，数值大于1表示下设三级服务部门。

资料来源：根据《中国加入世贸组织议定书》附件9《中国服务贸易具体承诺减让表》，以及GATS服务部门分类（MTN. GNS/W/120）计算整理得到。

根据GATS服务部门分类（MTN. GNS/W/120），将WTO下服务部门划分为12个一级服务部门和155个分部门[①]：一级部门包括商业服务、通讯服务、建筑及相关工程服务、教育服务、环境服务、分销服务、金融服务、娱乐文化和体育服务、旅游服务、社会服务与健康服务以及运输服务。其中，每个一级服务部门均设有二级部门，部分二级服务部门再下设有三级部门。表4-6反映了GATS下中国生产性服务部门的开放特征：第一，生产性服务业覆盖范围较广。在WTO列示的118个生产性服务部门中，中国承诺开放66个，覆盖率达到55.9%[②]。这一开放程度远高于发展中国家，但低于发达国家平均水平（樊瑛，2012年）。第二，生产性服务业开放存在明显的部门差异。从开放数量来看，中国对分销服务的四个二级服务部门给予了完全开放承诺，而对研究与开发服务、邮政服务、航天运输服务以及其他运输服务，未给予任何开放承诺。从覆盖范围来看，运输服务的33个三级服务部门中仅承诺开放12个，覆盖率为36.4%。通信服务的18个二级或三级部门中承诺开放11个部门，覆盖率为61.1%。相较而言，分销服务和金融服务的覆盖范围较广，这两个部门的覆盖率分别达到80%和70.6%。

① 对WTO规则下服务业开放分部门的统计，不同学者给出的数据有差异，原因在于对二级服务部门下"其他"类别是否统计在内。

② 覆盖率为承诺开放部门数占WTO总服务部门数比例，以三级服务部门为统计口径。

进一步分析市场准入与国民待遇下四种服务贸易模式的承诺情况。WTO下中国服务部门的承诺包括水平承诺和具体承诺，其中，水平承诺主要对自然人流动和商业存在形式下的国民待遇与市场准入做出限制，具体承诺则列出了不同服务部门在四种服务模式下承诺的差异。表4-7反映了中国生产性服务业各部门的具体承诺。总体来看，在四种服务提供模式下，自然人流动与商业存在模式的限制最严格，而境外消费模式的限制最少。就市场准入而言，首先，跨境交付模式下金融服务的限制最为明显，其没有限制的比例为0；其次，是通信服务，其没有限制的比例为12.5%；而分销服务和运输服务中该比例分别为40%和50%。相比之下，商业服务的限制比例较少，没有限制的部分达到了78.3%。在商业存在模式下，运输服务的限制程度最高，其部分限制与不做承诺的比例分别为91.7%和8.33%。通信和分销服务则全部为部分限制，金融服务和商业服务中存在较小比例的没有限制，分别占比8.7%和14.3%。在境外消费模式下，除商业服务和

表4-7 中国生产性服务业分部门的具体承诺

部门		跨境交付			境外消费			商业存在			自然人流动		
		没有限制	部分限制	不做承诺	没有限制	部分限制	不做承诺	没有限制	部分限制	不做承诺	没有限制	部分限制	不做承诺
市场准入	商业	78.3%	21.74%	0	95.7%	4.35%	0	8.7%	91.3%	0	0	4.35%	95.7%
	通信	12.5%	87.5%	0	100%	0	0	0	100%	0	0	0	100%
	分销	40%	20%	40	100%	0	0	0	100%		0	0	100%
	金融	0	28.57%	71.43%	92.9%	0	7.14%	14.3%	85.7%	0	0	0	100%
	运输	50%	41.67%	8.33%	100%	0	0	0	91.7%	8.33%	0	0	100%
国民待遇	商业	100%	0	0	100%	0	0	73.9%	26.1%	0	0	17.4%	82.6%
	通信	100%	0	0	100%	0	0	100%	0	0	0	0	100%
	分销	40%	20%	40	100%	0	0	60%	40%	0	0	0	100%
	金融	100%	0	0	100%	0	0	0	100%	0	0	0	100%
	运输	50%	8.33%	41.7	100%	0	0	58.3%	33.3%	8.34%	0	0	100%

资料来源：根据《中国加入世贸组织议定书》附件9《中国服务贸易具体承诺减让表》，以及GATS服务部门分类(MTN.GNS/W/120)计算整理得到。

金融服务中存在较少的部分限制外，大部分生产性服务部门均没有限制。在自然人流动模式下，仅在商业服务中存在极小比例的部分限制，其余生产性服务部门除水平承诺中内容外，不做出任何承诺。不同服务提供模式下限制程度的大小与服务部门自身特点紧密相关，金融、通信和运输服务属于涉及国家经济安全的敏感领域，国家对其开放采取了较为严格的限制措施，因此，需要稳妥有序地实施开放。商业服务对社会经济增长与居民生活改善起着重要作用，对其开放的限制相对较小。

相比市场准入，各生产性服务部门在国民待遇下的限制相对较少。在跨境交付模式下，仅在运输服务和分销服务中有部分限制，其限制比例分别为 50%和 60%。在境外消费模式下，对所有生产性服务部门均没有限制。在商业存在模式下，服务开放的限制主要集中在商业、分销和运输服务部门，其限制比例分别为 26.1%、40%和 41.7%，其余部门没有做任何限制。自然人流动模式下的限制最多，除商业服务存在部分限制外，其他服务部门均不做具体承诺。

4.3.1.3 生产性服务业开放的最新进展

1）政策视角的回顾

伴随入世过渡期结束，我国对很多重要的生产性服务部门做出了较大减让，如电信、银行、保险、证券、零售和分销等。对承诺开放的部门取消在股权比例、地域范围和经营领域等市场准入方面的限制，同时还公布与服务活动相关的许可条件、程序以及主管机关信息。除积极参与多边开放外，我国政府还采取有效措施进一步促进生产性服务业的自主开放。1995 年首次发布《外商投资产业指导目录》以来，经过六次修订与调整，于 2015 年 4 月正式实施。此次修订与之前相比，进一步扩大了生产性服务业外资开放的领域。在科学研究和技术服务业大类中，新增物联网技术开放与应用、工业设计、建筑设计与服装设计等创意产业的开放。2006 年“十一五”规划纲要曾明确提出生产性服务业与生活性服务业概念，将拓展生产性服务业作为国家改革发展的核心任务之一。2007 年发布《关于加快发展服务业的若干意见》，指

出应大力发展面向生产的服务业，促进服务业与现代制造业的相互融合与发展。2011 年“十二五”规划再次提出加快发展生产性服务业，具体包括“大力发展现代物流业、有序拓展金融服务业、培育壮大高新技术服务业以及规范提升商务服务业”。2012 年《服务业发展“十二五”规划》进一步明确服务业发展的重点，即加快发展生产性服务业，深化体制改革并扩大服务业对外开放，涉及的生产性服务领域包括：金融服务、现代物流、交通运输、设计咨询、科技服务和高技术服务、商务服务以及新型业态和新兴产业。2014 年国家颁布《加快发展生产性服务业，促进产业结构调整升级的指导意见》，首次对生产性服务业发展进行全面部署。该意见提出对内放开市场准入、鼓励多种形式的社会资本进入；对外取消商贸物流、会计审计、电子商务、建筑设计等生产性部门的外资准入限制，统一内外资法律法规，并根据明确开放的领域落实配套措施。

2）基于 STRI 的服务贸易开放度评价

服务贸易壁垒的削减即服务贸易自由化过程，然而如何衡量服务贸易壁垒是研究的难点。目前比较权威的衡量一国服务贸易壁垒的数据库有两个：一是 World Bank 和 WTO 联合推出的服务贸易限制数据库，该数据库对 103 个国家在 5 个服务领域的限制政策进行量化，基于给定模板打分并加权，最终得到的指数介于 0 和 100 之间，数值越大表示限制程度越高。二是 OECD 推出的服务贸易限制指数(STRI)，该指数量化了全球 40 个国家 18 个服务领域的政策限制水平，取值在 0 和 1 之间，数值越小表示限制程度越低。世界银行公布的限制指数只体现了 2008—2011 年的开放情况，而 OECD 的指数于 2014 年 5 月开始发布，涵盖了更多的服务贸易领域并反映了各国最新的服务开放水平。

本章以 OECD 限制指数为基础来构建服务贸易开放度指数，即用 1 减去 STRI，所得数值越大表明服务部门的开放水平越高。但是 OECD 统计中没有关于服务业整体、零售服务和审计服务这三项的限制指数，因此通过世界银行数据库的测算，将缺失信息补充到 OECD 数据库中。根据 STRI 划分不同的贸易开放程度(杨长湧，2015 年)，其中 0～0.4 属于低度开放，0.4～0.55（不含 0.4）属于中低度开放，0.55～0.7（不含 0.55）属于中高度开放，0.7～1（不含 0.7）属于高度开放。从表 4-8 可以看出，我国生产性服务业整体属于中高度开放。就具体部门而言，快递与广播属于低度开放，商业银行、保险、审计、法律、电信和空运属于中低度开放，分销、公路货运、海运、铁路运输和会计属于中高度开放，计算机和零售业处于高度开放。从国际比较来看，中国生产性服务业整体开放度不仅低于美、德、英、日等发达国家，还低于其他新兴经济体国家。与发达国家相比，除审计部门的开放度略高外，中国几乎所有部门的开放度均相对较低。与经济发展水平相近的金砖国家相比，中国空运行业的开放度相对较高，其余部门大都低于金砖国家水平。上述分析表明，我国生产性服务业的开放度仍然较低，与发达国家和新兴经济体国家相比仍有差距。

表 4-8　2014 年中国生产性服务贸易开放度指数及国际比较

行业	中国	美国	德国	英国	日本	韩国	巴西	印度	俄罗斯	南非	开放度
整体	0.634	0.833	0.825	0.857	0.766	0.769	0.775	0.343	0.743	0.655	中高度
快递	0.132	0.630	0.912	0.846	0.786	0.662	0.489	0.465	0.651	0.519	低度
广播	0.216	0.703	0.842	0.867	0.840	0.658	0.502	0.494	0.726	0.493	
空运	0.409	0.419	0.654	0.647	0.524	0.477	0.364	0.346	0.327	0.347	中低度
电信	0.471	0.876	0.907	0.905	0.699	0.804	0.571	0.526	0.571	0.622	
法律	0.476	0.860	0.775	0.837	0.787	0.630	0.615	0.269	0.695	0.441	
审计	0.500	0.450	0.400	0.400	0.300	0.500	0.600	0.100	0.800	0.600	
保险	0.504	0.778	0.882	0.858	0.811	0.915	0.655	0.365	0.545	0.783	
商业银行	0.508	0.870	0.898	0.917	0.807	0.863	0.570	0.489	0.623	0.698	
会计	0.585	0.853	0.798	0.826	0.819	0.746	0.682	0.448	0.665	0.654	中高度
铁路运输	0.585	0.878	0.842	0.927	0.771	0.851	0.632	0.000	0.650	0.622	
海运	0.613	0.617	0.865	0.873	0.761	0.712	0.725	0.679	0.596	0.596	
公路货运	0.623	0.859	0.884	0.870	0.827	0.894	0.835	0.856	0.764	0.711	
分销	0.641	0.927	0.950	0.935	0.867	0.942	0.862	0.648	0.782	0.829	

（续表）

行业	中国	美国	德国	英国	日本	韩国	巴西	印度	俄罗斯	南非	开放度
计算机零售	0.707	0.848	0.908	0.880	0.820	0.874	0.760	0.711	0.661	0.670	高度
	0.750	1.000	1.000	1.000	0.750	1.000	1.000	0.250	1.000	0.750	

资料来源：根据世界银行、OECD数据库计算整理得到。

4.3.2 双边或区域生产性服务贸易开放

我国在积极参与多边服务贸易开放的同时，也致力于与其他国家或地区签订双边或区域服务贸易自由化协定[①]。截至2015年年底，中国已签署的自由贸易协定有14个，涉及服务贸易开放的有12个，分别为中国与澳大利亚、新西兰、新加坡、秘鲁、智利、韩国、冰岛、瑞士、哥斯达黎加、巴基斯坦以及东盟。此外，中国内地还和港澳地区签订了“更紧密经贸关系的安排”(CEPA)及相关补充协议，并与中国台湾地区签订了ECFA。

4.3.2.1 区域生产性服务贸易自由化的现状

1) CEPA协议中关于生产性服务业的开放承诺

为促进中国内地与港澳地区的经贸融合与发展，中国政府于2003年6月和10月分别与中国香港地区和中国澳门地区达成了“更紧密经贸关系的安排”，随后相继签署了9份补充协议。该项安排主要涉及货物贸易开放、服务贸易开放以及贸易和投资便利化问题。CEPA协议下中国内地对港澳开放的生产性服务部门包括运输、通信、金融、分销和商业服务六大行业，具体表现为减少港澳地区服务提供者市场准入方面的限制。进一步从补充协议来看，2003—2012年签署的9份协议在服务业市场准入方面的限制不断放宽，生产性服务领域开放的广度和深度也在逐步提升。从开放深度来看，以中国香港地区最具特色的金融服务和分销服务为例，中国内地不断加大对证券、保险、银行等核心业务的开放，逐步取消分销服务在投资地域、经营范围和出资比例方面的限制。从开放广度来看，《补充协议九》在《补充协议一》的基础上，

① 双边或区域生产性服务贸易开放以及商业存在模式下的开放参见熊凤琴(2013年)。

新增了对电信、会展、其他商业服务、计算机及其相关服务、技术检测分析等领域的开放。尤其是补充协议四还注重服务提供方式的多元化，首次允许通过跨境交付的形式为管理咨询等相关服务行业提供服务。

2）ECFA协议中生产性服务业开放的承诺情况

中国内地与中国台湾地区于2010年达成了ECFA，并于2013年进一步签署了《海峡两岸服务贸易协议》。中国内地在11个服务部门中对中国台湾地区给予市场开放承诺，其中涉及生产性服务业的部门有5个，包括商业服务、通信服务、分销服务、运输服务、银行保险及证券服务①。这些部门的开放涵盖了服务贸易四种提供模式，其中对境外消费的限制最少，对模式1（跨境交付）的限制较宽松，而对模式3（商业存在）的限制最为严格。

3）其他自贸区协定中生产性服务业开放承诺

2007年1月中国与东盟签订《服务贸易协定》，在WTO承诺基础上进一步推进服务贸易自由化，对商业和运输这两个生产性服务部门做出开放承诺。2011年11月中国与东盟达成第二批服务贸易开放承诺议定书，新增对金融、分销和通信等生产性服务部门的开放承诺。2008年4月中国与新西兰签订自由贸易协定，该协定是我国首次同发达国家签订的FTA协定，根据协定要求，我国增加了对管理咨询相关服务、机动车保养和维修这两个服务部门的开放承诺。同年10月中国与新加坡签署了自贸区协定，随后于2011年对协定进行扩大和修改。在WTO与CEPA承诺基础上，进一步开放了人员安置提供服务、建筑清洁服务、印刷安装服务、医院服务和公路客运服务等5个分部门。2009年2月中国与巴基斯坦签署《中巴自贸区服务贸易协定》，对6大类28个服务贸易分部门做出开放承诺。与GATS承诺相比，中国扩大了以下生产性服务贸易领域的开放：市场调研服务、与管理咨询相关的服务、与采矿相关的服务、人员安置和提供服务、建筑清洁服务、基于费用合同的印刷与装订服务、机动车保养和修理服务以及城市间定

① 根据商务部“中国自由贸易区服务网”服务贸易协定及补充协议等相关资料整理。

期旅客运输服务。2009 年 4 月，中秘双方达成《中国-秘鲁自由贸易协定》，我国承诺新开放的生产性服务领域集中在商业服务与运输服务中，与我国对新加坡做出的第二批服务贸易开放承诺相同。

2010 年 4 月，中国进一步与哥斯达黎加签署了自由贸易协定。在对世贸组织承诺的基础上，中国在市场调研服务与采矿相关服务领域向对方进行开放。2010 年 8 月，中国与智利达成的《中智自贸区服务贸易补充协定》正式实施，与 GATS 承诺相比，进一步开放了市场研究服务和管理咨询相关服务这两个商业服务部门，但对运输服务没有给予开放承诺。2013 年 4 月，中国与冰岛签订了自由贸易协定，该协定涉及了货物贸易、服务贸易与投资等诸多领域，是我国与欧洲国家签署的第一个自贸协定。其中，新开放的生产性服务领域有 5 个，分别为数据处理服务、市场调研服务、管理咨询相关服务、包装材料印刷服务与客运服务。2013 年 7 月，中国与瑞士双方达成了自由贸易协定，该协定是中国对外达成的水平最高、最全面的自贸协定之一。涉及新开放的生产性服务部门包括：市场调研服务、管理咨询相关服务、采矿相关服务、建筑清洁服务与印刷装订服务等。中国与韩国于 2015 年 6 月正式签署了自由贸易协定，该协定对市场调研服务、管理咨询相关服务、建筑清洁服务、人员安置提供服务、印刷装订服务和客运服务给予了新的开放承诺。2015 年 6 月，中国与澳大利亚自由贸易协定正式签署，这是中国首次与经济总量较大的主要发达国家谈判达成的自贸协定。在服务贸易领域，中国首次以“负面清单”形式做出开放承诺，并新增了对市场调研服务、研发服务、管理咨询相关服务、印刷包装服务、制造业相关服务、采矿有关服务等生产性服务领域的市场开放承诺。

4.3.2.2 区域生产性服务贸易自由化的特征

1）与多边承诺相比，区域服务贸易的承诺水平有所提升

中国已签订的区域服务贸易协定，是在 GATS 基础上做出的进一步开放承诺，因此，表现出明显的“GATS＋”特征。WTO 将服务贸易部门划分为 12 大类一级部门和 155 个分部门，中国在《加入世贸组织议定书》附件 9 的服务贸易承诺减让表中，承诺开放 9 个一级服务部

门。相比之下，中国区域服务贸易的开放程度有所提高，其服务贸易开放承诺覆盖了服务部门的12大类，已超过我国对WTO的承诺水平。据统计，我国GATS框架下服务贸易开放的覆盖率为53%，而区域服务贸易的覆盖率达到62.5%(孟夏和于晓燕，2009年)。为更好地考察区域生产性服务贸易自由化的特征，我们将承诺划分为两类：新增承诺和深化承诺。前者是指中国在GATS下对某部门未做出开放承诺，而在区域服务贸易协定中对该部门做出承诺，即"新增的承诺"；后者是指GATS下已做出开放承诺的部门，中国进一步在区域服务贸易协定中对该部门承诺内容进行改进，即"深化的承诺"。从表4-9可以看出，我国已签订的11个自贸区的服务贸易协定中，对商业、通讯、分销、金融和运输等生产性服务部门的承诺均有不同程度的新增和深化，表明我国签署的区域贸易协定(RTAs)确实进一步提升了生产性服务部门的开放程度。

2）区域服务贸易开放采取渐近、灵活的原则

当前中国多数生产性服务部门还不具备竞争优势，因而在已签订的RTAs中，对服务部门的开放应采取立足现实、渐进发展的原则。不同区域服务贸易协议的承诺范围与开放幅度具有明显差异。从国家层面来看，中国对新西兰生产性服务业的开放最为保守，而对瑞士、韩国和澳大利亚等国家的开放力度较大。从部门层面来看，生产性服务业开放的"新增承诺"与"深化承诺"主要集中于商业服务、运输服务和分销服务，而竞争优势较弱且涉及国家经济安全的敏感部门，如金融和通讯，则维持了WTO的承诺水平。在少数区域服务贸易协定中，如中国与冰岛、韩国以及澳大利亚签订的RTAs，这两个服务部门仅采取深化承诺的方式而非新增承诺的方式来提高服务贸易开放度。

3）区域服务贸易开放由"扩展"转为"深化"

从发展趋势来看，中国区域生产性服务贸易开放的程度在逐步提升。以早期签订的RTAs为例，中国与东盟生产性服务部门的开放主要表现为新增承诺，其新增承诺和深化承诺的数量分别为6和3。随着区域服务贸易自由化的推进，无论是新增承诺还是深化承诺的数量

均显著增加，服务贸易开放的主导趋势由“扩展”转为“深化”。自2010年中国与哥斯达黎加签订RTAs以来，随后签订的区域服务贸易协定中，深化承诺的数量远远超过了新增承诺的数量。在最新达成的《中国-澳大利亚自由贸易协定》中，深化承诺与新增承诺的数量分别为24和6。此外，商业、通讯、金融、分销和运输服务部门均出现不同程度的深化承诺，而新增承诺仅出现在商业服务部门中。

表4-9 RTAs下中国生产性服务部门的开放水平

已签署的自由贸易区	协定生效时间	承诺类别	商业	通讯	分销	金融	运输
中国-东盟FTA	2007年7月生效	新增承诺	5	0	0	0	1
		深化承诺	3	0	0	0	0
中国-新西兰FTA	2008年10月生效	新增承诺	1	0	0	0	1
		深化承诺	2	0	0	0	0
中国-新加坡FTA*	2009年1月生效	新增承诺	5	0	0	0	1
		深化承诺	5	0	3	0	0
中国-新加坡FTA**	2011年5月签订	新增承诺	5	0	0	0	2
		深化承诺	5	0	3	0	1
中国-巴基斯坦FTA	2009年10月生效	新增承诺	6	0	0	0	2
		深化承诺	5	0	3	0	0
中国-秘鲁FTA	2010年3月生效	新增承诺	6	0	0	0	0
		深化承诺	5	0	3	0	1
中国-哥斯达黎加FTA	2010年4月签订	新增承诺	2	0	0	0	0
		深化承诺	5	0	3	0	0
中国-智利FTA	2010年8月生效	新增承诺	2	0	0	0	0
		深化承诺	5	0	3	0	0
中国-冰岛FTA	2014年7月生效	新增承诺	5	0	0	0	1
		深化承诺	5	1	2	1	2
中国-瑞士FTA	2014年7月生效	新增承诺	5	0	0	0	0
		深化承诺	7	2	4	2	2

（续表）

已签署的自由贸易区	协定生效时间	承诺类别	商业	通讯	分销	金融	运输
中国-韩国 FTA	2015 年 6 月签订	新增承诺	5	0	0	0	1
		深化承诺	11	2	4	3	2
中国-澳大利亚 FTA	2015 年 6 月签订	新增承诺	6	0	0	0	0
		深化承诺	10	1	4	3	6

注：表中数字表示生产服务业各部门的分类数量，* 表示中国做出的第一批服务贸易开放承诺，** 表示中国做出的第二批服务贸易开放承诺。

资料来源：根据商务部“中国自由贸易区服务网”、《中国加入世贸组织议定书》附件 9《中国服务贸易具体承诺减让表》计算整理。

4.3.3　商业存在模式下生产性服务业开放

根据 WTO/GATS 的规定，国际服务贸易提供方式有如下四种模式：模式一，跨境交付，是指国外企业到另一成员国境内为当地居民提供服务；模式二，境外消费，是指本国居民到另一成员国境内购买服务；模式三，商业存在，是指国外企业到另一国境内通过设立商业机构来提供服务；模式四，自然人流动，是指国外单独个人到另一国境内通过自然人形式提供服务。根据世贸组织《2005 年国际贸易统计报告》，世界服务贸易总额中以商业存在形式实现的服务贸易额占比为 55%～60%，是服务贸易最主要的提供方式。而服务业 FDI 与商业存在直接关联，成为服务贸易自由化的重要形式。我国 2014 年颁布《加快发展生产性服务业促进产业升级的指导意见》，提出要统一内外资法律法规，进一步放开生产性服务领域外资准入限制，引导外资企业来华设立分支机构。至此，我国生产性服务业对外商投资开放的特征日益明显。

4.3.3.1　规模不断增加，比重逐渐上升

加入 WTO 后，我国服务业对外资开放的门槛不断降低，我国利用外资的结构逐渐向服务部门倾斜。从外商投资规模来看，我国生产性服务业 FDI 的规模逐年增加，由 2004 年的 62.99 亿美元上升至 2014 年的 365.97 亿美元，这 10 年的年均增速高达 19.24%。从增长速度来看，除 2009 年和 2014 年生产性服务业 FDI 增幅分别为 6.84%和 7.48%外，其余年份的增幅均保持在 10%以上。尤其是 2008 年增长率高达

51.36%，原因在于2007年我国对《外商投资产业指导目录》进行了修订，该目录拓宽了生产性服务业外资开放的领域。从FDI分布来看，FDI流向生产性服务业的比值呈小幅上升趋势，由2004年的10.39%上升至2014年的30.61%①。相比之下，FDI流向制造业的比值呈显著下降趋势。随着国际产业转移的大趋势以及服务业在经济发展中地位的提升，我国生产性服务业在FDI总额中的比重将进一步提高。

4.3.3.2 各行业利用外资分布不均

我国生产性服务业FDI在各部门中的分布有较大差异，如表4-10所示，就具体部门而言，租赁与商业服务利用外资比例最大，2014年占生产性服务业FDI的34.12%②。其次是批发与零售业，成为生产性服务业中外资流入较多的部门。交通运输、仓储和邮政业从2005年以来利用外资逐渐递减，以2010年为拐点，2010年后呈逐年上升趋势。信息传输与计算机服务在生产性服务业FDI中所占比重相对较稳定，2005—2012年维持在11%左右，2012年后明显下降，所占比重由11.30%下降至7.53%。相比之下，一些高端生产性服务业利用外资的比例相对较低，如金融业、科学研究和技术服务业，这两个部门2005—2010年利用外资的比例均在10%以内。

4.3.3.3 各行业外资开放度仍然较低

中国不同生产性服务行业的外资开放度存在较大差异，如表4-11所示。根据2015年经合组织最新统计的外商直接投资限制指数数据库，中国对银行、保险、航空、公路和铁路部门外资的限制程度相对较高，而对物流仓储、分销和计算机服务的限制较少。与发达国家相比，除航空运输的外资开放度略高于美国外，几乎所有生产性服务部门的开放度均低于发达国家。与主要新兴经济体国家相比，中国在法律和航空领域的限制程度相对较低，而其余部门的限制程度大都高于发展中国家。由于各行业外资开放水平的不均衡，使生产性服务业利用外

① 2004年之后行业分类统计口径发生变化，考虑到行业一致性，没有列出2004年之前数据。

② 相关数据来源于历年《中国统计年鉴》，经笔者计算而得。

表 4-10 （2005—2014 年）中国生产性服务业实际利用 FDI 行业构成 单位:亿美元

服务部门	2005	2006	2007	2008	2009	2010	2011	2012	2013	2014
总计	603.2	630.2	747.7	924.0	900.3	1 057.4	1 160.1	1 117.2	1 175.9	1 195.6
制造业	424.5	400.8	408.6	498.9	467.7	495.9	521.0	488.7	455.5	399.4
占 FDI 比重	70.37%	63.59%	54.66%	54.00%	51.95%	46.90%	44.91%	43.74%	38.74%	33.40%
生产性服务业	81.7	98.7	113.6	172.0	183.7	215.5	270.6	297.2	340.5	366.0
占 FDI 比重	13.54%	15.65%	15.20%	18.61%	20.41%	20.38%	23.33%	26.60%	28.96%	30.61%
交通、运输仓储	22.18%	20.12%	17.66%	16.58%	13.76%	10.41%	11.795	11.69%	12.39%	12.17%
批发、零售业	12.71%	18.14%	23.56%	25.78%	29.34%	30.61%	31.13%	31.84%	33.80%	25.86%
信息与计算机	12.42%	10.85%	13.07%	16.14%	12.23%	11.54%	9.97%	11.30%	8.46%	7.53%
金融业	2.69%	2.98%	2.26%	3.33%	2.48%	5.21%	7.06%	7.13%	6.84%	11.43%
租赁与商业服务	45.84%	42.80%	35.37%	29.42%	33.08%	33.09%	30.97%	27.63%	30.43%	34.12%
科研与技术服务	4.17%	5.11%	8.07%	8.76%	9.11%	9.13%	9.08%	10.42%	8.08%	8.89%

注:2004 年之后行业分类统计口径发生变化,考虑到行业一致性,没有列出 2004 年之前数据。
资料来源:根据历年《中国统计年鉴》计算整理。

表 4-11 2005—2014 年中国生产性服务业各行业外资开放度

服务部门	2005	2006	2007	2008	2009	2010	2011	2012	2013	2014
生产性服务业	0.360%	0.361%	0.322%	0.377%	0.363%	0.357%	0.361%	0.351%	0.359%	0.353%
交通、运输仓储	0.08%	0.073%	0.057%	0.063%	0.05%	0.037%	0.043%	0.041%	0.044%	0.043%
批发、零售业	0.046%	0.066%	0.076%	0.097%	0.107%	0.109%	0.112%	0.112%	0.121%	0.091%
信息与计算机	0.045%	0.039%	0.043%	0.061%	0.044%	0.041%	0.036%	0.040%	0.030%	0.027%
金融业	0.010%	0.011%	0.007%	0.013%	0.009%	0.019%	0.025%	0.025%	0.025%	0.04%
租赁与商业服务	0.165%	0.155%	0.114%	0.111%	0.120%	0.118%	0.112%	0.097%	0.109%	0.121%
科研与技术服务	0.015%	0.018%	0.026%	0.033%	0.033%	0.033%	0.033%	0.037%	0.029%	0.031%

资料来源：根据历年《中国统计年鉴》计算整理。

资的集中度较高。长期以来，批发零售、交通运输、租赁和商业服务这些部门外资流入的比重达70%左右，生产性服务业外资分布的高度集中势必导致部门间发展的差异。从服务业外资开放水平可知，我国生产性服务贸易部门未来对国际资本的开放仍有较大提升空间。

4.4 中国生产性服务贸易自由化的测度

关于服务贸易自由化的内涵尚未达成统一共识，多数学者认为服务贸易自由化是指在贸易实践中降低或取消阻碍服务要素国际间自由流动的障碍。由于服务贸易自身的特征（无形性、非储存性和非转移性），服务贸易自由化的测度存在较大难度。当贸易双方之间服务商品的流动障碍较小时，该服务商品能以较低的成本实现国际间流动，这表明双方之间的服务贸易自由度较高。本章拟采用Novy(2013年)的"相对贸易模型"，通过服务贸易成本的关税等值来间接衡量中国生产性服务部门的贸易自由度。

4.4.1 基于相对贸易模型的关税等值法

贸易成本的测算方法大致包括直接法和间接法两类。目前采用直接法测算贸易成本的文献相对较少：首先，直接法只针对特定种类的贸易成本，不能反映总体贸易成本（Hoekman，1995年；Pritchett，1996年）；其次，贸易成本构成要素具有复杂且难以量化的特征，数据搜集中面临大量缺失和相对耗时情况。间接法主要从贸易成本影响层面，以实际贸易流量为基础"事后"推算出总体贸易成本。早期学者们大多采用传统的引力模型来测算贸易成本（McCallum，1995年；Rose，2000年），但该方法需事前确定贸易成本的构成要素，可能因遗漏变量而造成计量结果的偏差，更为重要的是缺乏对多边阻力项的考虑。鉴于传统引力模型存在的缺陷，一些学者尝试对其进行改进，较具代表性的是Anderson和Van Wincoop(2003年)模型、Novy(2006年)

模型[①]。但这些改进方法采用价格指数作为多边阻力项的代理变量，或将双边贸易成本设定为对称形式，与现实情况相差甚远。Novy(2013年)[②]的“相对贸易模型”有效利用国内外贸易数据的优势，并纠正了主流测算方法中固有的缺陷。

本章基于Anderson和Van Wincoop(2003年)引力模型框架，推导出测算服务贸易成本的关税等值。假设j国消费者的效用函数为常替代弹性：

$$\left(\sum_i \beta_i^{(1-\sigma)/\sigma} c_{ij}^{(\sigma-1)/\sigma}\right)^{\sigma/(\sigma-1)} \tag{1}$$

j国代表性消费者的预算约束为：

$$\sum p_{ij} c_{ij} = y_j \tag{2}$$

在预算约束条件下，j国消费者达到效用最大化时满足：

$$x_{ij} = \left(\frac{\beta_i p_i s_{ij}}{p_j}\right)^{(1-\sigma)} y_j \tag{3}$$

$$p_j = \left[\sum_i (\beta_i p_i s_{ij})^{1-\sigma}\right]^{1/(1-\sigma)} \tag{4}$$

其中：c_{ij}表示j国对i国的商品消费；σ是商品间替代弹性($\sigma>1$)；β_i为正分配系数；p_{ij}为i国提供给j国的商品价格；y_j为j国的国民收入；s_{ij}表示i国出口到j国的贸易成本；x_{ij}表示i国出口到j国的贸易额；$x_{ij}=p_{ij}c_{ij}$。当市场达到一般均衡时需要满足以下条件：

$$y_i = \sum_i x_{ij} = \sum_j (\beta_i s_{ij} p_i / p_j)^{1-\sigma} y_j = (\beta_i p_i)^{1-\sigma} \sum_j (t_{ij}/p_j)^{1-\sigma} y_j \tag{5}$$

① 前者构建具有微观理论基础的一般均衡模型，并加入贸易双方的多边阻力变量。后者基于垄断竞争框架并引入冰山型贸易成本，提出了更为可行的估计方法。

② Novy(2008年)的工作论文Gravity Redux: Measuring International Trade Cost with Panel Data，已成功解决引力模型存在的外生性或对称性问题，并于2013年正式发表于《Economic Inquiry》。

令世界收入为 $y^w \equiv \sum_j y_j$，j 国收入占比为 $\theta_j \equiv y_j / y^w$，进一步假定贸易成本的对称性，联立式(5)和式(3)可得 i 国出口到 j 国的贸易额为：

$$x_{ij} = \frac{y_i y_j}{y^w}\left(\frac{s_{ij}}{\Pi_i p_j}\right)^{1-\sigma} \tag{6}$$

其中：y_i 和 y_w 分别为 i 国和世界的总收入；Π_i 和 p_j 分别为两国的消费价格指数，即多边阻力变量。结合式(4)进一步得到：

$$\Pi_i \equiv \left(\sum_j (s_{ij}/p_j)^{1-\sigma}\theta_j\right)^{1/(1-\sigma)} \tag{7}$$

$$p_j = \left(\sum_i (s_{ij}/\Pi_i)^{1-\sigma}\theta_i\right)^{1/(1-\sigma)} \tag{8}$$

Novy(2013 年)的“相对贸易模型”无需假定贸易成本的特定形式与对称性，且充分考虑到贸易成本因素随时间的变化。该模型认为贸易壁垒会同时影响国际贸易和国内贸易，即贸易成本可以用国际贸易和国内贸易的相对代价来表示。根据式(6)引申出 i 国的国内贸易表达式：

$$x_{ii} = \frac{y_i y_i}{y^w}\left(\frac{s_{ii}}{\Pi_i p_i}\right)^{1-\sigma} \tag{9}$$

其中：s_{ii} 为 i 国的贸易成本。上式经变形可得多边阻力项表达式：

$$\Pi_i p_i = \left[\left(\frac{x_{ii}}{y_i}\right) \Big/ \left(\frac{y_i}{y^w}\right)\right]^{1/(\sigma-1)} s_{ii} \tag{10}$$

式(6)两边同时乘以 j 国出口到 i 国的贸易额可得：

$$x_{ij} x_{ji} = \left(\frac{y_i y_i}{y^w}\right)^2 \left(\frac{s_{ij} s_{ji}}{\Pi_i p_i \Pi_j p_j}\right)^{1-\sigma} \tag{11}$$

将多边阻力变量表达式(10)代入式(11)，经整理后可得：

$$\frac{s_{ij} s_{ji}}{s_{ii} s_{jj}} = \left(\frac{x_{ii} x_{jj}}{x_{ij} x_{ji}}\right)^{\frac{1}{\sigma-1}} \tag{12}$$

由于双边贸易成本不具有对称性（$s_{ij} \neq s_{ji}$），且两国国内的贸易成本也不相等（$s_{ii} \neq s_{jj}$）。对式(12)开方后再减去1，可得双边贸易成本为：

$$\tau_{ij} \equiv \left(\frac{s_{ij}s_{ji}}{s_{ii}s_{jj}}\right)^{\frac{1}{2}} = \left(\frac{x_{ii}x_{jj}}{x_{ij}x_{ji}}\right)^{\frac{1}{2(\sigma-1)}} - 1 \tag{13}$$

式(13)即为测算服务贸易成本关税等值的公式。其原理显而易见，当两国双边贸易额 $x_{ij}x_{ji}$ 相对于国内贸易额 $x_{ii}x_{jj}$ 提高时，国际贸易成本相比国内贸易成本更低，这表明双边贸易成本 τ_{ij} 下降；反之，亦然。

本章将式(13)拓展为多个服务部门的贸易成本，并充分考虑时间效应，i 和 j 分别表示中国和世界其他国家；k 为具体生产性服务部门；t 为不同时间。则：

$$\tau_{ijkt} \equiv \left(\frac{s_{ijkt}s_{jikt}}{s_{iikt}s_{jjkt}}\right)^{\frac{1}{2}} = \left(\frac{x_{iikt}x_{jjkt}}{x_{ijkt}x_{jikt}}\right)^{\frac{1}{2(\sigma-1)}} - 1 \tag{14}$$

Novy(2013年)模型解决了贸易成本测算中存在的不足，具有深厚理论基础和广泛适用性，可应用于李嘉图模型、异质企业贸易模型和引力模型等多个贸易框架。Miroudot等(2013年)首次采用该方法对世界61个国家的服务贸易成本进行测算。国内研究中采用该方法较为鲜见，夏天然和陈宪(2015年)、涂远芬(2016年)分别从国家和行业层面测算了中国服务贸易成本。

4.4.2 服务贸易自由化的定量测算与分析

4.4.2.1 数据来源与说明

本章采用式(14)来测算服务贸易成本的关税等值，以此来间接反映服务贸易自由化程度。所用数据来自世界投入产出数据库(WIOD)，该数据库涵盖1995—2011年世界41个国家或地区的相关数据，主要由世界投入产出表(WIOT)、国家投入产出表(NIOT)、社会经济核算表(SEA)以及环境核算表(EA)四个部分组成。其中，双边服

务贸易数据 x_{ij} 和 x_{ji} 来源于世界投入产出表，通过加总某国某行业对其他国家中间使用出口和最终使用出口得到。国内服务贸易数据 x_{ii} 和 x_{jj} 难以直接获得，可以根据国家投入产出表中各国各服务行业的总产出减去出口总额得到。对于公式中替代弹性 σ 的取值，Anderson 和 Van Wincoop(2004 年)对相关文献综合考察后发现介于 5～10 之间，之后学者在实证研究中大都将其取值为 8(Miroudot 等，2010 年；Novy，2013 年)。本章基于前人研究成果，将替代弹性 σ 设定为 8。为保证结果的稳健性，本文还测算了 σ 分别取 5 和 10 时中国生产性服务贸易成本，以考察不同替代弹性的取值对服务贸易成本的影响。目前服务贸易行业分类尚无统一标准，(WIOD)的行业分类标准采用的是欧盟经济活动统计分类体系修正 1(NACERev. 1，2002 年)，即将服务贸易具体划分为 19 类。本章研究的生产性服务部门主要包括批发零售、交通运输、邮政通信以及金融业等。

4.4.2.2　中国生产性服务部门整体情况

表 4-12 测算了 2011 年 WIOD 数据库中 40 个国家生产性服务贸易成本关税等值的变动情况。从排名来看，服务贸易成本关税等值最低的为爱尔兰(50.36%)，最高的为斯洛文尼亚(126.55%)，中国位居第 10 位(76.98%)。从变动趋势来看，各国贸易成本关税等值有所波动，但总体上呈不断下降趋势。其中，下降幅度最大的三个国家依次为土耳其、爱尔兰和中国，1995—2011 年生产性服务贸易成本分别降低了 46.89%、44.30%和 34.35%。近年来中国积极参与全球化分工，服务部门的开放度不断提高，特别是加入 WTO 签订 GATT 协定后，服务贸易成本的降低尤为明显。1995—2000 年生产性服务贸易成本的下降幅度为 13.83%，而 2001—2011 年下降幅度高达 34.35%。

表 4-12　中国生产性服务贸易成本关税等值的国际比较

排名	国家	关税等值	下降幅度	排名	国家	关税等值	下降幅度
1	爱尔兰	50.36	44.30%	3	荷兰	65	8.00%
2	卢森堡	51.97	23.54%	4	美国	67.84	5.70%

（续表）

排名	国家	关税等值	下降幅度	排名	国家	关税等值	下降幅度
5	英国	72.4	13.11%	23	捷克	100.4	2.56%
6	比利时	73.85	2.30%	24	澳大利亚	100.54	5.73%
7	丹麦	74.47	24.00%	25	中国台湾地区	104.07	−9.02%
8	德国	75.11	12.57%	26	罗马尼亚	106.54	10.05%
9	瑞典	75.58	12.20%	27	立陶宛	107.01	15.83%
10	中国	76.98	34.35%	28	葡萄牙	108.53	−0.24%
11	韩国	77.68	14.96%	29	印度	109.96	21.76%
12	奥地利	83.41	0.14%	30	土耳其	111.52	46.89%
13	西班牙	83.55	17.60%	31	保加利亚	114.38	−0.79%
14	日本	84.28	9.48%	32	巴西	115.96	17.11%
15	匈牙利	84.99	11.36%	33	斯洛伐克	116.44	−3.41%
16	意大利	85.65	4.99%	34	墨西哥	118.68	−5.47%
17	法国	86.3	−2.12%	35	马耳他	120.48	5.57%
18	加拿大	90.88	1.52%	36	印尼	121.23	−8.27%
19	芬兰	92.01	6.09%	37	塞浦路斯	124.05	−1.22%
20	波兰	92.69	22.05%	38	爱沙尼亚	124.9	6.01%
21	俄罗斯	92.73	4.60%	39	拉脱维亚	124.97	4.28%
22	希腊	93.19	24.08%	40	斯洛文尼亚	126.55	7.02%

数据来源：根据世界投入产出数据库（WIOD）计算整理。

进一步检验不同替代弹性对中国生产性服务贸易成本关税等值的影响。从图 4-3 可以看出，σ 分别取 5 和 10 时贸易成本的具体数值发生了较大变化。以 2011 年为例，$\sigma = 8$ 时中国与世界其他国家之间生产性服务贸易成本为 76.98%，而 $\sigma = 5$ 和 $\sigma = 10$ 时服务贸易成本分别为 171.56% 和 55.89%。尽管替代弹性取值不同，但样本期间内中国生产性服务贸易成本的变化趋势大致相同。1995—2011 年，替代弹性分别取 5、8 和 10 时生产性服务贸易成本的下降幅度为 40.59%、34.35% 和 32.54%，同时年均降速为 3.2%、2.59% 和 2.43%。可见替代弹性的不同取值并不影响对贸易成本变化趋势的判断，本书将根据 $\sigma=8$ 时的测算结果来衡量中国生产性服务贸易自由度。

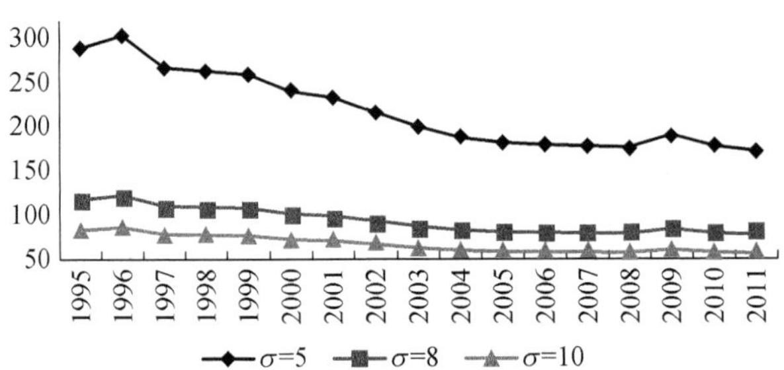

图 4-3　不同替代弹性对中国生产性服务贸易成本影响

数据来源：根据中国服务贸易成本情况绘制。

4.4.2.3　中国分服务部门情况

本章基于 1995—2011 年 WIOD 数据库，进一步考察了批发零售业、交通运输业、邮政通信业和金融业等主要生产性服务部门贸易成本的关税等值情况，如表 4-13 所示。由于汽车、摩托车销售和维修、燃料零售(C19)，该服务部门国内消费额和对外贸易额均为 0，无法利用式(14)测算，因此不予考虑。以 2011 年为例，服务贸易成本最低的三个部门为航空运输业、水上运输业、设备租赁及商业服务业，其成本均值分别为 30.23%、66.17%和 66.67%，而金融业的成本均值最高为 153.48%。交通运输业为我国传统劳动密集型生产性部门，开放时间较早且竞争相对激烈，因而服务贸易成本更低。从变动趋势来看，除 C20 和 C21 部门呈现持续下降的特征外，其余生产性服务部门均呈现先降后升的趋势特征。下降幅度排名前三的部门依次是除汽车、摩托车外的商品批发销售业，商品零售业以及航空运输业，其贸易成本分别降低了 84.09%、80.84%和 47.21%，而金融业的下降幅度仅为 9.56%。由于金融服务贸易涉及国家经济安全，该部门的“保护”与“开放”一直是世贸组织成员国争议的焦点。在前文生产性服务贸易部门竞争力的国际比较时发现，中国金融服务部门的竞争优势并不明显，因此中国在该领域的开放力度较低、贸易自由化进程相对缓慢，这体

现了中国开放与保护相结合的服务贸易开放战略。

表 4-13　1995—2011 年中国生产性服务贸易成本的关税等值

（单位：%）

年份＼部门	C20	C21	C23	C24	C25	C27	C28	C30	均值
1995	501.68	565.27	118.26	78.28	57.27	106.41	169.71	121.12	214.75
1996	477.27	529.88	127.67	84.93	60.63	107.21	175.15	130.41	211.64
1997	112.83	129.67	131.28	88.48	61.16	106.48	178.49	138.68	118.38
1998	117.18	130.41	140.05	92.52	63.39	115.66	177.77	95.44	116.55
1999	114.66	128.79	138.47	90.24	63.16	115.13	173.92	95.37	114.97
2000	102.84	123.29	119.88	83.56	59.75	110.69	165.23	91.18	107.05
2001	100.55	118.02	113.07	78.84	58.29	109.44	161.86	91.19	103.91
2002	93.59	113.16	100.06	70.44	54.11	105.97	154.73	87.44	97.44
2003	89.98	108.50	94.04	67.29	46.95	100.09	150.84	78.93	92.08
2004	84.41	105.19	87.68	65.98	41.24	95.40	147.14	74.02	87.63
2005	77.82	119.43	85.67	66.30	34.27	91.75	148.42	71.35	86.88
2006	77.47	117.93	85.41	67.00	32.39	88.91	151.12	69.69	86.24
2007	82.41	105.57	85.40	67.67	31.17	86.44	155.96	68.48	85.39
2008	81.44	109.86	83.15	67.71	30.92	85.68	156.20	68.75	85.46
2009	88.57	113.79	88.76	71.17	34.60	90.24	163.23	73.39	90.47
2010	83.56	110.13	83.78	67.07	31.16	85.28	156.65	68.29	85.74
2011	79.81	108.28	81.43	66.17	30.23	83.69	153.48	66.67	83.72
均值	139.18	166.89	103.77	74.92	46.51	99.09	161.17	87.67	109.90
下降幅度	84.09	80.84	31.14	15.47	47.21	21.35	9.56	44.96	61.02

4.5　本章小结

本章主要从政策视角和定量分析视角来探讨中国生产性服务贸易自由化进程。首先，分析了我国生产性服务贸易的发展现状，并对生产性服务贸易竞争力进行国际比较，发现我国在其他商业服务和计算机服务中更具比较优势，运输服务和保险服务的比较劣势十分突出，而通信服务和金融服务只具备一般竞争力。其次，介绍了我国生产性服务贸易的多边开放，包括加入WTO前生产性服务业开放、加入WTO后GATS框架下的开放以及生产性服务业开放的最新进展。接着分析中国双边或区域生产性服务贸易自由化的现状与特征：其一，区域服务贸易较多边服务贸易的承诺水平有所提升；其二，区域服务贸易开放采取渐近、灵活的原则；其三，区域服务贸易开放由“扩展”转为“深化”。再次，介绍了商业存在模式下生产性服务业的发展阶段以及利用外资的特征，发现我国生产性服务业外资规模不断增加、比重逐渐上升，但各行业利用外资分布不均，外资开放度仍然较低。最后，采用Novy(2013年)的“相对贸易模型”，通过服务贸易成本的关税等值间接衡量了我国生产性服务部门的贸易自由度。基于1995—2011年世界投入产出表(WIOT)和国家投入产出表(NIOT)，发现中国生产性服务贸易成本关税等值排名第10，总体呈不断下降趋势，尤其加入WTO签订GATT协定后贸易成本的下降更为明显。从分服务部门情况看，批发零售业和航空运输业贸易成本的下降幅度较大，而金融业无论贸易成本的绝对值还是变动幅度均相对较小。

5 生产性服务贸易自由化对制造业全要素生产率的影响

5.1 研究背景

服务贸易开放是WTO谈判的关键与焦点。服务业相对滞后的国家对服务部门开放持保留态度的原因在于忽略了服务业中间投入的角色，因而低估了服务贸易开放对国家经济发展的潜在收益。本章将重点分析生产性服务贸易自由化对制造业全要素生产率的影响，这一问题的研究具有重要的理论和现实意义：其一，制造业已成为经济快速发展的主要推动力，我国制造业以"低端嵌入"的弱势竞争参与国际分工体系，面临价值链被低端锁定的风险。如何通过提高生产效率来保持中国制造业的优势，并实现制造业的转型和升级，必然是"中国制造"未来的发展方向。蔡昉(2014年)指出全要素生产率及其对经济增长的贡献是新常态经济增长的动力。其二，关于"中国制造"的政策解释主要集中于制造业引资、市场化改革以及货物贸易自由化等，基于服务贸易自由化与制造业生产率视角的较少。

回顾已有文献，近年来学者开始关注服务业管制改革(Bourles等，2013年；Maria Bas，2014年)、服务部门开放(David Tarr，2012年；Knobel，2012年；Shepotylo和Vakhitov，2012年)、服务业外资(Arnold等，2011年；Fernandes和Paunov，2012年)以及服务外包(Grossman，2008年；Amiti和Wei，2009年)对制造业生产率的影响。本章主要从以下方面进行拓展：第一，借鉴理论模型并提出研究假设，从多渠道和多角度来检验生产性服务贸易自由化对制造业生产率的影响效应;第二,已有研究主要基于静态视角,缺乏从企业进入退出和行业内市场份额转移等动态视角的考察;第三,服务贸易自由化没有相对统一的衡量指标,如何量化存在较大难度。目前常用的频数工具法对开放承诺的权重界定有待商榷,而服务业 FDI 只考虑商业存在模式下的服务贸易开放,没有涵盖其他三种服务贸易模式。本章使用 Novy(2013 年)相对贸易模型中服务贸易成本的关税等值来间接考察生产性服务贸易自由化的生产率效应。

5.2 理论模型与研究假设

本章借鉴张艳等(2013 年)的任务外包模型来探讨生产性服务贸易自由化如何影响制造业企业生产率。给定代表性制造企业,其生产过程是由服务任务和制造任务来完成,其中服务任务需投入高技能劳动,而制造任务需投入低技能劳动。现实生活中企业的生产率是内生决定的,可表示为研发投入的函数 $A = A(x)$。不考虑企业的组织架构,通常服务任务既可由国外服务企业提供(国际外包),也可由本国制造企业或服务企业提供(国内采购)。需要说明的是,国际外包相比国内采购能提供质量更好且效率更高的服务[①],因而本国企业有激励进行服务外包。本章界定的服务外包不仅包括商业存在形式实现的跨国分支机构与本国制造企业之间的在岸外包,还包括通讯和网络等方式实现的离岸外包。服务外包的成本差异会因外包形式的异质性有所不同。

为描述服务外包的特征,本章首先假定单位高技能劳动需投入一系列子任务,任意子任务 i 属于标准化连续集合,即 $i \in [0, 1]$。当服务任务进行国际外包时,单位高技能劳动需投入 λ 单位子任务来完成,

---

① 多数研究表明各国之间无论是制造业(Dollar, 1993 年; Davis 和 Weinstein, 2001 年),还是服务业(Inklaar 和 Timmer, 2007 年)都存在生产技术的显著差异,以此解释发达国家和发展中国家技术差异的原因。

其对应的外包成本为 $\gamma z(i)$，其中：γ 为所有子任务外包成本的固定部分；$z(i)$ 为外包成本的可变部分；$z(i)$ 是连续可微减函数，即 $z'(i)<0$，表明 i 越小外包成本越大。当服务任务进行国内采购时，产生单位高技能劳动需投入 1 单位子任务，其对应的国内劳动工资标准化为 1。根据上述假设，我们认为当 $\gamma z(i)/\lambda>1$ 时，单位子任务在国内采购成本较低；反之，则该任务进行国际外包成本较低。进一步根据企业的最优决策，完成单位子任务需要的单位成本为：

$$\theta=\int_{\tau_1}^{1}\frac{\gamma z(i)}{\lambda}\mathrm{d}i+\int_{0}^{\tau_1}1\mathrm{d}i=\frac{\gamma}{\lambda}\int_{\tau_1}^{1}z(i)\mathrm{d}i+\tau_1$$

由于 $(\gamma z(i)/\lambda)$ 在变量 i 上单调递减，根据包络定理必定存在唯一 $\tau_1\in[0,1]$ 满足 $\gamma z(\tau_1)/\lambda=1$，将该条件代入上式可得：

$$\theta=\int_{\tau_1}^{1}\frac{z(i)}{z(\tau_1)}\mathrm{d}i+\tau_1$$

将子任务单位成本 θ 对固定外包成本 γ 求导，由于 τ_1 也是 γ 的函数，进一步根据 τ_1 的定义式 $\gamma z(\tau_1)/\lambda=1$，经整理得到：

$$\frac{\mathrm{d}\theta}{\mathrm{d}\gamma}=\frac{\mathrm{d}\tau_1}{\mathrm{d}\gamma}+\frac{1}{\lambda}\int_{\tau_1}^{1}z(i)\mathrm{d}i-\frac{\gamma}{\lambda}z(\tau_1)\frac{\mathrm{d}\tau_1}{\mathrm{d}\gamma}\Rightarrow\frac{\mathrm{d}\theta}{\mathrm{d}\gamma}>0$$

接下来我们在全要素生产率(TFP)变化下，考察服务贸易自由化的生产率效应。假定市场结构为垄断竞争形式，部分企业存在垄断租金，企业需求函数采取与 Acemoglu(2008 年)相同形式，即需求曲线为：

$$y=\Gamma\times p^{-1/(1-\sigma)}$$

而生产函数采取 TFP 内生的 C-D 生产函数，函数表达式为：

$$y=A(x)H^{\alpha}L^{1-\alpha}$$

其中：σ 决定需求弹性；Γ 为需求强度参数，为不失一般性，通常假定 $\Gamma=1$。企业生产率满足 $A'(x)>0$ 且 $A''(x)<0$，其单位成本函数为：

$$c=\frac{\beta\theta^{\alpha}w_L^{1-\alpha}}{A(x)}$$

其中：β 是常数，企业首先决定最优研发投入，在既定研发投入下确定生产最优产量来使利润最大化。企业最大化利润需满足：

$$\max_{y\geqslant 0}(p-c)y$$

其中：p 由需求函数决定，求解一阶条件得最优产量和最大利润分别为：

$$y=\left[\frac{\sigma A(x)}{\beta\theta^{\alpha}w_L^{1-\alpha}}\right]^{1/(1-\sigma)}$$

$$\pi=\Lambda\left[\frac{A(x)}{\theta^{\alpha}w_L^{1-\alpha}}\right]^{\sigma/(1-\sigma)}$$

上式中 Λ 为常数，返回初始决策以确定企业最优的研发投入需满足：

$$\max_{x\geqslant 0}(\pi-x)=\Lambda\times\left[\frac{A(x)}{\theta^{\alpha}w_L^{1-\alpha}}\right]^{\sigma/(1-\sigma)}-x$$

其中：二阶条件的实现必须满足 $\sigma<0.5$，我们根据一阶条件可以得出：

$$\Lambda\frac{\sigma}{1-\sigma}\frac{A'(x^*)}{A(x^*)^{\frac{1-2\sigma}{1-\sigma}}}=(\theta^{\alpha}w_L^{1-\alpha})^{\sigma/(1-\sigma)}$$

由于最优研发投入 x^* 为单位成本 θ 的函数，等式两边对 θ 求导得：

$$\frac{A(x^*)A''(x^*)-[A'(x^*)]^2\dfrac{1-2\sigma}{1-\sigma}}{A(x^*)^{\frac{2-3\sigma}{1-\sigma}}}\times\left(\frac{\mathrm{d}x^*}{\mathrm{d}\theta}\right)=\frac{\alpha}{\Lambda}\theta^{\frac{\alpha\sigma+\sigma-1}{1-\sigma}}w^{\frac{(1-\alpha)\sigma}{1-\sigma}}>0$$

我们用符号函数 sign 改写上式，前文已知 $A''(x^*)<0$，故等式右边为负：

$$\operatorname{sign}\left(\frac{\mathrm{d}x^*}{\mathrm{d}\theta}\right)=\operatorname{sign}\left\{A(x^*)A''(x^*)-[A'(x^*)]^2\frac{1-2\sigma}{1-\sigma}\right\}\Rightarrow\frac{\mathrm{d}x^*}{\mathrm{d}\theta}<0$$

这意味着子任务的单位成本下降时，企业最优研发投入会增加，进一步分析服务贸易自由化（用 γ 下降表示）对企业生产效率的影响。则：

$$\frac{\mathrm{d}(TFP)}{\mathrm{d}\gamma}=\frac{\mathrm{d}A(x^*)}{\mathrm{d}\gamma}=\frac{\mathrm{d}x^*}{\mathrm{d}\theta}\cdot\frac{\mathrm{d}\theta}{\mathrm{d}\gamma}\cdot A'(x^*)$$

前文已证实 $\frac{\mathrm{d}x^*}{\mathrm{d}\theta}<0$，同时还有 $A'(x^*)>0$ 且 $\frac{\mathrm{d}\theta}{\mathrm{d}\gamma}>0$，因此可得到：

$$\frac{\mathrm{d}(TFP)}{\mathrm{d}\gamma}<0$$

基于理论模型可知，在企业生产率内生决定前提下，生产性服务贸易自由化可以提升制造业企业的生产效率。为研究其主要实现途径，本章拟提出以下研究假设：第一，服务贸易自由化降低了国外服务企业的进入壁垒，通过服务外包带来质量更优、效率更高的服务中间投入，直接促进制造业企业生产率的提高。相关研究表明，服务外包相比中间品贸易对生产率的促进作用更为明显（Amiti 和 Wei，2009 年；Görg，H.，2008 年），尤其体现在管理咨询、会计、计算机和市场营销等部门。第二，国内制造业企业将低效率服务环节外包出去（如分销和运输服务等），集中资源从事更有效率制造环节的生产，通过产品内资源重置促进全要素生产率的提升。第三，服务外包将间接促进制造企业的技术创新，一方面，激励企业降低成本并增加研发投入；另一方面，通过产业间关联的溢出效应推动企业管理模式的创新和技术进步。

5.3 变量选取与计量模型

5.3.1 主要变量说明

5.3.1.1 TFP 的测度

1) TFP 度量方法的选择

TFP 测度排除了各种生产要素贡献后技术变化对总产出的影响，

因而成为衡量企业生产率最常用指标(Syverson，2010 年)。目前 TFP 的估计方法大致有三类：第一类参数估计，即给定生产函数具体形式(通常为 C-D 函数)，通过成本最小法估计生产要素投入的边际贡献，进而计算索洛残差值。该类方法的模型设定简单且具有直观的经济含义，但存在以下明显的缺陷：其一，规模报酬和要素边际贡献不变的假定可能不符合现实；其二，生产要素投入与 TFP 变化之间内生性导致的同时性偏差；其三，企业动态选择带来的样本选择性偏差。第二类非参估计，主要包括随机边界法、数据包络法以及随后的 Malmquist 指数法。该类方法的优点在于通过线性规划测度生产边界并将企业与边界值的差距作为效率变量，同时还将 TFP 分解为技术进步、规模效率与配置效率。但该类方法也存在局限，如随机边界法人为给定残差项分布概率，数据包络法未考虑数据的随机因素等(Kumbhakar 和 Lovell，2003 年)。第三类半参数方法能较好地处理样本选择性偏差和同时性偏差导致的估计结果有偏问题(Olley-Pakes，1996 年；Levinsohn 和 Petrin，2003 年)。

2) 生产率的估算过程

本书采用将生产函数估计和非参估计相结合的 OP 方法来估算企业层面的生产率，该方法同时解决 TFP 估计时常见的联立性和样本选择问题。根据 OP 方法，企业的全要素生产率可由以下模型估算：

$$y_{ijt} = \beta_0 + \beta_k k_{ijt} + \beta_l l_{ijt} + \beta_a \alpha_{ijt} + \eta_{ijt} + \varepsilon_{ijt}$$

其中：y_{ijt} 为行业 j 中企业 i 在 t 年的产出；k_{ijt} 和 l_{ijt} 分别为资本投入和劳动投入；α_{ijt} 为企业年龄，控制变量中考虑企业的出口决策。由于企业生产率 η_{ijt} 无法被研究者直接观测，却可被生产者观测到，并且会影响到企业生产要素的投入决策，因而若直接采用最小二乘法(OLS)进行估计会导致内生性偏误。Olley-Pakes(1996 年)以企业当期投资额作为生产率变化的工具变量：

$$I_{it} = k_{it} - (1-\tau)k_{it-1}$$

其中：k_{it} 和 I_{it} 分别为企业 i 在 t 年的资本投入和当期投资；τ 为不

同年份企业的共同折旧率。由于现实中企业的折旧率具有差异性，该方法的计算结果并非十分准确。本章采用工业企业数据库[①]中企业本年折旧 d_{it} 来进行转换，因此上述企业当期投资额计算公式调整为：

$$I_{it} = k_{it} - k_{it-1} + d_{it}$$

在纠正联立性问题后，本章引入生存概率来刻画企业的继续经营和退出，以便纠正样本选择偏差。假定企业生产率大于生存的临界值时会选择退出，采用 probit 模型算出企业生存概率的拟合值并代入原生产函数：

$$\Pr(\chi_{it} = 1 \mid J_{it-1}) = \varphi(I_{it-1}, k_{it-1})$$

$$TFP_{it} = EXP(\text{Ln}\, y_{it} - \hat{\beta}_l \text{Ln}\, l_{it} - \hat{\beta}_k \text{Ln}\, k_{it})$$

因此，用 Olley-Pakes（1996 年）的半参数方法能得到企业层面全要素生产率的一致估计量。因为存在当期投资小于或等于 0 的情形，Levinsohn 和 Petrin（2003 年）以企业中间品投入作为工具变量，克服样本无效对估计准确度的影响。后文实证部分主要采用 OP 法估算生产率并以 LP 法进行稳健性检验。

5.3.1.2 生产性服务贸易自由化指标的构造

服务贸易壁垒具有隐蔽性，没有类似于关税的统一衡量指标。已有研究采用的服务贸易自由化指标存在一定局限：如频数工具法对开放承诺的权重界定具有较强主观性，服务业 FDI 仅体现商业存在模式下的服务贸易开放，没有考虑其他三种贸易模式，而服务贸易依存度无法反映出规模经济的影响（陈明和魏作磊，2016 年）。与前文研究一致，本章采用 Novy（2013 年）模型，通过服务贸易成本的关税等值来间接衡量中国生产性服务部门的贸易自由度。由于我国服务贸易发展

① 本章数据主要来自 1998—2007 年中国工业企业数据库，首先根据数据本身缺失、不可靠和违背会计基本原则进行剔除：①从业人数少于 8 人的企业；②工业增加值占工业销售额比重介于 0 和 1 之间的企业；③固定资产、从业人数、工业增加值和工业总产值等指标小于等于 0 或缺失的企业。参照杨汝岱（2015 年），进一步剔除石油、矿产等资源型行业以及水电煤气等供应服务业，因为这些行业的生产函数不能用 C-D 函数来刻画。经筛选后保留约 192 万个观测值和 29 个制造行业。

起步较晚,关于服务贸易的统计还不健全,相关数据主要体现在国际收支统计(BOP)统计上。BOP包括了GATT中模式一跨境交付、模式二境外消费和模式四自然人流动。鉴于此,本章服务贸易数据来源于1998—2007年WIOD,该数据库涵盖世界41个国家或地区的服务贸易进出口额。

本章研究生产性服务贸易自由化对制造业生产率的影响,还需考察服务业与制造业之间的产业关联。根据中国投入产出表测算29个制造行业对具体生产性服务部门的依赖程度。基于数据的可获得性,计算1998—1999年、2000—2004年以及2005—2007年三个时段的产业联系时,分别使用1997年、2002年和2007年中国投入产出表数据。本章借鉴Feenstra(1997年)、Amiti和Wei(2009年)以及Arnold(2011年)的做法,采用下述公式来计算生产性服务业开放对制造业的影响:

$$SOMC_{jkt} = \alpha_{jkt} \times liberalization_{kt}$$

$$ser\_lib_{jt} = \sum_{j} SOMC_{jkt}$$

其中:k和j分别表示生产性服务部门和制造行业,t表示年份,α_{jkt}为制造业中间投入使用中生产性服务业的比重,即制造业使用生产性服务业的直接消耗系数;$liberalization_{kt}$为前文计算的中国生产性服务部门贸易成本的关税等值;$SOMC_{jkt}$为生产性服务部门开放对制造行业的渗透率,本章主要考察商业服务、交通运输、邮政通信和金融这四个生产性服务部门,分别用$distrn_{jt}$、$transp_{jt}$、$telcom_{jt}$和$financ_{jt}$来表示;ser_lib_{jt}为生产性服务部门整体的贸易自由度,即上述四个生产性服务部门在制造行业内的加总。根据理论部分的分析,该项符号预期为负。

5.3.2 计量模型设定

为研究中国生产性服务部门贸易自由化(商业服务、运输、电信与金融)如何影响制造业企业的生产效率,本章在Arnold(2011年)静态

回归模型的基础上，采用系统 GMM 估计方法构建动态面板模型。由于企业生产率具有持续发展的特征，即前期技术水平往往会对后期技术产生影响，因此在模型中加入生产率的一阶滞后项，使用动态面板模型有利于控制模型估计的内生性以及遗漏变量偏误（尹翔硕等，2014 年）。本章计量模型的设定如下：

$$\begin{aligned}\text{Ln } TFP_{ijt} &= \beta_0 + \beta_1 distrn_{jt} + \beta_2 transp_{jt} + \beta_3 telcom_{jt} + \beta_4 financ_{jt} \\ &\quad + \alpha \text{Ln } TFP_{ijt-1} + \gamma X_{ijt} + \omega_i + \nu_t + \varepsilon_{ijt}\end{aligned}$$

其中：控制变量 X_{ijt} 的集合为：

$$\begin{aligned}X_{ijt} &= \gamma_1 Imp_{jt-1} + \gamma_2 Kratio_{ijt} + \gamma_3 Subsidy_{ijt} \\ &\quad + \gamma_4 HHI_{jt} + \gamma_5 Soes_{ijt} + \gamma_6 foreign_{ijt}\end{aligned}$$

其中：下标 t、i 和 j 分别表示年份、企业和行业；变量 $distrn_{jt}$、$transp_{jt}$、$telcom_{jt}$ 和 $financ_{jt}$ 分别表示基于第 t 年制造业 j 对服务业的依赖程度计算的中国分服务部门的贸易自由化指标；Ln TFP_{ijt} 为企业生产率；X_{ijt} 为控制变量集合；ω_i 和 ν_t 分别表示企业和年份特定效应；ε_{ijt} 代表随机干扰项。

本章对控制变量的选取与说明如下：

(1) Imp_{jt} 表示 j 制造行业第 t 年的进口渗透率，通常用行业进口额与总产出的比值来表示，用来控制货物贸易自由化对生产率的影响（余淼杰，2010 年）。由于细分行业的进口数据不易获得，本章采用迂回方法来计算制造业各行业进口额。首先，从 Uncomtrade 数据库获得 HS92 六位代码进口数据；其次，根据联合国提供的 HS92 与 HS02 版本转换表，以及国际标准产业分类（ISIC/Rev. 3）与 HS02 之间的对照表，将其统一转化为 ISIC（Rev3）；最后，再与国民经济行业分类（GB/T 4754—2002）相匹配，得到二分位制造行业的进口额。

(2) HHI_{jt} 表示行业竞争程度，用赫芬达尔指数度量。具体计算公式为：$HHI_{jt} = \sum_{i \in j} MS_{it} = \sum_{i \in j} (sale_{it}/sale_{jt})^2$，其中：$MS_{it}$ 表示企业 i 在 t 年销售额在制造行业 j 总销售额中所占比重。行业竞争程度的大小

将直接影响企业生产率水平(Fernandes, 2007年;Syverson, 2011年)。一般而言,行业竞争程度的提高会激励企业增加研发投入,通过产品升级和技术创新来保持市场份额。

(3) $Klratio_{ijt}$ 表示企业资本密集度,用企业固定资产净值年均余额与就业人数比值的对数表示,并以1998年固定资产价格指数为基期进行平减。通常资本强度相对较高的企业更为注重研发投入和生产效率的提高。

(4) $Soes_{ijt}$ 和 $Foreign_{ijt}$ 分别代表国有企业和外商投资企业虚拟变量。由于国有企业长期受政府资金和政策方面的支持,总体上缺乏创新和学习的动力,因而其生产效率相对较低(蒋殿春和张宇,2008年)。外商投资企业市场机制灵活且具有更高的生产技术特征,因此表现出更高的生产技术水平。据此我们认为国企哑变量的预期符号为负,外企哑变量的预期符号为正。

(5) $Subsidy_{ijt}$ 表示企业融资约束条件,用是否获得政府补贴虚拟变量表示。孙灵燕等(2012年)认为金融约束条件会对企业生产率产生重要影响。从理论上讲,政府对企业的生产活动给予补贴,可以缓解企业面临的融资约束问题,激励企业进行研发创新、设备更新投资以及员工技能培训等。

主要变量的描述性统计,如表5-1所示。

表5-1　主要变量的描述性统计

变量	样本数	平均值	标准差	最小值	最大值
$LnTFP_{ijt}$	1 522 451	3.723 881	1.057 374	−7.368 828	11.110 39
$distrn_{jt}$	1 522 451	1.766 865	1.192 784	0	5.256 102
$transp_{jt}$	1 522 451	8.073 531	4.311 842	0	25.660 28
$telcom_{jt}$	1 522 451	0.207 981	0.208 402	0	0.781 083
$financ_{jt}$	1 522 451	3.004 723	1.482 296	0	8.523 453
ser_lib_{jt}	1 522 451	13.053 1	5.639 822	0	35.851 09
Imp_{jt-1}	1 522 451	0.170 871	0.194 800	7.21e−07	1.832 235

(续表)

变量	样本数	平均值	标准差	最小值	最大值
$Klratio_{ijt}$	1 522 451	3.526 828	1.316 501	−6.437 752	11.426 47
$Subsidy_{ijt}$	1 522 451	0.128 289	0.334 412	0	1
HHI_{jt}	1 522 451	1.126 155	1.229 763	0	7.049 647
$Soes_{ijt}$	1 522 451	0.203 202	0.402 382	0	1
$Foreign_{ijt}$	1 522 451	0.100 361	0.300 480	0	1
$Lnlp_{ijt}$	1 520 311	6.599 678	1.191 733	−2.977 605	13.547 52

5.4 计量结果及其分析

5.4.1 基准回归

表5-2采用动态面板系统GMM估计，对中国生产性服务部门贸易自由化对制造业企业生产率的影响进行实证检验。研究表明：

第一，根据服务贸易自由化指标的构造特征，服务贸易成本的关税等值越小表示服务贸易自由度越高。从第(1)～第(4)列可以看出，商业服务、交通运输和金融服务贸易自由化指标的系数在1%水平上显著为负，邮政通信的估计系数在5%水平上显著为负，这表明上述生产性服务部门的贸易开放确实促进了制造企业生产效率的提升。例如，商业服务开放为企业带来先进的商业模式，包括营销渠道、管理方法和盈利模式等的综合创新；运输服务的开放则为企业提供更加便捷的运输方式，有利于节约成本并提高物流配送效率；电信领域的开放对企业生产率的促进更为明显，通过降低不确定性导致的风险以及信息传输成本来为生产流通提供新的平台；金融服务自由化则降低了国有银行的经营管制，提高了市场竞争程度和资金配置效率，促使资金转移到生产效率更高的企业。由于服务贸易自由化非严格外生，本章采用系统GMM估计并进行干扰项序列相关检验，发现上述生产性服务部门均接受不存在二阶序列相关的原假设。进一步进行工具变量是否外生检验，发现除商业服务、邮政电信和金融服务未通过工具变量外生性检验，其余生产性服务部门工具变量的使用合理。

表 5-2　动态面板模型的系统 GMM 估计结果

变量	(1)	(2)	(3)	(4)
$distrn_{jt}$	-1.6535^{***} (0.119 0)			
$transp_{jt}$		-0.4631^{***} (0.040 0)		
$telcom_{jt}$			-5.3069^{**} (1.536 0)	
$financ_{jt}$				-0.2035^{***} (0.029 9)
$lnTFP_{ijt-1}$	0.4307^{***} (0.005 7)	0.4661^{***} (0.007 3)	0.4752^{***} (0.009 7)	0.4634^{***} (0.006 6)
Imp_{jt-1}	-2.8951^{***} (0.752 0)	-8.3619^{***} (0.815 1)	-5.5370^{***} (0.839 0)	-6.1634^{***} (0.795 4)
$Klratio_{ijt}$	-0.0572^{***} (0.004 2)	0.0488^{***} (0.005 4)	0.001 4 (0.019 6)	-0.0048^{*} (0.002 9)
$Subsidy_{ijt}$	0.0410^{***} (0.008 4)	0.0913^{***} (0.009 7)	0.0918^{***} (0.011 0)	0.0568^{***} (0.011 3)
HHI_{jt}	−0.021 7 (0.043 0)	0.0916^{*} (0.048 9)	0.5274^{***} (0.093 0)	0.6270^{***} (0.069 0)
$Soes_{ijt}$	-0.2596^{***} (0.008 7)	0.0559^{**} (0.024 5)	-0.6131^{***} (0.047 9)	-0.1839^{***} (0.009 9)
$Foreign_{ijt}$	0.4308^{***} (0.017 9)	0.0504^{*} (0.026 5)	2.3076^{***} (0.424 8)	0.1628^{***} (0.018 5)
_cons	4.2493^{***} (0.098 6)	5.4881^{***} (0.209 2)	3.1947^{***} (0.215 3)	3.1034^{***} (0.165 9)
AR(1)	[0.000 0]	[0.000 0]	[0.000 0]	[0.000 0]
AR(2)	[0.164 0]	[0.781 0]	[0.827 0]	[0.250 0]
Hansen test	[0.000 0]	[0.016 0]	[0.002 0]	[0.001 0]
观测值	807 102	807 102	807 102	807 102

注：***、**和*分别表示1%、5%和10%的显著性水平，括号内为回归系数的稳健标准误；*AR*(1)、*AR*(2)分别为一阶和二阶序列相关检验结果，*Hansen test* 为工具变量外生性检验结果，[]内数值为两种检验概率值。除交通运输服务部门通过工具变量外生性检验外，其余部门未通过相关检验。

第二，在控制变量中，多数变量的回归结果与预期相符。商业服务的基准回归以及之后的分类讨论中，赫芬达尔指数 HHI_{jt} 对制造企业生产率的影响大多显著为负，这表明行业竞争程度的加剧促使企业提升自身技术和生产效率。进口渗透率 Imp_{jt} 对企业生产率产生负向影响，可能是因为提高进口渗透率类似于降低中间品关税的效应，即实际有效保护程度的增强会削弱进口竞争，导致企业缺乏激励去进行改革和创新(汤毅和尹翔硕，2014 年)。运输服务和通信服务的资本密集度 $Klratio_{ijt}$ 与企业生产率呈正相关，这证实了资本强度相对较高的企业更倾向于提高生产效率。金融约束条件 $Subsidy_{ijt}$ 的影响显著为正，说明政府给予补贴有利于企业增加研发投资并进行技术创新。外商投资企业哑变量 $Foreign_{ijt}$ 的系数显著为正，而国有企业哑变量 $Soes_{ijt}$ 的系数显著为负，这表明外商投资企业生产率水平普遍较高而国有企业生产率较低。

表 5-3 生产性服务贸易自由化对生产率影响的渠道检验

变量	(1)	(2)	(3)	(4)	(5)
	研发投入	服务中间投入	管理中间投入	营业中间投入	其他中间投入
$distrn_{jt}$	−0.004 5 (0.021 5)	−0.001 6*** (0.000 2)	−0.015 2** (0.007 2)	−0.045 5*** (0.010 0)	−0.014 9*** (0.003 0)
$transp_{jt}$	−0.019 2* (0.010 6)	0.001 2*** (0.000 1)	−0.010 1* (0.005 4)	−0.007 7* (0.004 5)	−0.009 0*** (0.002 3)
$telcom_{jt}$	−0.089 1 (0.820 7)	−0.001 0*** (0.000 2)	−0.020 5** (0.006 3)	0.000 8 (0.003 9)	−0.014 0*** (0.002 3)
$financ_{jt}$	−0.029 0** (0.013 6)	−0.000 3*** (0.000 1)	−0.001 1 (0.002 8)	0.003 9* (0.002 3)	−0.003 7** (0.001 2)

注：括号内为回归系数的标准误，***、** 和 * 分别表示在 1%、5%和 10%水平下显著。系数 T_1 为生产性服务贸易自由化指标与主要渠道变量交互项的系数。模型中控制变量与基准回归一致。

5.4.2 渠道效应分析

基于研究假设，生产性服务贸易自由化主要通过中间品贸易、产品内资源重置和技术创新等主要渠道影响制造业企业生产率。本章采用下式对渠道效应进行分析，重点考察渠道变量与生产性服务贸易自由化指标交互项的系数。其公式为：

$$LnTFP_{ijt} = T_0 + T_1 channel \cdot service\_lib_{jt} + \gamma X_{ijt} + \omega_i + \nu_t + \varepsilon_{ijt}$$

生产性服务贸易开放带来的技术创新效应通过研究开发投入影响企业生产率，而生产性服务贸易开放带来的中间品贸易和产品内资源重置效应则通过中间投入合计（营业中间投入、管理中间投入与其他中间投入）来作用于企业生产率。上述渠道变量均来自中国工业企业数据库，服务中间投入和管理中间投入分别对应于“中间投入合计”和“管理费用”。从表 5-3 估计结果可知，交互项的系数大都显著为负，并且生产性服务贸易自由化指标的主效应也显著为负，这说明生产性服务部门的贸易自由化确实通过中间品贸易、产品内资源重置和技术创新等渠道促进了制造业企业生产率的提高。

5.4.3 稳健性检验

（1）稳健性检验一。为了验证计量结果的可信度，本章通过采用不同 TFP 测度方法、排除异常值的影响、控制贸易自由化时滞效应以及替换核心解释变量这四种方式来进行稳健性检验。考虑贸易自由化指标的非严格外生性，除第（3）列为固定效应回归外，其余各列均使用工具变量 2SLS 估计。本章在第（1）列中采用 LP 方法重新计算企业全要素生产率，结果发现服务贸易自由化指标系数的方向和显著性与基准回归相符合，其余控制变量也与基准回归结果相近。本章在第（2）列中剔除样本异常值对模型估计的影响，已有文献大多采用 Winsor 缩尾处理方法，即将样本期内核心自变量和因变量上下 5％样本值分别替换为第 5 百分位和第 95 百分位的样本值。本章拟采用 Pctile 截尾处理，剔除 TFP 和 ser_lib_{jt} 低于 1％分位数和高于 99％分位数的样本值。该处理方法与缩尾处理后的结果类似，相较而言对异常值的处理更为“干净”。回归结果显示核心解释变量的方向和显著性并未发生

变化。本章在第(3)列中考虑贸易自由化指标可能对生产率产生的时滞效应,故将生产性服务部门贸易自由化指标 ser_lib_{jt} 替换为其滞后一阶。从回归结果可知,贸易自由化系数的符号和显著性与基准回归相一致。本章在第(4)和第(5)列中分别将核心解释变量用生产性服务业 FDI 以及生产性服务贸易依存度来表示。可以看出,这两类替代指标的估计系数仍然为负并且显著。

进一步从 D-W-H 内生性检验的 P 值来看,各列均在 1%水平上显著拒绝模型不存在内生性的原假设,这表明贸易自由化指标确实是内生变量。对于工具变量的选取,采用内生变量(贸易自由化指标)的滞后一阶和滞后二阶。为验证工具变量的合理性,本章进行了以下三种检验:采用 Anderson Canon 的 LM 统计量进行识别不足检验,结果在 1%水平上显著拒绝了工具变量与内生变量不相关的原假设;采用 Cragg Donald 的 Wald F 统计量进行弱工具变量检验,其统计量远大于 10%水平上的临界值 19.93,因而不满足工具变量弱相关的假定;采用 Sargan 统计量进行过度识别检验,结果在各显著性水平上均接受工具变量合理的原假设,即工具变量与内生变量相关而与干扰项不相关。上述检验证实了所选工具变量的合理性,说明计量结果是稳健的,如表 5-4 所示。

表 5-4 工具变量 2SLS 估计结果

变量	LP 法测算 TFP	排除异常值影响	贸易自由化的时滞效应	服务业 FDI 衡量自由化	贸易依存度衡量自由化
	(1)	(2)	(3)	(4)	(5)
ser_lib_{jt}	−0.007 7*** (0.001 4)	−0.009 4*** (0.001 6)	−0.005 4*** (0.000 5)	−10 568.9*** (270.284)	−15.707 (18.273 4)
Imp_{jt-1}	0.001 5 (0.009 7)	−0.002 1 (0.009 2)	−0.009 3 (0.007 5)	−0.005 9 (0.038 3)	0.008 8 (0.009 6)
$Klratio_{ijt}$	−0.084 7*** (0.002 4)	−0.087 1*** (0.002 3)	−0.109 3*** (0.001 6)	−0.077 6*** (0.004 7)	−0.090 5*** (0.002 4)
$Subsidy_{ijt}$	0.034 3*** (0.003 7)	0.018 0*** (0.003 5)	0.023 6*** (0.002 9)	−0.001 5 (0.006 4)	0.015 5*** (0.003 7)
HHI_{jt}	−0.005 5** (0.001 9)	−0.006 7*** (0.001 8)	−0.003 5** (0.001 4)	−0.066 9*** (0.010 6)	−0.003 4* (0.001 9)

（续表）

变量	LP 法测算 TFP	排除异常值影响	贸易自由化的时滞效应	服务业 FDI 衡量自由化	贸易依存度衡量自由化
	(1)	(2)	(3)	(4)	(5)
$Soes_{ijt}$	−0.037 8*** (0.007 0)	−0.032 5*** (0.006 6)	−0.043 9*** (0.004 9)	−0.045 8* (0.027 0)	−0.040 9*** (0.006 9)
$Foreign_{ijt}$	0.015 4 (0.009 7)	0.012 0 (0.009 2)	0.004 1 (0.007 5)	0.002 1 (0.020 3)	0.003 4 (0.009 7)
_cons	7.706 7*** (0.015 5)	4.575 3*** (0.016 4)	4.631 9*** (0.008 0)	4.897 7*** (0.025 6)	4.551 7*** (0.016 9)
年份效应	Yes	Yes	Yes	Yes	Yes
个体效应	Yes	Yes	Yes	Yes	Yes
D-W-H	125.05	300.83		−978.38	306.60
内生性检验	[0.000 0]	[0.000 0]		[0.000 0]	[0.000 0]
Anderson-Canon	5.9e+04	4.2e+04		6.3e+04	4.1e+04
LM 统计量	[0.000 0]	[0.000 0]		[0.000 0]	[0.000 0]
Cragg-Donald Wald F 统计量	3.9e+04 {19.93}	2.6e+04 {19.93}		1.8e+05 {19.93}	2.5e+04 {19.93}
Sargan 统计量	0.350 0	0.351 0		1.307 0	0.306 0
	[0.554 0]	[0.553 5]		[0.253 0]	[0.580 4]
R^2 或 $CenterR^2$	0.120 6	0.077 2	0.087 8	0.022 6	0.073 6
观测值	373 810	356 057	807 102	152 258	374 367

注：***、**和*分别表示 1%、5%和 10%的显著性水平，( )内数值为对应回归系数的标准误，{}内数值为 10%水平临界值，[ ]内数值为相应统计量的 P 值。

(2) 稳健性检验二（倍差法）。中国政府在加入世贸组织议定书中，承诺对服务贸易领域进行全方位、有序地开放。在关注服务贸易自由化这一贸易政策时，中国加入 WTO 前后不同企业受到的贸易开放影响程度不同，这为我们研究服务贸易自由化的生产率效应提供了一个自然实验框架。本章采用倍差法（DID）通过加入控制组的对照，来减少需要考虑的控制变量个数，进而可以较好地控制回归的内生性问题（Angrist 和 Pischke，2008 年），这一方法近年来被广泛应用于公共

政策的评估中。本章对 DID 模型设定如下：

$$
\begin{aligned}
\mathrm{Ln}\ TFP_{it} = \beta_0 + \beta_1 post_t + \beta_2 treatment_i + \beta_3 post_t \\
\times treatment_i + \alpha X_{it} + \nu_j + \nu_t + \varepsilon_{it}
\end{aligned}
$$

其中：i、j 和 t 分别表示企业、行业和年份；被解释变量 $\mathrm{Ln}\ TFP_{it}$ 为制造业企业生产率；$post_t$ 为政策冲击虚拟变量，时间在 2002 年之前取值为 0，2002 年及其之后取值为 1。由于服务使用率不同的企业受服务贸易开放的影响程度不同，本章将企业划分为处理组（高服务使用率企业，分组虚拟变量 $treatment_i$ 取值为 1）和控制组（低服务使用率企业，$treatment_i$ 取值为 0）。为更准确观测服务贸易开放对生产率的影响，控制变量 X_{ijt} 中包含企业资本密集度、融资约束条件、企业性质、行业竞争程度和进口渗透率等变量。ν_j 和 ν_t 分别控制行业固定效应和时间效应，ε_{it} 表示随机干扰项。

从表 5-5 回归结果可知，第（1）列仅考虑 DID 模型核心解释变量，第（2）列新加入企业控制变量但未考虑其他非观测因素，第（3）列进一步控制时间固定效应，第（4）列则在此基础上控制了行业固定效应。其中，DID 交互项系数的显著性水平和符号未发生根本变化，这表明估计结果是稳健的。本章重点考察第（4）列的回归结果，发现 $post_t$ 估计系数在 1% 水平上显著为正，这表明制造业企业生产率无论是控制组还是处理组均与时间呈正相关关系。$treatment_i$ 估计系数为负值并通过 1% 显著性水平，说明在最初年份时控制组企业的生产率水平要明显高于处理组。第（4）列中 DID 交互项系数为 0.037 6，且在 1% 水平上显著为正，这说明在控制其他非观测影响因素后，高服务使用率[①]的企业在加入 WTO 后生产率显著提高了 3.76%。选择加入 WTO 作为政策变化时点包含的信息过大，远不止服务贸易自由度的变化，因此有待进一步排除其他政策效应的影响，否则会夸大服务贸易开放的生产率效应。

① 本章定义总产出中服务中间投入比重高于 15% 的制造行业为高服务使用率行业。以 2007 年中国 42 部门投入产出表为例，具体包括交通运输设备制造业、通信设备及其他电子设备制造业、仪器仪表及文化办公用制造业、造纸及纸制品业、印刷和记录媒介复制业、文教体育用品制造业、石油加工业、炼焦及核燃料加工业、农副食品加工业、食品制造业和饮料制造业。

表 5-5　倍差法的估计结果

变量	(1)	(2)	(3)	(4)
$post_t$	0.543 6*** (0.002 2)	0.443 6*** (0.003 0)	0.775 0*** (0.004 5)	0.733 2*** (0.004 6)
$treatment_i$	−0.008 5** (0.003 3)	−0.008 3 (0.005 1)	−0.010 7** (0.005 1)	0.146 7*** (0.021 1)
$post_t \times treatment_i$	0.029 6*** (0.004 0)	0.015 7** (0.005 3)	0.017 0** (0.005 3)	0.037 6*** (0.005 3)
$Subsidy_{ijt}$		0.107 8*** (0.003 4)	0.111 5*** (0.003 4)	0.108 1*** (0.003 3)
$Klratio_{ijt}$		−0.050 8*** (0.001 0)	−0.061 4*** (0.001 0)	−0.079 7*** (0.001 1)
$Soes_{ijt}$		−0.363 0*** (0.003 9)	−0.291 4*** (0.004 0)	−0.302 7*** (0.003 9)
$Foreign_{ijt}$		0.190 1*** (0.004 7)	0.198 5*** (0.004 8)	0.217 5*** (0.004 7)
HHI_{jt}		0.017 6*** (0.001 1)	0.007 5*** (0.001 2)	−0.019 2*** (0.001 8)
Imp_{jt}		0.102 5*** (0.007 0)	0.215 6*** (0.007 2)	−0.131 2*** (0.011 9)
常数项	3.272 2*** (0.001 9)	3.533 6*** (0.004 7)	3.497 0*** (0.005 5)	3.793 0*** (0.017 5)
R^2	0.054 2	0.080 1	0.105 5	0.126 3
控制变量		控制	控制	控制
时间效应			控制	控制
行业效应				控制
观测值	1 579 913	1 522 451	1 522 451	1 522 451

注:括号内数值为回归系数的聚类标准误;***、** 和 * 分别表示 1%、5%和 10%的显著性水平。

5.5　异质性影响

5.5.1　基于企业规模和所有制结构异质性

本章尝试从企业规模和所有制结构异质性视角,来探讨生产性服

务贸易自由化对企业生产率的影响在不同规模和所有制结构方面是否存在差异①。在基准回归模型的基础上，引入服务贸易自由化指标与规模虚拟变量 $LARGE_{ijt}$、企业性质虚拟变量 $FIES_{ijt}$ 的交乘项，得到以下扩展模型并关注交乘项系数 γ。表 5-6 为考察企业规模和所有制结构差异性影响的结果②。

$$\begin{aligned} LnTFP_{ijt} = {} & \beta_0 + \beta_1 distrn_{jt} + \beta_2 transp_{jt} + \beta_3 telcom_{jt} + \beta_4 financ_{jt} \\ & + \gamma_1 distrn_{jt} \times LARGE_{ijt} + \gamma_2 transp_{jt} \times LARGE_{ijt} \\ & + \gamma_3 telcom_{jt} \times LARGE_{ijt} + \gamma_4 finance_{jt} \times LARGE_{ijt} \\ & + \delta CVARs_{ijt} + \omega_i + \nu_t + \varepsilon_{ijt} \end{aligned}$$

$$\begin{aligned} LnTFP_{ijt} = {} & \beta_0 + \beta_1 distrn_{jt} + \beta_2 transp_{jt} + \beta_3 telcom_{jt} + \beta_4 financ_{jt} \\ & + \gamma_1 distrn_{jt} \times FIES_{ijt} + \gamma_2 transp_{jt} \times FIES_{ijt} + \gamma_3 telcom_{jt} \\ & \times FIES_{ijt} + \gamma_4 finance_{jt} \times FIES_{ijt} + \delta CVARs_{ijt} \\ & + \omega_i + \nu_t + \varepsilon_{ijt} \end{aligned}$$

回归结果进一步表明，制造企业生产率与生产性服务部门开放之间存在正相关关系。将企业规模和所有制结构差异性纳入考察后发现：第一，与大型制造业企业相比，商业服务、交通运输和通信服务贸易自由化更倾向于提高中小企业的生产效率。由于中国生产性服务业还未从制造业内部完全剥离，多数制造企业还处于自我封闭和自我循环的一体化阶段，由自身提供生产过程所需的服务产品。相较而言，大型企业服务内置现象较为明显，而中小制造企业更依赖于外部市场的服务要素中间投入。第二，金融服务贸易自由化反而更利于提高大型企业的生产效率。本章从以下两方面做出解释：首先，大型制造企业多隶属于资金密集型行业，对资金的依赖程度更高且受金融服务开放的影响更深；其次，在样本期间内中国金融业产权改革相对滞后，银行业

① 本章将企业销售收入按从大到小排序分为三等份，分别定义为大型企业、中型企业和小型企业。当属于大型企业时，取值为 1，否则为 0。外资企业对应于工业数据库中的外商独资企业、中外合资企业和中外合作企业，国有企业对应于工业数据库中的国有企业和集体企业。

② 本章对异质性影响的分析参见周念利等(2015 年)。

表 5-6　企业规模和所有制结构异质性影响结果

变量	(1)	(2)	(3)	(4)	变量	(1)	(2)	(3)	(4)
$distrn_{jt}$	-0.0587^{***} (0.002 8)				$distrn_{jt}$	0.0047^{*} (0.002 8)			
$dis_{jt}\times LAR_{ijt}$	0.1355^{***} (0.001 7)				$dis_{jt}\times FIES_{ijt}$	-0.0065^{***} (0.002 4)			
$transp_{jt}$		-0.0195^{***} (0.000 7)			$transp_{jt}$		-0.0072^{***} (0.000 8)		
$tra_{jt}\times LAR_{ijt}$		0.0372^{***} (0.000 4)			$tra_{jt}\times FIES_{ijt}$		0.000 5 (0.000 7)		
$telcom_{jt}$			-0.2924^{***} (0.019 3)		$telcom_{jt}$			0.018 1 (0.016 4)	
$tel_{jt}\times LAR_{ijt}$			0.5835^{***} (0.011 5)		$tel_{jt}\times FIES_{ijt}$			-0.0218^{*} (0.012 4)	
$finance_{jt}$				-0.0084^{***} (0.001 6)	$finance_{jt}$				-0.0086^{***} (0.001 9)
$fin_{jt}\times LAR_{ijt}$				-0.0114^{***} (0.002 0)	$fin_{jt}\times FIES_{ijt}$				−0.001 1 (0.002 0)
Imp_{jt-1}	0.011 2 (0.010 4)	0.003 3 (0.010 4)	0.005 6 (0.010 4)	0.014 5 (0.010 2)	Imp_{jt-1}	0.005 1 (0.007 4)	−0.004 8 (0.007 5)	0.005 1 (0.007 4)	0.003 0 (0.007 4)

（续表）

变量	(1)	(2)	(3)	(4)	变量	(1)	(2)	(3)	(4)
$Klratio_{ijt}$	−0.115 9*** (0.002 0)	−0.117 3*** (0.002 0)	−0.115 1*** (0.002 1)	−0.115 8*** (0.002 0)	$Klratio_{ijt}$	−0.109 3*** (0.001 6)	−0.109 3*** (0.001 6)	−0.109 3*** (0.001 6)	−0.109 4*** (0.001 6)
$Subsidy_{ijt}$	0.025 5*** (0.003 6)	0.027 1*** (0.003 6)	0.025 6*** (0.003 6)	0.018 9*** (0.003 6)	$Subsidy_{ijt}$	0.023 7*** (0.002 9)	0.023 7*** (0.002 9)	0.023 8*** (0.002 9)	0.023 6*** (0.002 9)
HHI_{ijt}	−0.000 9 (0.001 9)	−0.007 4*** (0.001 9)	−0.000 4 (0.001 9)	−0.003 3* (0.001 9)	HHI_{ijt}	−0.003 8*** (0.001 4)	−0.004 6*** (0.001 4)	−0.003 7** (0.001 4)	−0.004 3*** (0.001 4)
$Soes_{ijt}$	−0.050 7*** (0.005 6)	−0.045 7*** (0.005 6)	−0.052 9*** (0.005 6)	−0.048 1*** (0.005 5)	$Soes_{ijt}$	−0.057 3*** (0.006 6)	−0.039 3*** (0.008 6)	−0.049 3*** (0.005 4)	−0.048 1*** (0.007 9)
$Foreign_{ijt}$	0.019 9** (0.009 2)	0.020 6** (0.009 1)	0.016 8* (0.009 2)	0.016 0* (0.009 0)	$Foreign_{ijt}$	0.003 7 (0.007 5)	0.003 9 (0.007 5)	0.003 7 (0.007 5)	0.003 7 (0.007 5)
_cons	4.590 3*** (0.009 0)	4.610 6*** (0.009 6)	4.596 4*** (0.008 8)	4.343 5*** (0.009 8)	_cons	4.588 7*** (0.007 2)	4.622 0*** (0.007 8)	4.587 2*** (0.007 1)	4.610 5*** (0.007 5)
观测值	598 085	598 085	598 085	598 085	观测值	807 102	807 102	807 102	807 102
R-squared	0.123 8	0.131 5	0.113 6	0.154 3	R-squared	0.087 5	0.087 8	0.087 5	0.087 7
AdjR-squared	0.712 1	0.714 6	0.708 7	0.722 1	AdjR-squared	0.688 4	0.688 5	0.688 4	0.688 4

注：***、**和*分别表示1%、5%和10%的显著性水平，括号内为对应回归系数的标准误。

整体上属于国有控股。随着金融管制的逐渐放松，国有企业和大型企业必然成为资金倾斜的主要受益者。第三，表 5-6 显示商业服务、通信和金融服务开放更有利于外资企业生产率的提高，而运输服务开放对国有企业生产率的促进作用更显著。原因在于，外商投资企业在参与全球价值链过程中，相比国有企业更熟悉国际经营环境，因而拥有较低的服务外包成本且更易于从生产性服务部门的开放中获益（Sjöholm，2003 年；Görg，H.，2008 年）。

5.5.2 基于企业生产率分布异质性

中国生产性服务贸易自由化会提高制造业企业生产率，然而对制造行业内生产率不同的企业是否影响一致？服务贸易开放降低了国外服务企业的进入壁垒，从竞争视角来看会对企业生产率产生非线性影响（周念利等，2015 年；Acemoglu，2008 年）。一方面竞争机制的引入激励企业增加研发投入并进行技术创新，即逃离竞争效应；另一方面竞争加剧带来的“熊彼特效应”会导致创新租金消失，从而降低企业提高创新能力和自身优势的动力。上述两种效应哪种占据主导，决定于在位企业与生产率领先企业之间的差距。本章基于 Bas 和 Causa（2013 年）思路，在基准回归模型的基础上，引入滞后一年在位企业与行业内技术前沿企业生产率的差距与服务贸易自由化指标的交互项，得到扩展回归模型并考察交互项系数 γ。从表 5-7 估计结果可知：其一，商业服务、交通运输和通信服务贸易自由化更倾向于提高行业内靠近技术前沿即技术水平较高企业的生产率。由于企业效率的高低受其生产技术和经营管理水平的制约，而这些因素与服务中间投入的质量和数量密切相关，通常认为，生产率较高企业的要素投入结构具有明显的“软化”特征，即生产性服务投入在中间投入总额中所占比重较高，因而更易于从服务贸易开放中获益。其二，中国金融服务贸易自由化对行业内远离技术前沿即技术水平较低企业的生产率效应更显著。可能是因为中国银行业整体上仍属于国有控股背景，政府倾向于对国有企业给予信贷政策倾斜和资金支持，因此，通过金融服务贸易

开放带来的改革红利反而更容易被生产率较低的企业所攫取。这一现象也为当前中国制造业行业中企业生产率逐渐趋于收敛提供支撑和解释。

$$\begin{aligned}\text{Ln } TFP_{ijt} = {} & \beta_0 + \beta_1 distrn_{jt} + \beta_2 transp_{jt} + \beta_3 telcom_{jt} + \beta_4 financ_{jt} \\ & + \delta X_{ijt} + \omega_i + \nu_t + \varepsilon_{ijt} + \gamma_1(\text{Ln } TFP_{ijt-1} - \text{Ln } TFP_{fjt-1}) \\ & \times distrn_{jt} + \gamma_2(\text{Ln } TFP_{ijt-1} - \text{Ln } TFP_{fjt-1}) \times transp_{jt} \\ & + \gamma_3(\text{Ln } TFP_{ijt-1} - \text{Ln } TFP_{fjt-1}) \times telcom_{jt} \\ & + \gamma_4(\text{Ln } TFP_{ijt-1} - \text{Ln } TFP_{fjt-1}) \times finance_{jt}\end{aligned}$$

表 5-7　生产性服务贸易自由化对生产率分布的影响

变量	(1)	(2)	(3)	(4)
$distrn_{jt}$	−0.043 4*** (0.002 6)			
$distrn_{jt}(\ln TFP_{ijt-1} - \ln TFP_{fjt-1})$	0.009 4*** (0.000 6)			
$transp_{jt}$		−0.004 9*** (0.001 0)		
$transp_{jt}(\ln TFP_{ijt-1} - \ln TFP_{fjt-1})$		0.000 9*** (0.000 2)		
$telcom_{jt}$			−0.158 5*** (0.013 4)	
$telcom_{jt}(\ln TFP_{ijt-1} - \ln TFP_{fjt-1})$			0.032 9*** (0.003 0)	
$financ_{jt}$				−0.012 4*** (0.002 3)
$financ_{jt}(\ln TFP_{ijt-1} - \ln TFP_{fjt-1})$				−0.000 3 (0.000 5)
Imp_{jt-1}	−0.111 0*** (0.007 6)	−0.012 2 (0.007 5)	−0.143 5*** (0.007 6)	−0.002 9 (0.007 4)
$Klratio_{ijt}$	−0.036 0*** (0.001 6)	−0.106 3*** (0.001 6)	−0.024 2*** (0.001 6)	−0.106 5*** (0.001 6)
$Subsidy_{ijt}$	0.046 5*** (0.003 0)	0.022 8*** (0.002 9)	0.049 8*** (0.003 0)	0.022 7*** (0.002 9)

（续表）

变量	(1)	(2)	(3)	(4)
HHI_{jt}	−0.060 2*** (0.001 1)	−0.001 6 (0.001 4)	−0.062 1*** (0.001 2)	−0.001 7 (0.001 4)
$Soes_{ijt}$	−0.204 3*** (0.004 9)	−0.044 2*** (0.004 9)	−0.219 9*** (0.004 9)	−0.044 7*** (0.004 9)
$Foreign_{ijt}$	0.036 5*** (0.007 7)	0.003 0 (0.007 4)	0.040 9*** (0.007 7)	0.002 8 (0.007 4)
delatTFP	−0.008 4*** (0.001 4)	0.028 1*** (0.001 8)	0.001 4 (0.001 1)	0.036 0*** (0.001 9)
_cons	4.209 6*** (0.008 9)	4.735 9*** (0.010 8)	4.137 8*** (0.008 1)	4.752 3*** (0.010 8)
观测值	807 102	807 102	807 102	807 102
R-squared	0.029 4	0.090 6	0.019 4	0.090 4
AdjR-squared	0.668 5	0.689 4	0.665 1	0.689 3

注：***、**和*分别表示1%、5%和10%的显著性水平，括号内为对应回归系数的标准误。

5.6 拓展研究：生产性服务贸易自由化、资源配置与生产率

5.6.1 理论机理探讨

多数异质性企业贸易模型揭示了贸易自由化通过异质企业之间资源重置，从而促进行业生产率增长的作用机理（Melitz，2003年；Bernard等，2003年；Hsu，2006年）。这些模型大都假定企业生产率是外生决定的，没有考虑企业生产率变化的情形。然而，现实中企业生产率是不断变化的，经济的长期增长有赖于企业自身生产率的增长（技术进步）。本章将内生技术选择与Melitz模型基本假设相结合①，通过数理模型的建立和推导，尝试在企业生产率变化情况下，探讨生

① 理论模型的推导参考借鉴陈文芝（2009年）博士论文《贸易自由化与行业生产率：企业异质性视野的机理分析与实证研究》。

产性服务贸易自由化如何影响制造业行业生产率。

5.6.1.1 模型的基本假设

考虑经济体包含两对称国家，每个国家由单一生产要素（劳动）和单一部门（差异化产品的制造业部门）构成。根据 Melitz（2003 年）模型基本假设，代表性消费者的偏好采用常替代弹性（CES）效用函数，预算约束下效用最大化如下：

$$U=\left[\int_{\omega\in\Omega}q(\omega)^{\rho}\mathrm{d}\omega\right]^{1/\rho},\ 0<\rho<1$$

$$R=PQ=\int_{\omega\in\Omega}r(\omega)\mathrm{d}\omega$$

其中：Ω 代表可消费产品组合；任意两产品间替代弹性 $\sigma=1/(1-\rho)$；$Q\equiv U$ 代表所有产品的消费需求；$q(\omega)$ 和 $r(\omega)$ 分别为消费者对产品 ω 的需求和支出；P 代表所有差异化产品的总价格水平，R 代表消费者的总支出水平。则：

$$P=\left[\int_{\omega\in\Omega}P(\omega)^{1-\sigma}\mathrm{d}\omega\right]^{1/(1-\sigma)}$$

$$q(\omega)=\frac{R}{P}\left(\frac{P(\omega)}{P}\right)^{-\sigma}$$

$$r(\omega)=R\left(\frac{P(\omega)}{P}\right)^{1-\sigma}$$

在 CES 效用函数下，企业实现利润最大化的成本加成必需满足条件：$\dfrac{P}{MC}=\dfrac{\sigma}{\sigma-1}=1/\rho$。假设异质性企业生产率为 φ，所有企业共同工资率 w 令其标准化为 1，企业国内固定生产成本为 f，则企业在国内市场的销售价格、销售收入和利润分别为：

$$p_d(\varphi)=\frac{MC}{\rho}=\frac{w}{\rho\varphi}=\frac{1}{\rho\varphi}$$

$$r_d(\varphi)=R\,(P\rho\varphi)^{\sigma-1}$$

$$\pi_d(\varphi)=\frac{r_d(\varphi)}{\sigma}-f$$

在开放条件下，假设出口到国外市场需支付进入固定成本 f_x 和“流冰型”可变贸易成本 τ。根据两国的对称性假设，我们令 $\tilde{P}$ 和 $\tilde{R}$ 分别代表国外差异化产品的总价格水平和总支出水平，满足 $\tilde{P}=P$ 且 $\tilde{R}=R$，进一步得到企业在国外市场的销售收入和销售利润分别表示如下：

$$r_f(\varphi)=\tau^{1-\sigma}r_d(\varphi)$$

$$\pi_f(\varphi)=\frac{r_f(\varphi)}{\sigma}-f-f_x$$

5.6.1.2 引入企业内生技术选择

上述基本假设是在企业生产率外生决定的前提下，以下部分将引用 Yeaple(2005 年)关于异质性生产技术的假设，在企业生产技术变动情况下来揭示生产性服务贸易自由化对制造业行业生产率的影响。

假设制造业为垄断竞争行业，异质企业 i 的边际生产成本为 λ_i。企业可以引入两种技术(高技术和低技术) 进行生产，其中高技术 H 的固定成本和边际成本分别为 f_H 和 MC_H，低技术 L 的固定成本和边际成本分别为 f_L 和 MC_L，通常认定高技术要支付更高固定成本 $f_H>f_L$，但边际成本相对较低 $MC_H<MC_L$。假设同一技术水平下企业边际生产成本为 λ，则引入高技术和低技术进行生产的企业边际成本分别为 $MC_H\lambda$ 和 $MC_L\lambda$。企业在面临两种技术和国内外两个市场时可以进行四种选择：其一，采取高技术 H 在国内进行销售；其二，采取高技术 H 并进行出口；其三，采取低技术 L 在国内进行销售；其四，采取低技术 L 并进行出口。假定企业选择出口时也同时在国内销售，则上述四种情形下企业获得的利润分别为：

$$\pi_d^H=\frac{1}{\sigma}R\,(P\rho)^{\sigma-1}\,(MC_H\lambda)^{1-\sigma}-f_H$$

$$\pi_f^H=\frac{1}{\sigma}[R\,(P\rho)^{\sigma-1}+\tau^{1-\sigma}\tilde{R}\,(\tilde{P}\rho)^{\sigma-1}](MC_H\lambda)^{1-\sigma}-f_H-f_x$$

$$\pi_d^L=\frac{1}{\sigma}R\,(P\rho)^{\sigma-1}\,(MC_L\lambda)^{1-\sigma}-f_L$$

$$\pi_f^L=\frac{1}{\sigma}[R\,(P\rho)^{\sigma-1}+\tau^{1-\sigma}\tilde{R}\,(\tilde{P}\rho)^{\sigma-1}](MC_L\lambda)^{1-\sigma}-f_L-f_x$$

接下来基于利润最大化条件探讨企业的进入退出、出口决策和技术选择。根据 $\pi_d^L = 0$，计算采取 L 技术的企业在国内继续生产或退出的临界值成本 π_d^L。

当边际生产成本大于临界值成本时企业会退出该行业，小于临界值成本时企业则继续进行生产。临界值成本 λ_d^L 的表达式如下：

$$\lambda_d^L = \left[\frac{\sigma f_L}{R\ (P\rho)^{\sigma-1} MC_L^{\sigma-1}}\right]^{1/(1-\sigma)}$$

企业选择出口必需承担进入固定成本 f_x 和可变贸易成本 τ，只有边际生产成本较低的企业才能从出口中获取正利润。根据 $\pi_d^L = \pi_f^L$，计算采取 L 技术的企业在国内销售或出口的临界值成本 $\lambda_{\mathrm{d}f}^L$。由于 $MC_H = MC_L$，我们发现当边际生产成本低于该临界值成本时，无论采取哪种技术的企业都会选择出口。则：

$$\lambda_{\mathrm{d}f}^L = \left[\frac{\sigma f_x\ (\tau MC_L)^{\sigma-1}}{\widetilde{R}\ (\widetilde{P}\rho)^{\sigma-1}}\right]^{1/(1-\sigma)}$$

此外，企业进行出口时若采取 H 技术需承担更高固定成本，所以出口企业中边际生产成本较低的企业会采取高技术进行生产。根据 $\pi_f^H = \pi_f^L$，计算出口时采用 H 技术或 L 技术无差异的临界值成本 λ_f^{HL}，当边际生产成本高于该临界值成本时，企业将采取 L 技术进行生产并出口。则：

$$\lambda_f^{HL} = \left[\frac{\sigma(f_H - f_L)}{[R\ (P\rho)^{\sigma-1} + \tau^{1-\sigma}\widehat{R}\ (\widehat{P}\rho)^{\sigma-1}](MC_H^{1-\sigma} - MC_L^{1-\sigma})}\right]^{1/(1-\sigma)}$$

综合考虑上述三种临界值成本，假设 $\lambda_f^{HL} > \lambda_{\mathrm{d}f}^L$ 时，所有出口企业均会采取高技术进行生产，这与现实中我国制造业出口企业情况不符。进一步假设 $\lambda_f^{HL} < \lambda_{\mathrm{d}f}^L$ 的情况，当边际生产成本低于 λ_f^{HL} 时，企业将采取 H 技术进行生产并出口；当边际生产成本高于 λ_f^{HL} 低于 $\lambda_{\mathrm{d}f}^L$ 时，企业将采取 L 技术进行生产并出口；当边际生产成本高于 $\lambda_{\mathrm{d}f}^L$ 低于 λ_d^L 时，企业将采取 L 技术并只在国内销售。边际生产成本最高的企业（$\lambda >$

λ_d^L）无论采取何种技术都将退出该行业。

本章用高技术引入成本 f_H 的下降来表示生产性服务贸易自由化，原因在于，服务贸易自由化促使国外先进服务要素进入本国市场，一方面会产生直接的技术溢出，另一方面使得制造企业成本下降进而加大研发创新，因此降低了制造企业引入高技术的成本。首先考察采取高技术边际成本 f_H 对国内生产临界值边际成本 λ_d^H 的影响。根据以下公式：

$$\pi_d^H = 0 \Rightarrow \lambda_d^H = \left(\frac{f_H \sigma}{R}\right)^{1/(1-\sigma)} \left(\frac{P\rho}{MC_H}\right)$$

$$\frac{\mathrm{d}\lambda_d^H}{\mathrm{d}f_H} = \left(\frac{P\rho\sigma}{MC_H R}\right)\left(\frac{1}{1-\sigma}\right)\left(\frac{f_H \sigma}{R}\right)^{\sigma/(\sigma-1)} < 0$$

进一步考察高技术引入成本 f_H 对出口无差异临界成本 λ_f^{HL} 的影响：

$$\frac{\mathrm{d}\lambda_f^{HL}}{\mathrm{d}f_H} = \left[\frac{\sigma}{[R\,(P\rho)^{\sigma-1} + \tau^{1-\sigma}\hat{R}\,(\hat{P}\rho)^{\sigma-1}](MC_H^{1-\sigma} - MC_L^{1-\sigma})}\right]^{1/(1-\sigma)} \left(\frac{1}{1-\sigma}\right)(f_H - f_L)^{\sigma/(1-\sigma)} < 0$$

我们发现，生产性服务贸易自由化带来的高技术成本下降，导致两种临界值边际成本 λ_d^H 和 λ_f^{HL} 均上升。一方面更多地采取高技术的企业在国内得以存活和发展；另一方面已出口的企业会更多地采取高技术，导致出口企业技术水平提升，这种高技术通过行业内的技术溢出效应影响非出口企业，从而提高了整个行业内企业的技术水平。由此我们推论，服务贸易自由化对制造业行业生产率的影响主要包括两部分：一是异质企业进入退出和市场份额转移带来的资源再配置效应；二是通过内生技术选择带来的企业技术进步效应。

5.6.2 行业生产率的动态分解

5.6.2.1 行业总体生产率的分解

上文从理论上探讨了服务贸易自由化对行业生产率的影响效应，

接着我们对制造业行业生产率进行动态分解，重点考察企业进入退出、市场份额转移带来的资源再配置效应以及服务贸易自由化在其中发挥的作用。首先根据 Olley-Pakes（1996 年）方法来定义行业总体生产率：

$$TFP_{jt} = \sum_{i \in j} s_{it} \times TFP_{it}$$

其中：s_{it} 表示 t 年份 i 企业销售产值在 j 行业中所占比重；TFP_{jt} 表示 t 年份 j 制造行业的总体生产率；TFP_{it} 则表示 t 年份 i 制造企业生产率。接着我们将制造行业的总体生产率（即加权平均生产率）根据下式分解：

$$\begin{aligned} TFP_{jt} &= \overline{TFP_{jt}} + \sum_{i \in j} (s_{it} - \overline{s_{jt}})(TFP_{it} - \overline{TFP_{jt}}) \\ &= \overline{TFP_{jt}} + \sum_{i \in j} \Delta s_{it} \Delta TFP_{it} \end{aligned}$$

其中：$\overline{s_{jt}}$ 为所有企业销售产值在行业内的平均值，$\overline{TFP_{jt}}$ 为所有企业全要素生产率在行业内的平均值。等式右边的第一项表示简单平均生产率，记作 tfp_AVE；第二项为企业销售产值比重与生产率的协方差，记作 tfp_REL，该项反映了生产率异质性企业之间市场份额转移带来的重置效应。若该项的值越大，则表示生产效率较高的企业获得了更高的市场份额或分配到更多的资源，即行业内资源在企业之间得到较好的配置。

图 5-1 反映了中国制造业行业生产率的分解结果。1998—2007 年中国制造业整体生产率呈逐年上升的趋势，由 4.13 上升至 5.11。其中企业简单平均生产率（tfp_AVE）的增长趋势较为明显，而协方差项（tfp_REL）在观测期内窄幅波动，但总体来看仍表现上升趋势，这表明我国制造业的资源配置状况随时间推移有所改善。从分解结果的具体数值看，样本观测期内制造行业总生产率增加了 0.973，其中协方差项增加了 0.043（占比 4.43%），企业简单平均生产率增加了 0.93（占比 95.57%）。据此我们认为制造业整体生产率的提升几乎主要来自

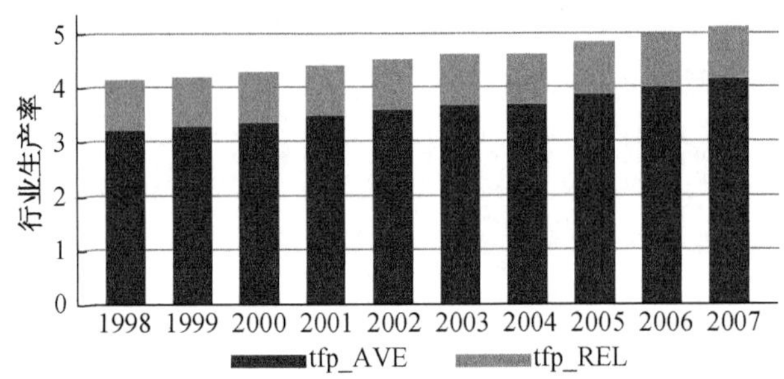

图 5-1　中国制造业总体生产率的分解结果(Olley-Pakes 方法)

企业平均生产率的增长,而由市场份额转移带来的资源配置效应的贡献非常小。进一步使用 Olley-Pakes 方法考察我国具体制造行业生产率的分解结果如图 5-2 所示。可以看出,在我国全部制造行业中,企业平均生产率项(tfp_AVE)的数值均远远大于协方差项(tfp_REL)。这再次证实了无论制造业整体还是具体制造行业,其行业内企业生产率均值的提高是行业生产率增长的核心因素。就具体行业来看,协方差项在总生产率中所占比重最高的行业为烟草制造业(16)和交通运输设

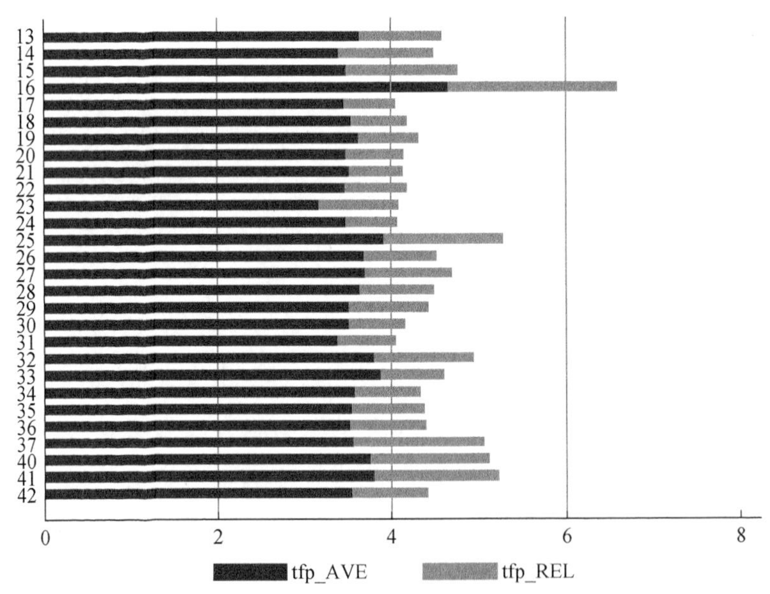

图 5-2　中国各制造业行业生产率的分解结果

注:图中纵轴代表两位数行业代码,横轴代表行业生产率。

备制造业(37),其比重分别为 29.35%和 29.39%,说明资源配置对这两个行业生产率的贡献作用较大。而企业生产率均值所占比重最高的行业为纺织业(17)和家具制造业(21),其比重分别为 85.49%和 85.12%,说明这两个行业的生产率主要由行业平均技术进步贡献。

5.6.2.2 行业生产率增长来源的分析

为进一步考察行业生产率增长的来源,本章借鉴 Baily 等(1992年)思路对制造业行业生产率的变动进行动态分解。具体公式如下:

$$\begin{aligned}\Delta TFP_{jt} &= \sum\nolimits_{i\in(N,\,S,\,X)}(s_{it}TFP_{it}-s_{it-1}TFP_{it-1})\\ &= \sum_{i\in N}s_{it}TFP_{it}-\sum_{i\in X}s_{it-1}TFP_{it-1}\\ &\quad+\sum_{i\in S}(s_{it}TFP_{it}-s_{it-1}TFP_{it-1})\end{aligned}$$

由于我国制造行业内的企业存在频繁的进入和退出,本章定义 N 为进入企业的样本集合;S 为持续存在企业集合;X 为退出企业样本集合。假定样本初始期为 $t-1$ 且观测期为 t,如果企业的行为仅在 $t-1$ 时期被观测,则该企业称为退出企业;如果企业的行为仅在 t 时期被观测,则该企业称为进入企业;如果企业的行为在两个时期均出现,则企业属于持续企业。可以看出,行业生产率的变动来源于进入企业和退出企业之间生产率的差距,以及持续存在企业生产率的变动。接着将持续企业生产率变动继续分解为(市场份额不变时)个体生产率变动以及(个体生产率不变时)企业市场份额变动。则:

$$\begin{aligned}\sum_{i\in S}(s_{it}TFP_{it}-s_{it-1}TFP_{it-1}) &= \sum_{i\in S}\overline{TFP_i}(s_{it}-s_{it-1})\\ &\quad+\sum_{i\in S}\overline{s_i}(TFP_{it}-TFP_{it-1})\end{aligned}$$

其中:i 企业相邻时期的平均市场份额为 $\overline{s_i}=(s_{it}+s_{it-1})/2$;$i$ 企业相邻时期的平均生产率为 $\overline{TFP_i}=(TFP_{it}+TFP_{it-1})/2$。根据 Bernard 和 Jensen(2003 年),上式右边的第一项称为企业间效应,右边第二项称为企业内效应。行业生产率动态分解式为:

$$\Delta TFP_{jt} = \underbrace{\sum_{i\in N} s_{it} TFP_{it} - \sum_{i\in X} s_{it-1} TFP_{it-1}}_{reallocation\,1} + \underbrace{\sum_{i\in S} \overline{TFP_i}(s_{it} - s_{it-1})}_{reallocation\,2} + \underbrace{\sum_{i\in S} \overline{s_i}(TFP_{it} - TFP_{it-1})}_{\text{within-}firm}$$

需要说明的是,右边第一部分为进入和退出企业之间生产率的差异,反映了市场份额由退出企业转移到新进入企业,记为第一类资源再配置效应(*reallocation 1*);第二部分为在位企业市场份额的变化,即市场份额在持续存在企业之间转移,记为第二类资源再配置效应(*reallocation 2*);第三部分为在位企业的生产率变动(*within-firm*),反映了持续存在企业自身生产率的增长。据此,我们认为行业生产率有三大增长来源:其一是企业进入和退出带来的资源配置效应;其二是在位企业之间市场份额转移带来的资源配置效应;其三是在位企业自身的生产率提升,即企业内生技术进步效应。

表 5-8 行业生产率增长的动态分解(1998—2007 年所有企业)

两位行业代码	*Growth* 绝对值	*reallocation 1*		*reallocation 2*		*within-firm*	
		绝对值	比重%	绝对值	比重%	绝对值	比重%
13	0.134 3	0.043 1	32.13	0.040 5	30.13	0.050 7	37.74
14	0.112 1	−0.027 9	−24.87	0.076 1	67.89	0.063 9	56.98
15	0.099 3	−0.019 3	−19.41	0.074 3	74.83	0.044 3	44.57
16	0.155 7	−0.239 3	−153.68	0.291 9	187.41	0.103 2	66.27
17	0.113 4	0.002 8	2.43	0.057 2	50.46	0.053 4	47.11
18	0.074 9	−0.007 4	−9.82	0.042 7	57.00	0.039 6	52.82
19	0.083 2	0.041 0	49.25	−0.004 5	−5.44	0.046 7	56.18
20	0.088 0	0.096 1	109.21	−0.060 2	−68.38	0.052 1	59.17
21	0.064 6	0.069 0	106.91	−0.058 7	−90.87	0.054 2	83.97
22	0.118 9	0.026 7	22.47	0.030 5	25.69	0.061 6	51.84
23	0.071 5	0.062 1	86.77	−0.023 5	−32.91	0.033 0	46.14
24	0.050 5	0.023 1	45.78	−0.005 7	−11.29	0.033 1	65.51
25	0.116 0	0.007 7	6.62	0.034 6	29.84	0.073 7	63.54

（续表）

两位行业代码	*Growth* 绝对值	*reallocation1*		*reallocation2*		*within-firm*	
		绝对值	比重%	绝对值	比重%	绝对值	比重%
26	0.147 3	0.065 9	44.71	−0.000 3	−0.17	0.081 7	55.46
27	0.104 4	0.095 0	90.98	−0.035 4	−33.90	0.044 8	42.92
28	0.098 4	−0.109 8	−111.55	0.146 9	149.28	0.061 3	62.27
29	0.101 8	−0.036 0	−35.40	0.074 8	73.47	0.063 0	61.93
30	0.081 3	0.007 4	9.16	0.022 9	28.13	0.051 0	62.71
31	0.134 4	0.010 3	7.70	0.062 6	46.54	0.061 5	45.76
32	0.167 6	0.072 5	43.28	−0.023 6	−14.08	0.118 7	70.80
33	0.198 0	0.132 5	66.92	−0.041 1	−20.78	0.106 6	53.86
34	0.101 1	−0.010 0	−9.94	0.050 5	49.91	0.060 7	60.03
35	0.131 1	0.059 4	45.33	−0.000 3	−0.20	0.071 9	54.87
36	0.138 6	0.016 8	12.12	0.051 0	36.84	0.070 7	51.04
37	0.137 5	0.117 0	85.04	−0.049 1	−35.71	0.069 7	50.67
40	0.152 1	0.141 2	92.80	−0.014 8	−9.70	0.025 7	16.89
41	0.004 7	−0.042 4	−909.71	−0.000 7	−15.76	0.047 8	1 025.47
42	0.047 5	−0.011 6	−24.33	0.027 9	58.75	0.031 2	65.57
行业平均	0.108 1	0.020 9	19.35	0.027 4	25.31	0.059 8	55.34

接下来基于1998—2007年中国工业企业数据库，对28个具体制造行业生产率进行动态分解。本书首先对相邻年份的行业进行分解，再对各年份分解结果求均值。表5-8给出了各行业的平均分解结果。从制造行业总体看，企业自身生产率提升（*within-firm*）对行业生产率增长的贡献最大，达到55.34%，其次是市场份额转移带来的资源重置（*reallocation2*）以及企业进入和退出带来的资源重置（*reallocation1*），分别贡献了25.31%和19.53%。上述结果与前文采用Olley-Pakes分解结果一致，这表明无论是制造行业生产率绝对值还是增加值均主要依靠企业自身的技术进步。就具体行业而言，第一类资源配置效应在行业生产率增加值中占比最大的行业为木材加

工制品业(20)和家具制造业(21),其所占比重分别为 109.21%和 106.91%,说明这两个行业较好地实现了低效率企业被迫退出,资源从低效率企业转移到高效率企业的优胜劣汰过程。而仪器仪表机械制造业(41)对生产率增加值的贡献作用最小为-909.71%,说明该行业中退出企业的效率反而明显高于新进入企业。第二类资源配置效应对行业生产率增长贡献最大的为烟草制品业(16)和化学纤维制造业(28),其贡献分别达到 187.41%和 149.28%。但是我们发现,超过半数制造业行业的该类效应都为负值,其中,负向作用最明显的行业主要包括家具制造业(21)、交通运输设备制造业(37)和医药制造业(27),其贡献分别为-90.87%、-35.71%和-33.90%,这表明在保持企业生产率不变前提下持续存在企业的市场份额将减少。可能是因为制造行业内存在频繁的企业进入和退出行为,尽管企业净进入为正值,但新进入企业的扩张速度可能低于在位企业生产规模的扩张速度,进而使得在位企业的市场份额降低(李玉红等,2008 年)。第三类在位企业的生产率增长效应(*within-firm*)对行业生产率增加值的贡献大多介于 35%~65%之间,其中仪器仪表及办公用机械制造业(41)的贡献最为显著,高达 1 025.47%。

5.6.3 估计结果

在前文中,我们从理论上探讨了服务贸易自由化对制造行业生产率的作用机理,即异质企业之间的市场份额转移以及内生技术选择带来的技术进步。接着利用 Olley-Pakes 方法对行业总体生产率分解并进行实证分析。参照 Harrison 等(2011 年)做法,本章设定以下模型来探讨服务自由化对分解项的作用:

$$Y_{jt} = \beta_0 + \beta_1 service\_lib_{jt} + \beta_2 HHI_{jt} + \beta_3 SOE_{jt} + \beta_4 Asset_{jt} + \beta_5 Imp_{jt-1} + \omega_j + \nu_t + \varepsilon_{ijt}$$

其中:Y_{jt} 为制造行业总生产率及其各分解项,分别用 $tfpjt$、tfp_AVE 和 tfp_REL 表示;ω_j 和 ν_t 分别控制行业固定效应和年份固

定效应；ε_{jt} 为随机干扰项，j 和 t 分别代表行业和年份。本章使用前文稳健性检验中的 IV-2SLS 估计来控制贸易自由化的内生性问题，为提高模型估计的准确性，进一步加入行业层面的控制变量。由于我国特殊的经济体制，国有企业往往缺乏竞争机制导致效率低下，因而会对行业生产率水平产生影响（林毅夫等，2006 年），本章引入变量所有制特征（SOE_{jt}）来控制国有企业存在带来的影响，具体用行业国有资本（包括国有资金和集体资本金）在实收资本中所占比重表示。如果行业的进入门槛较高，会相应提高行业进入的临界生产率水平（孙浦阳，2013 年；Balasubramanian 等，2009 年），本章采用行业平均固定资产（$Asset_{jt}$）来控制这部分影响；与前文实证研究一致，行业竞争程度的大小将直接影响到行业生产率水平（syverson，2010 年），本章采用赫芬达尔指数（HHI_{jt}）来度量。此外用行业进口渗透率（Imp_{jt-1}）来控制货物贸易自由化对生产率的影响。

为稳健起见，本章以 OP 法与 LP 法计算的行业生产率分解项为基础进行模型估计。ser_lib_{jt} 衡量我国整体生产性服务贸易自由度（即各生产性部门贸易成本关税等值在行业内加总）。从表 5-9 估计结果可知，第(1) 列中贸易自由化指标对行业总体生产率的估计系数在 1% 水平上显著为负，说明我国生产性服务贸易自由化有助于行业总体生产率的提升。第(2) 列结果表明服务贸易自由化指标对行业内所有企业的简单平均生产率有显著的正向影响。第(3) 列为我们重点关注的结果，ser_lib_{jt} 回归系数显著为负，这表明服务贸易开放确实提高了行业的资源重置效应，即有效实现了市场份额从效率较低企业向效率较高企业的转移。就系数大小来看，服务贸易开放对行业资源配置效应的促进作用略高于对行业内企业平均生产率的影响。第(4)～第(6)列显示了采用 LP 法对生产率进行分解的估计结果，不难看出，主要解释变量估计系数的方向和显著性没有发生根本改变，因此，实证结果是稳健可靠的。

接下来更细致地探讨服务贸易自由化对行业生产率增长来源的影响，如表 5-10 所示。从回归结果可知，第(1)列中 $service\_lib_{jt}$ 估计系数为负并通过 1% 显著性水平，说明服务贸易自由化对行业生产率

表 5-9　行业总体生产率分解的 IV-2SLS 估计结果

变量	OP 法的生产率			LP 法的生产率		
	tfpjt	tfp_AVE	tfp_REL	tfp jt	tfp_AVE	tfp_REL
	(1)	(2)	(3)	(4)	(5)	(6)
ser_lib_{jt}	−0. 033 1*** (0. 000 3)	−0. 016 0*** (0. 000 1)	−0. 017 1*** (0. 000 2)	−0. 040 0*** (0. 000 4)	−0. 016 2*** (0. 000 2)	−0. 023 7*** (0. 000 3)
HHI_{jt}	0. 001 3*** (0. 000 4)	−0. 012 3*** (0. 000 2)	0. 013 7*** (0. 000 3)	0. 028 2*** (0. 000 5)	−0. 003 2*** (0. 000 2)	0. 031 4*** (0. 000 5)
SOE_{jt}	−0. 209 6*** (0. 006 8)	−0. 208 7*** (0. 003 7)	−0. 000 9 (0. 005 4)	0. 664 2*** (0. 009 7)	−0. 039 5*** (0. 004 0)	0. 703 7*** (0. 008 5)
$Asset_{jt}$	4. 15e−06*** (2. 19e−08)	1. 82e−06*** (1. 20e−08)	2. 33e−06*** (1. 75e−08)	1. 04e−05*** (3. 13e−08)	3. 31e−06*** (1. 31e−08)	7. 09e−06*** (2. 77e−08)
Imp_{jt-1}	−0. 023 2*** (0. 002 1)	−0. 018 3*** (0. 001 2)	−0. 004 9** (0. 001 7)	0. 060 4*** (0. 003 0)	−0. 014 8*** (0. 001 3)	0. 075 2*** (0. 002 7)
$\_cons$	5. 172 2*** (0. 002 5)	4. 198 3*** (0. 001 4)	0. 973 9*** (0. 002 0)	8. 726 5*** (0. 003 6)	7. 032 7*** (0. 001 5)	1. 693 8*** (0. 003 1)
年份效应	Yes	Yes	Yes	Yes	Yes	Yes
产业效应	Yes	Yes	Yes	Yes	Yes	Yes

（续表）

变量	OP 法的生产率			LP 法的生产率		
	tfpjt	tfp_AVE	tfp_REL	tfp jt	tfp_AVE	tfp_REL
	（1）	（2）	（3）	（4）	（5）	（6）
Anderson-Canon	5. 6e+04	5. 6e+04	5. 6e+04	5. 6e+04	5. 6e+04	5. 6e+04
LM 统计量	[0. 000 0]	[0. 000 0]	[0. 000 0]	[0. 000 0]	[0. 000 0]	[0. 000 0]
Cragg-DonaldWald F 统计量	3. 7e+04 {19. 93}	3. 7e+04 {19. 93}	3. 7e+04 {19. 93}	3. 7e+04 {19. 93}	3. 7e+04 {19. 93}	3. 7e+04 {19. 93}
Sargan 统计量	[0. 000 0]	[0. 000 0]	[0. 000 0]	[0. 000 0]	[0. 000 0]	[0. 000 0]
R^2 或 $CenterR^2$	0. 823 3	0. 923 6	0. 189 5	0. 750 1	0. 904 7	0. 360 6
观测值	350 209	350 209	350 209	350 209	350 209	350 209

注：***、**和*分别表示 1%、5%和 10%的显著性水平，( )内数值为对应回归系数的标准误，{}内数值为 10%水平临界值，[ ]内数值为相应统计量的 *P* 值。

表 5-10　行业生产率增长来源的估计结果

解释变量	生产率增长	进入效应	退出效应	资源配置效应 I	资源配置效应 II	技术进步效应
	(1)	(2)	(3)	(4)	(5)	(6)
ser_lib_{jt}	−0.006 3*** (0.000 1)	−0.026 4*** (0.000 3)	−0.017 2*** (0.000 3)	−0.009 3*** (0.000 1)	0.004 6*** (0.000 1)	−0.001 5*** (0.000 0)
HHI_{jt}	0.001 5*** (0.000 3)	−0.049 9*** (0.000 9)	−0.050 2*** (0.000 9)	0.000 3 (0.000 4)	−0.005 9*** (0.000 3)	0.007 2*** (0.000 1)
SOE_{jt}	0.060 0*** (0.004 6)	−0.639 9*** (0.016 0)	−0.629 0*** (0.015 6)	−0.010 9 (0.007 4)	−0.066 6*** (0.006 1)	0.137 5*** (0.002 4)
$Asset_{jt}$	−1.05e−07*** (1.52e−08)	1.18e−06*** (5.23e−08)	1.52e−06*** (5.09e−08)	−3.35e−07*** (2.41e−08)	4.45e−07*** (2.01e−08)	−2.15e−07*** (7.91e−09)
Imp_{jt-1}	0.052 4*** (0.001 4)	−0.592 8*** (0.004 9)	−0.794 4** (0.004 8)	0.201 7*** (0.002 3)	−0.133 1*** (0.001 9)	−0.016 2*** (0.000 7)
_cons	0.165 6*** (0.001 0)	1.381 6*** (0.003 5)	1.283 6*** (0.003 4)	0.098 1*** (0.001 6)	−0.031 5*** (0.001 4)	0.099 0*** (0.000 5)
行业固定效应	是	是	是	是	是	是
年份固定效应	是	是	是	是	是	是
拟合优度	0.317 3	0.549 2	0.485 9	0.243 3	0.435 7	0.363 0
观测值个数	704 617	704 617	704 617	704 617	704 617	704 617

注:括号内为回归系数的标准误，***、**和*分别表示1%、5%和10%的显著性水平。

增加值有显著的正向影响。第(2)列和第(3)列分别给出了企业进入效应和退出效应的估计结果，两者的系数都显著为负，表明服务贸易自由化会同时提高新进入企业和退出企业的生产率水平。第(4)列则显示了第一类资源配置效应的估计结果，其中解释变量 $service\_lib_{jt}$ 的系数仍显著为负，这说明服务贸易自由化扩大了新进入企业与退出企业之间生产率的差距，可能是因为贸易开放对进入企业生产率的促进作用要强于退出企业。值得注意的是，第(5)列中核心解释变量的系数显著为正，这表明在不考虑企业进入退出行为后，服务贸易开放未能有效地实现市场份额在持续企业之间由低效率企业转移到高效率企业的优化配置过程。第(6)列的估计结果显示服务贸易自由化对持续存在企业自身生产率的提升有明显的促进作用，这与前文的研究结论类似。综上所述，服务贸易自由化显著提高了行业总体生产率、资源重置效应以及技术进步效应。但贸易自由化对资源配置的促进作用主要依靠企业的进入退出实现，在位企业之间市场份额转移所带来的驱动作用甚微甚至为负。

5.7 本章小结

本章基于1998—2007年中国工业企业数据库和世界投入产出数据库(WIOD)，结合理论模型和实证，探讨了生产性服务贸易自由化对制造业全要素生产率的影响。在贸易自由化指标的构造上，我们通过服务贸易成本的关税等值来间接衡量生产性服务贸易自由度，并结合投入产出关系计算生产性服务贸易自由化对制造业的渗透程度。在生产率的测度上，我们采用生产函数估计与非参估计相结合的OP方法和LP方法来克服联立性和样本选择问题。此外我们对行业生产率进行动态分解，进一步考察生产性服务贸易开放、资源配置与生产率的关系。本章主要结论体现如下：

(1) 理论模型提出的研究假设认为生产性服务贸易自由化主要通过中间品贸易、产品内资源重置和技术创新等渠道影响制造业企业生产率。实证结果表明，商业服务、交通运输、通信和金融部门贸易自由化确实促进了我国制造企业生产效率的提升。从渠道效应来看，生产性服务贸易开放通过研究开发投入、中间投入合计（营业中间投入、管理中间投入与其他中间投入）对企业生产率产生正向影响。稳健性检验一定程度上验证了结论的可靠性。

（2）企业规模和所有制结构异质性视角的考察发现，第一，大型企业服务内置现象较为明显，中小制造企业更依赖外部市场的服务中间投入。因此商业服务、交通运输和通信服务贸易自由化更倾向于提高中小企业的生产效率。第二，大型制造企业多隶属于资金密集型行业，对资金的依赖程度更高且受制于金融产权改革的相对滞后，金融服务贸易自由化反而更利于提高大型企业的生产效率。第三，外资企业相比国有企业更熟悉国际经营环境，拥有较低的服务外包成本且更易于从服务部门开放中获益。因此，商业服务、通信和金融服务贸易自由化对外资企业生产率的促进作用更显著。

（3）进一步从企业生产率分布异质性角度来看，第一，生产率较高企业的要素投入结构具有明显的“软化”特征，更容易受服务贸易开放的影响。因此，商业服务、交通运输和通信服务贸易自由化更倾向于提高行业内靠近技术前沿即技术水平较高企业的生产率。第二，政府倾向于对国有企业给予信贷政策倾斜和资金支持，通过金融服务开放带来的改革红利反而更容易被生产率较低的企业所攫取。因此，金融服务贸易自由化对行业内远离技术前沿即技术水平较低企业的生产率效应更显著。

（4）对制造行业生产率进行动态分解，重点考察生产性服务贸易自由化在其中发挥的作用。根据 Bernard 和 Jensen（2003 年）分解思路，我国制造行业生产率的增长是由企业技术进步效应（在位企业自身生产率的提升）、第一类资源配置效应（生产率异质性企业之间的进入和退出行为）和第二类资源配置效应（持续存在企业之间的市场份额转移）所共同决定。实证结果显示，生产性服务贸易自由化显著提高了行业总体生产率、资源重置效应以及技术进步效应。但贸易自由化

对资源配置的促进作用主要是依靠企业的进入退出实现,在位企业之间市场份额转移所带来的驱动作用甚微甚至为负。

本章的边际贡献在于:尝试将内生技术选择与 Melitz 模型基本假设相结合,通过数理模型的建立和推导,在生产率变化情况下探讨生产性服务贸易自由化对制造业行业生产率的作用机理。在此基础上,分析行业生产率的动态演进,重点考察资源配置效应、企业技术进步效应以及生产性服务贸易自由化在其中发挥的作用。在实证设计中,充分考虑模型估计的内生性问题,并从渠道效应、企业规模、所有制结构、生产率分布异质性等不同角度考察生产性服务贸易自由化对制造业企业生产率的影响效应。

6 生产性服务贸易自由化与制造业就业的动态研究

6.1 研究背景

中国经济的长期快速增长主要依靠的是人口红利(蔡昉,2014年),而充裕劳动力供给所带来的失业也是我国劳动力市场上不容忽视的重要问题。2016年,我国政府工作报告明确指出经济发展应该兼顾去产能与保就业的双重目标。本章主要探讨生产性服务贸易自由化对我国制造业就业的影响。从已有研究来看,直接研究两者关系的文献较少,多数文献主要基于服务业FDI、生产性服务业进口以及服务外包视角,围绕就业总量和就业结构进行探讨。薛敬孝和韩燕(2006年)指出服务业FDI对中国整体就业质量有显著促进作用,但对就业数量的提升作用不大。OECD(2011年)发现服务业FDI有利于欧盟成员国就业量的增加,其中对高技能劳动力的影响较大。Ahn, Fukao和Ito(2008年)对韩国和日本的研究发现,中间投入进口对不同技术水平劳动力的就业产生差异化影响,增加了高技术劳动力的需求,同时降低中等技术劳动力的需求。从服务外包的就业效应来看,多数研究指出服务外包通过降低成本增加了就业机会。Feenstra和Hanson(1999年)采用"工资回归"方法估算了国际外包对美国制造行业劳动需求和相对工资的影响,结果发现服务外包将低效率服务环节转移至低工资国家,相应增加了国内技术工人的需求和工资。国内学者陈仲常和马红旗(2010年)、孟雪(2012年)以及肖芍芳(2012年)均证实了

服务外包与制造业就业增长之间的正向关系。少数研究发现服务外包对制造业就业增长无显著影响。Amiti 和 Wei(2005 年)探讨了服务外包对就业的作用机制,包括规模经济效应、产出效应和价格替代效应,结果发现两者之间并无显著相关性。Vickery 和 Welsum(2005 年)认为,职业差异等原因的存在使得服务外包的就业效应不明显。魏浩和黄皓骥(2012 年)发现中国服务外包的就业效应不明确,正负向效应取决于外包环节类型、外包的规模效应、替代效应以及外包量大小。

上述研究为我们理解生产性服务自由化与制造业就业关系提供了借鉴。尽管多数研究认为生产性服务贸易自由化有利于提高制造业的就业水平,但对就业结构或就业质量的影响并不十分明确。事实上,生产性服务贸易自由化降低了国外服务供应商的进入壁垒,促使本国企业将低效率服务环节外包出去。一方面,通过外包效应影响制造业生产率和出口,然后作用于就业总量;另一方面,通过企业间不同技术水平劳动力的转移(即就业转移效应),进而影响就业结构。本章基于 Feenstra 和 Hanson(1996 年)的理论推导,构建动态面板回归模型,来考察生产性服务贸易自由化对制造业就业的影响效应。主要围绕以下两方面问题:①生产性服务贸易自由化是否带来了制造行业就业总量的增加?②生产性服务贸易自由化是否促进制造行业就业结构的优化,即提高熟练劳动力或技术工人的就业比重?

6.2 理论模型与研究假说

在前文分析的基础上,借鉴 Feenstra 和 Hanson(1996 年)的理论模型来论证发展中国家实行生产性服务贸易开放对增加熟练型劳动力就业水平的影响。

首先,假设生产一种最终制造业产品需要一系列的中间品投入。Gonzales, Jensen, Kim 和 Nordas(2010 年)指出生产性服务业在中高端制造业的中间品投入占比呈现增加的趋势,并认为在生产性服务业中密集使用的高技术产品更倾向于在国际间分割生产,记为 $z \in [0,$

1]。z 越靠近 0，则中间投入的技术含量越低，如物流运输、生产装配等；z 越靠近 1，中间投入的技术含量越高，如信息技术服务、研发设计等。假定发达国家和发展中国家的每种中间投入都需使用 $aH(z)$ 和 $aL(z)$ 单位的熟练劳动力和非熟练劳动力，随着 z 的值增加，则 $ah(z)/aL(z)$ 的值也会变大。同时熟练劳动力和非熟练劳动的总使用量分别为 $H(z)$ 和 $L(z)$。此外，假定中间投入的生产需要资本要素 $K(z)$，资本与劳动力可以相互替代。由此，可以推出中间投入的柯布道格拉斯生产函数：

$$X(Z) = A_i \left[\min\left\{\frac{L(z)}{\alpha_L(z)} \times \frac{H(z)}{\alpha_H(z)}\right\}\right]^{\theta} [K(z)]^{1-\theta}$$

其中：A_i 是常数项，给定上述国家的中间投入后，可进一步得到最终产品的柯布道格拉斯生产函数：

$$LnY = \int_0^1 \partial(Z) \mathrm{Ln}\, X(Z) \mathrm{d}z,\ 其中 \int_0^1 \partial(Z) \mathrm{d}z = 1$$

资本、熟练劳动者与非熟练劳动者的价格分别为：q_i，w_i，r_i，其中 $i = N, S$。

鉴于发达国家劳动力的资源禀赋高于发展中国家，因此，发达国家的熟练型劳动者与非熟练型劳动者的价格之比会低于发展中国家熟练型劳动者与非熟练型劳动者的价格之比，即满足以下条件：

$$q_N / w_N < q_S / w_S$$

每单位中间投入 $x(z)$ 的生产成本最小值为：

$$c(q_i, w_i, r_i; z) = B_i [w_i \alpha_L(Z) + q_i \alpha_H(Z)]^{\theta} r_i^{1-\theta}$$

其中：$B_i = \theta^{-\theta}(1-\theta)^{-(1-\theta)} A_i^{-1}$，同时假设 $c(q_i, w_i, r_i; z)$ 是 z 的连续函数。由于发达国家的熟练型劳动者与非熟练型劳动者的价格之比会低于发展中国家熟练型劳动者与非熟练型劳动者的价格之比，可以得出发达国家的成本曲线斜率会小于发展中国家的成本斜率，同时每一种中间投入所占用的资本份额均相同，从而存在某种中间投入 z^*，

两国的生产成本相等，即存在以下关系：

$$c_s(q_s, w_s, r_s; z^*) = c_N(q_N, w_N, r_N; z^*)$$

因此，发达国家与发展中国家的中间投入成本曲线如图 6-1 所示。

$$c_s(q_s, w_s, r_s; z^*) = c_N(q_N, w_N, r_N; z^*)$$

从图 6-1 可以看出，发达国家和发展中国家的成本曲线交于 z^*，中间投入的生产成本$(0, z^*)$在发展中国家要比发达国家低，而中间投入$(z^*, 1)$在发达国家要比发展中国家低。若按照比较优势理论来开展国际分工，则中间投入$(0, z^*)$在发展中国家生产会获得贸易优势，而中间投入$(z^*, 1)$在发达国家生产会更有利。现在假设发展中国家实施生产性贸易自由化政策，可以分两种情形来讨论生产性服务贸易自由化如何提高发展中国家的熟练型劳动者的就业水平。

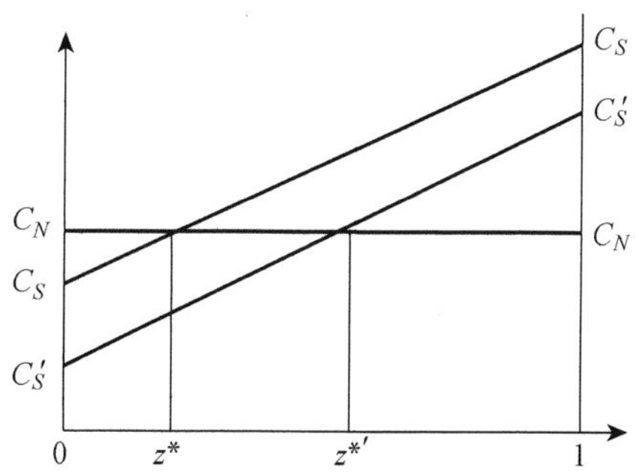

图 6-1 服务外包与发达国家和发展中国家中间投入的成本曲线

(1) 发展中国家作为发包方从发达国家进口生产者服务，则发展中国家制造业中间品生产效率会提高，反映在道格拉斯生产函数上是 A_i 上升，从公式中又可以推出这将导致生产成本下降。反映在图 6-1 中则是发展中国家成本曲线下移至 c_S'，发达国家和发展中国家的中间投入的成本曲线的交点则会从 z^* 右移至 $z^{*\prime}$。因此，发展中国家的中间产品的生产范围会从$[0, z^*]$扩大到$[0, z^{*\prime}]$，也会促进发展中国家中间产品技术含量提高和产业结构升级。在工资水平既定的条件下，会增加对熟练型劳动者的需求。

(2) 发达国家若以 FDI 的形式将生产性服务业转移至发展中国家,因为发展中国家通过引进生产性服务业 FDI 增加了国内资本存量,将导致资本收益率下降。根据公式,会降低发展中国家中间品的生产成本;而发达国家由于资本收益率上升,则会导致其中间品生产成本的上升,反映在图 6-2 上是 c_s 下降至c'_S, c_N 上升至c'_N。在工资水平既定的情况下,则发达国家的成本曲线与发展中国家的成本曲线的交点会从 z^* 右移至 $z^{*'}$。因此,发展中国家的中间品生产范围将会从[0, z^*]扩大到[0, $z^{*'}$],从而促进发展中国家中间产品技术含量提高和产业结构升级。在工资水平既定的条件下,会增加对熟练型劳动者的需求。综上分析,生产性服务贸易自由化可促进熟练型劳动者的就业水平。本章重点考察生产性服务贸易自由化对制造业就业的影响,提出理论假说如下:

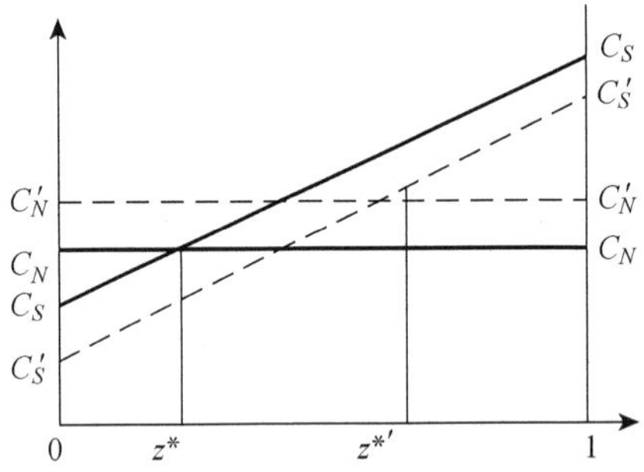

图 6-2　生产性服务业 FDI 与发达和发展中国家投入成本曲线

假说 1:生产性服务贸易自由化通过服务外包效应,提高生产效率并增加出口,从而扩大生产规模,促进制造行业就业总量的增加。

假说 2:生产性服务贸易自由化通过就业转移效应,进而影响制造业就业结构,更倾向于增加技术工人的比重,减少非技术工人的比例。

6.3　变量选取及数据来源

本章被解释变量为制造行业的就业总量 ($\ln L_{jt}$),用 1998—2007 年中国工业企业数据库中行业从业人数的对数形式表示。核心解释

变量为生产性服务贸易自由度，与前文研究一致，该指标的构造仍基于 Novy(2013 年)服务贸易成本的关税等值法，并结合服务业与制造业之间的产业关联，测算各制造行业对具体生产性服务部门的依赖程度。本章主要考察商业服务、交通运输、通信、金融以及生产性服务部门整体的贸易自由度，分别用 $distrn_{jt}$，$transp_{jt}$，$telcom_{jt}$，$financ_{jt}$ 和 ser_lib_{jt} 表示。所需数据来源于 1998—2007 年 WIOT 和 NIOT。

控制变量主要包括行业产出 ($\ln Y_{jt}$)、人均工资水平($Awage_{jt}$)、行业出口依存度($dEXP_{jt}$) 和行业进口渗透率(IMP_{jt})。但在实际回归中行业产出由于多重共线性被自动删除，因此，只对其他三个控制变量进行说明。

人均工资水平，由于行业人均劳动报酬的数据最近几年才开始统计并且数据大多不全，因此，参照已有文献的做法，采用制造行业的人均工业总产值来表示(陈仲常和马红旗，2010 年；白瑜婷，2014 年)。

行业出口依存度，采用制造行业出口交货值与工业总产值的比值来表示。Girma 和 Görg(2004 年)指出服务外包效应对提高出口企业生产率有显著的正向影响。余淼杰(2010 年)也认为出口企业相较于非出口企业其生产效率有显著的提升。生产性服务贸易自由化降低了国外服务企业的进入门槛，促使本国企业将低效率服务环节外包，通过外包效应影响制造业生产率和出口，进而作用于就业总量。这种间接影响效应可以从两方面进行阐述：一方面企业生产效率和技术水平的提高促使企业扩大生产规模并增加出口，进而加大对劳动力市场的需求；另一方面生产率较高、出口规模较大的行业具有更明显的技术优势，更倾向于节约劳动力并降低劳动需求。因此，出口依存度对制造业就业的影响效应并不明确，当出口规模效应大于劳动力节约效应时，行业出口依存度对制造业就业有正向促进作用；当出口规模效应小于劳动节约效应时，行业出口依存度不利于制造业就业的增加。

行业进口渗透率，通常用制造行业进口额与总产出的比值来表示，并根据生产价格指数 ppi 换算成以 1998 年为基期的不变价格。由于细分行业的进口数据不易获得，本章采用迂回方法来计算制造业各行业的进口额。首先，从 Uncomtrade 数据库获得 HS92 六位代码进口数据；其次，根据联合国提供的 HS92 与 HS02 版本转换表，以及国际标准产业分类(ISIC/Rev. 3)与 HS02 之间的对照表，将其统一转化为 ISIC(Rev3)；最后，再与国民经济行业分类(GB/T 4754—2002)相匹配，得到二分位制造行业的进口额。进口渗透率对制造业就业的影响包括两方面：其一，行业进口增加会通过技术扩散或技术溢出促进国内劳动力市场技术水平的提升，对非技术或低技术工人就业产生消极影响；其二，行业进口增加会抢占国内市场份额并加剧竞争程度，使原本竞争优势较弱的制造行业的就业机会相应地减少。

技术工人就业($Skill_{jt}$)采用制造行业总就业人数中工程技术人员所占比重来表示，类似的非技术工人就业($Unskill_{jt}$)采用非工程技术人员所占比重表示，数据主要来源 1998—2007 年《中国科技统计年鉴》。由于已有文献大都以发达国家为研究对象并围绕外包效应和就业结构的关系展开研究，本章为检验生产性服务贸易自由化对我国制造业就业结构的影响是否稳健，使用科技活动人员作为替代变量(与工程技术人员高度相关)，并进行稳健性检验。其中工程技术人员包括在岗工作未受聘或已受聘的工程管理人员以及工程技术人员，而科技活动人员是指直接从事科技管理或科技活动的工作人员。本章对被解释变量、核心解释变量和控制变量的定义和说明如表 6-1 所示。

表 6-1　主要变量说明

变量名称	变量含义解释	预期符号
制造行业就业总量(ln *L*)	行业从业人数的对数形式	因变量
技术工人就业(*Skill*)	工程技术人员占行业就业总人数比重	因变量
非技术工人就业(*Unskill*)	非工程技术人员占行业就业人数比重	因变量
商业服务贸易自由化(*distrn*)	商业服务贸易成本的关税等值	负号
交通运输服务贸易自由化(*transp*)	交通服务贸易成本的关税等值	负号
通信服务贸易自由化(*telcom*)	通信服务贸易成本的关税等值	负号
金融服务贸易自由化(*financ*)	金融服务贸易成本的关税等值	负号

（续表）

变量名称	变量含义解释	预期符号
生产性服务贸易自由化（*ser_lib*）	生产性服务部门整体成本的关税等值	负号
人均工资（*Awage*）	用行业人均工业产值替代	负号
出口依存度（*dEXP*）	行业总产值中出口所占比重	待定
行业进口渗透率（*Imp*）	行业总产值中进口所占比重折算为基期	负号

6.4 制造业就业总量

6.4.1 回归方程

为研究生产性服务贸易自由化（商业服务、交通运输、电信与金融）如何影响我国制造业行业的就业总量，本章采用系统 GMM 估计方法构建动态面板模型。因为存在劳动力市场的就业调整成本，劳动力需求有较大的惯性，即前期就业水平往往会对后期劳动力需求产生影响。若直接进行固定效应或随机效应面板回归会导致估计结果的偏差，因此在模型中加入行业就业总量的一阶滞后项，采用动态面板 GMM 估计并使用工具变量，有利于控制模型估计的内生性以及遗漏变量偏误。本章计量模型的设定如下：

$$
\begin{aligned}
LnL_{jt} = {} & \beta_0 + \beta_1 distrn_{jt} + \beta_2 transp_{jt} + \beta_3 telcom_{jt} + \beta_4 financ_{jt} \\
& + \beta_5 ser\_lib_{jt} + \alpha \mathrm{Ln}\, L_{jt-1} + \beta_6 Awage_{jt} + \beta_7 dEXP_{jt} \\
& + \beta_8 \mathrm{IMP}_{jt} + \varepsilon_{jt}
\end{aligned}
$$

其中：因变量 $\mathrm{Ln}\, L_{jt}$ 表示制造行业就业总量取对数；核心解释变量 $distrn_{jt}$，$transp_{jt}$，$telcom_{jt}$，$financ_{jt}$ 和 ser_lib_{jt} 分别表示基于第 t 年制造业 j 对服务业的依赖程度计算的中国分服务部门及整体的贸易自由度；$\mathrm{Ln}\, L_{jt-1}$ 表示因变量滞后一阶；$Awage_{jt}$ 表示制造行业人均工资；$dEXP_{jt}$ 表示行业出口依存度；IMP_{jt} 表示行业进口渗透率（折算为 1998 年基期不变价格）；ε_{jt} 代表随机干扰项。

6.4.2 估计方法

面板数据的构成包括了截面资料和年份资料，所以面板回归的优势之一是基于模型构建从动态角度考察个体的行为。部分经济活动或投资决策会受到过去经济行为的影响，表现出较强的惯性。多数学者认为采用极大似然估计(MLE)或普通最小二乘(OLS)估计在对动态面板进行回归时，可能会导致估计值与真实值一定程度的偏差，同时不满足估计值的一致性(Nickell，1981 年；Trognon，1978 年)。为避免动态面板回归可能造成的偏误，越来越多的学者提出使用广义矩估计方法(GMM)来进行模型的估计(Arellano 和 Bond，1991 年；Arellano 和 Bover，1995 年；Blundell 和 Bond，1998 年)，这样可以确保估计值在组内是一致的。

动态面板回归方程可以设定为：

$$y_{it} = \alpha + \rho y_{i,t-1} + x'_{it}\beta + z'_i\gamma + u_i + \varepsilon_{it} \quad (t = 2, \cdots, T)$$

其中：y_{it} 是被解释变量；x'_{it} 是外生解释变量；z'_i 为不具有时间趋势的自变量；u_i 为截面效应。为了降低截面效应干扰，对方程进行一阶差分处理得：

$$\Delta y_{it} = \rho y_{i,t-1} + \Delta x'_{it}\beta + \Delta\varepsilon_{it} \quad (t = 2, \cdots, T)$$

由于 $y_{i,t-1}$ 和 $\varepsilon_{i,t-1}$ 有关，因而 $y_{i,t-1} = y_{i,t-1} - y_{i,t-2}$ 依旧与 $\Delta\varepsilon_{it} = \varepsilon_{it} - \varepsilon_{i,t-1}$ 相关联，$\Delta y_{i,t-1}$ 必然为内生变量，有必要寻找合理工具变量来进行模型估计。

6.4.2.1 差分 GMM

如果随机扰动项 $\{\varepsilon_{it}\}$ 在差分方程不满足序列无关，那么随机扰动项滞后二阶 $y_{i,t-2}$ 与差分项 $\Delta\varepsilon_{it} = \varepsilon_{it} - \varepsilon_{i,t-1}$ 无相关性，但是 $y_{i,t-2}$ 与 $y_{i,t-1} = y_{i,t-1} - y_{i,t-2}$ 是有关联的。Anderson 和 Hsiao(1981 年)将干扰项滞后两阶当作差分项的工具变量是合理的，同时还可以采用干扰项的高阶滞后项 $\{y_{i,t-3}, y_{i,t-4}, \cdots\}$。之后的研究中有学者提出将所有滞后两阶以上的变量当作差分方程的工具变量，基于广义矩估计方法

进行的回归可以纠正 OLS 估计的非一致性(Arellano, 1991 年),这种估计方法只使用差分方程因而也称为差分 GMM 估计。

但是仅考虑差分方程的差分 GMM 估计存在以下明显缺陷:如果年份较长,$y_{i,t}$ 会表现出较强的序列相关,由于滞后项均可作为工具变量,因此,会导致弱工具变量问题。在实际回归中可以对选项的滞后阶数进行设定,如通过指定变量的最大滞后估计值阶数来纠正弱工具变量局限。由于 x'_{it} 可能是内生变量,尽管与随机扰动项不一定相关,但是其差分项 $\Delta x_{it} = x_{it} - x_{i,t-1}$ 与随机扰动项 $\Delta\varepsilon_{it} = \varepsilon_{it} - \varepsilon_{i,t-1}$ 必然相关,因此,x_{it} 可以选择自身的滞后变量来处理内生性问题。由于不具有时间趋势效应的变量 z'_i 在进行组内去心时被剔除,因此,采用 GMM 估计不能得到其系数估计值。简言之,个体效应变量在模型回归过程中是无法估计的。需要说明的是,被解释变量滞后一阶差分 $\Delta y_{i,t-1}$ 与二阶滞后项 $y_{i,t-2}$ 之间序列相关性很低,特别当被解释变量是非白噪声变量时,将二阶滞后项作为滞后一阶差分项的工具变量是不合理的。

上述差分方程后两方面缺陷的解决有必要回到水平方程,而前两方面的缺陷能够通过采取自变量滞后多期作为自身的工具变量,或者采取限制滞后项阶数的方法进行缓解。一阶差分 GMM 估计通常假定干扰项无序列相关性,可以选择 $y_{i,t-1}$ 自身或者滞后两阶以上当作工具变量。由于干扰项没有序列相关,但$\{y_{i,t-1}, y_{i,t-2}, \cdots\}$ 和 $y_{i,t-1}$ 具有关联,因此,假设截面效应与被解释变量差分的滞后项$\{\Delta y_{i,t-1}, \Delta y_{i,t-2}, \cdots\}$ 没有关联,满足 $E(y_{i,t-s}\varepsilon_{it}) - E(y_{i,t-s-1}\varepsilon_{it}) = E(\Delta y_{i,t-s}\varepsilon_{it}) = 0$ 且 $s \geqslant 1$,因此,我们认为被解释变量差分的滞后项与干扰项无相关性。

6.4.2.2 系统 GMM

由于差分 GMM 估计的局限性,可以把水平方程与差分方程同时纳入动态面板模型中,同时采用两类方程的信息即为系统 GMM 估计。该估计方法相比一阶差分法更有利于缓解工具变量较弱的局限,并且在一定程度上提升了估计的有效性。此外可以估计不具有时间趋势效应的变量 z'_i, Arellano 和 Bover(1995 年)指出该估计方法必须保证截面效应与 $\{\Delta y_{i,t-1}, \Delta y_{i,t-2}, \cdots\}$ 无相关性。

如果因变量具有较长的时间效应且包含多阶滞后，在这种情况下无论采取水平 GMM 估计、一阶差分 GMM 估计或者系统 GMM 估计都可行，对于每种方法的使用还需配套选择因变量或自变量之外的其他变量。

采用差分或系统 GMM 进行回归时，需要满足干扰项 $\{\varepsilon_{it}\}$ 无序列相关的原假定，因此，有必要进行干扰项差分是否满足一阶或更高阶序列相关的检验。但显然差分后的干扰项必然存在一阶序列相关，因此，只需要满足不存在二阶或更高阶的序列相关即可。此外需要进行工具变量合理性(即过度识别)检验，通常采用 Sargan 或 Hansen 统计量。Hansen 统计量存在序列相关和异方差时不受影响，而工具变量过多时检验力会下降。Sargan 统计量通常不稳健，容易受自相关和异方差影响。通常采用两阶段估计再执行 Sargan 检验较为稳妥。

从已有文献来看，两种估计方法的优劣较难比较。本章认为系统 GMM 估计方法在差分方程的基础上考虑了水平方程的信息，选择滞后两阶及以上水平变量当作差分方程工具变量，同时选择滞后一阶以上水平变量当作水平方程工具变量，相比差分 GMM 的有效性更强。本章在实证分析中主要采用系统 GMM 控制内生性，未来可以进一步检验并对比两种方法的有效性。

6.4.3 回归结果分析

表 6-2 给出了生产性服务贸易自由化与制造业就业总量关系的动态面板估计结果。研究表明：第一，根据核心解释变量的数据特征，服务贸易自由度与服务贸易成本关税等值呈高度负相关。从第(1)～第(4)列可以看出，商业服务、交通运输、邮政通信和金融服务贸易自由化指标的系数均在 1%水平上显著为负，这表明上述生产性服务部门的贸易开放确实促进了制造行业就业水平的提高。从生产性服务部门整体来看，贸易自由化指标 ser_lib_{jt} 与就业总量之间仍然高度负相关。该结果印证了本章提出的理论假说。生产性服务贸易自由化通过外包效应减少了制造业内部生产服务部门的就业。此外通过生产率和

技术水平提高效应,一方面倾向于节约劳动力并降低劳动需求;另一方面企业规模的扩大更倾向于出口,会提高劳动力的就业需求。本章实证结果反映了技术水平提高对劳动需求的降低要小于出口增加对劳动需求的扩大效应。第二,由于服务贸易自由化指标非严格外生,本章采用系统 GMM 估计并进行干扰项序列相关检验,各列均在统计上无法拒绝模型估计不存在二阶序列相关的原假设。进一步进行过度识别检验,采用 Hansen 检验不受模型异方差和序列相关的影响,从 Hansen 统计量的 P 值来看模型工具变量的使用是合理的。第三,在控制变量中,所有变量的回归结果与预期相符。其中人均工资 $Awage_{jt}$ 对制造业就业的影响在统计上显著为负,可能是因为工资水平较高的行业多为知识或技术密集型行业,这些行业对劳动者技能要求较高,相比一般行业对劳动力的需求较低。出口依存度 $dEXP_{jt}$ 的估计系数显著为正,由于生产性服务贸易自由化会通过出口作用于就业总量,一方面行业出口的规模越大,其生产效率的优势越明显并且会倾向于缩减就业人员并降低劳动需求;另一方面出口规模扩大会增加对劳动力市场的需求。根据前文分析,出口贸易依存度对制造业就业的影响效应并不明确,但本章研究发现出口依存度对制造业就业有正向促进效应,这表明出口规模带来的就业增加效应要大于行业技术进步带来的劳动力节约效应。进口渗透率对制造业就业的影响显著为负,这是因为行业进口的增加通过技术外溢提高了国内市场技术水平,给非技术或低技术工人的就业带来消极影响;同时国内市场竞争程度的加剧,使原本竞争力较弱的制造行业降低对劳动力市场的需求。

表 6-2 制造业就业总量的动态面板系统 GMM 估计

被解释变量 LnL	(1)	(2)	(3)	(4)	(5)
$distrn_{jt}$	-0.0332^{***} (0.001 3)				
$transp_{jt}$		-0.0582^{***} (0.003 3)			

(续表)

被解释变量 LnL	(1)	(2)	(3)	(4)	(5)
$telcom_{jt}$			−0.044 7*** (0.010 3)		
$financ_{jt}$				−0.111 9*** (0.006 3)	
ser_lib_{jt}					−0.017 8*** (0.000 7)
$L.\ln L_{jt}$	0.978 0*** (0.003 5)	0.982 8*** (0.010 5)	1.016 1*** (0.004 3)	1.034 9*** (0.008 2)	0.993 1*** (0.004 4)
$Awage_{jt}$	−0.000 1*** (5.97e−06)	−0.000 04** (0.000 01)	0.000 04*** (5.17e−06)	−0.000 03** (0.000 01)	−0.000 06*** (7.59e−06)
$dEXP_{jt}$	0.270 2*** (0.020 5)	0.160 3*** (0.022 3)	0.348 9*** (0.013 2)	0.262 8*** (0.058 1)	0.210 4*** (0.011 2)
IMP_{jt}	−0.154 3*** (0.005 0)	−0.152 8*** (0.007 5)	−0.175 0*** (0.004 6)	−0.194 0*** (0.008 5)	−0.147 1*** (0.004 0)
_cons	0.539 8*** (0.050 9)	0.481 1** (0.140 4)	−0.204 7** (0.062 7)	−0.171 1 (0.106 3)	0.391 3*** (0.064 4)
AR(1)	[0.090]	[0.084]	[0.091]	[0.087]	[0.091]
AR(2)	[0.359]	[0.358]	[0.394]	[0.975]	[0.403]
Hansen test	26.49 [0.977]	27.16 [0.972]	26.93 [0.974]	25.00 [0.987]	26.23 [0.979]
观测值	245	245	245	245	245

注:***、**和*分别表示1%、5%和10%的显著性水平,( )内数值为对应回归系数的标准误,[ ]内数值为相应统计量的 P 值,为控制干扰项的异方差各列均采用两阶段估计。

6.5 制造行业就业结构

前文计量分析发现生产性服务贸易自由化提高了制造行业的总就业水平。本章进一步探讨生产性服务贸易自由化如何影响制造行业的就业结构。我们以《中国科技统计年鉴》就业总人数中工程技术人员比重来衡量技术工人就业(熟练劳动力就业),而非技术工人就业则用就业总人数中非工程技术人员比重表示。为保证结果稳健性,以科

技活动人员作为替代变量进行回归。

6.5.1 结果预测

第3章梳理服务贸易自由化对制造业就业影响途径时发现，服务贸易自由化对就业结构的影响效应并不明确，主要通过企业间不同技术水平劳动力的转移以及出口技术结构来实现。Feenstra 和 Hanson(1996年)基于服务中间投入视角的研究发现，当企业从低收入国家进口中间服务时，进口竞争会促使企业将非技术密集环节外包给国外服务供应商，进而集中资源从事自身核心制造环节的生产，因此对熟练劳动力的相对需求会增加。本章将从以下两方面来探讨生产性服务贸易自由化对制造业就业结构的影响效应：

(1) 制造业中间投入视角。生产性服务贸易自由化通过中间品贸易为企业带来种类更多、质量更优且效率更高的服务中间投入。如果企业选择从低收入或欠发达国家进口中间服务，进口竞争加剧会使得企业将低技术环节转移至国外，进而导致熟练劳动力需求的增加；如果企业选择从高收入或发达国家进口中间服务，那么企业会将技术密集环节转移至国外并降低熟练劳动力的需求。目前，我国的国际服务外包市场主要集中于欧美、日本和香港等发达经济体，2015年外包执行金额合计高达61.6%。因此，我国制造企业从发达经济体进口中间服务，可能会造成高技术劳动力需求的减少。此外我国承接服务外包的结构正在优化，向高端领域拓展趋势明显。2015年我国承接信息技术外包(ITO)、业务流程外包(BPO)和知识流程外包(KPO)的执行金额分别同比增长8%、16%和27.4%①，这可能会导致高技术劳动力需求增加。

(2) 制造业出口视角。生产性服务贸易自由化会通过出口技术含量作用于制造业就业结构。当制造业以资源劳动密集产品为主要出口对象时，可能会提高非技术人员的比例；当制造行业主要出口资本

① 数据来源于中华人民共和国商务部网站以及《中国服务外包竞争力报告》(2012—2013年)。

密集型和技术密集型产品时，则相应增加技术人员的比例。目前，我国制造业出口技术构成是以中高技术行业[①]为主，其出口比例呈长期上升的趋势。2000—2011年我国中高技术行业的出口由44.8%提高至63.3%，中等技术行业出口维持在15%附近小幅震荡，而中低技术行业的出口由38%下降至22.6%。结合上述制造行业出口状况，我国出口的中高技术含量特征会导致制造行业熟练工人比重的增加。同时，第7章的实证分析也表明生产性服务贸易自由化对我国制造行业出口技术复杂度有正向促进作用。综合考虑上述分析，我们预测生产性服务贸易自由化更倾向于提高制造行业技术工人的就业比重。

6.5.2 分组回归结果

表6-3给出了生产性服务贸易自由化与制造业就业结构关系的动态面板估计结果。研究表明：第一，从第(1)～第(5)列可以看出，除邮政通信服务外，商业服务、交通运输和金融服务贸易自由化指标的系数均在1%水平上显著为负，这表明上述生产性服务部门的贸易开放确实促进了制造行业熟练劳动力需求(技术工人比重)的增加。从生产性服务部门整体来看，贸易自由化指标 ser_lib_{jt} 与技术工人比重之间仍然高度负相关。但通信服务贸易自由化没有促进技术工人比重的提高，可能是因为我国通信服务具备一定竞争力，通信服务贸易开放使企业倾向于从高收入或发达国家进口中间服务投入，企业会将技术密集环节转移至国外并降低对高技术劳动力的需求。第二，由于服务贸易自由化指标与就业之间可能存在内生性，本章采用动态面板系统GMM估计并进行干扰项序列相关检验，第(1)～第(5)列在各种显著性水平上均无法拒绝模型估计不存在二阶序列相关的原假设。进一步进行过度识别检验，采用Hansen检验不受模型异方差和序列相关

① 根据OECD对制造行业技术水平划分，中高技术行业包括机械制造业、电子和光学设备制造业、运输设备制造业、化学及化学制品业；中等技术行业包括焦炭、石油及核燃料加工业，橡胶和塑料制品业、非金属矿物制品业和基础金属制造业；中低技术行业包括食品、饮料及烟草制造业、纺织与纺织制品业、皮革与鞋制造业、木材和木制品业、纸制品和印刷出版业以及其他制造业。

的影响，从 Hansen 统计量的 P 值来看模型工具变量的使用是合理的。第三，从控制变量来看，工资对多数生产性服务部门技术工人比重的影响在统计上显著为负，可能是因为技术工人的工资通常较高，制造行业工资水平的提高对这类员工的激励作用不明显。出口依存度的估计系数显著为负，因为出口比重较大的行业具有更明显的技术优势，其对高技术人员的就业需求相对较低。进口渗透率对行业高技术人员的比例在统计上影响显著为正，这表明行业进口的增加通过技术溢出提高了国内市场技术水平，给中高技术工人或熟练劳动力带来积极影响。

表 6-3 制造业就业结构的动态面板系统 GMM 估计

因变量 *Skill*	(1)	(2)	(3)	(4)	(5)
$distrn_{jt}$	−0.001 1*** (0.000 06)				
$transp_{jt}$		−0.001 6*** (0.000 07)			
$telcom_{jt}$			0.001 0** (0.000 3)		
$financ_{jt}$				−0.001 7*** (0.000 1)	
ser_lib_{jt}					−0.000 6*** (0.000 03)
$L.Skill_{jt}$	0.821 3*** (0.006 7)	0.827 5*** (0.013 2)	0.865 6*** (0.004 2)	0.896 9*** (0.008 0)	0.853 8*** (0.010 3)
$Awage_{jt}$	−1.73e−06*** (2.28e−07)	−3.31e−07* (1.9e−07)	1.69e−06*** (1.47e−07)	−2.92e−07 (2.50e−07)	−1.38e−06*** (2.31e−07)
$dEXP_{jt}$	−0.013 2*** (0.000 8)	−0.014 7*** (0.001 5)	−0.010 2*** (0.001 0)	−0.011 4*** (0.001 4)	−0.013 7*** (0.001 2)
IMP_{jt}	0.009 3*** (0.000 6)	0.008 8*** (0.000 3)	0.007 0*** (0.000 3)	0.006 1*** (0.000 4)	0.008 4*** (0.000 5)
AR(1)	[0.043]	[0.043]	[0.037]	[0.038]	[0.045]
AR(2)	[0.445]	[0.453]	[0.498]	[0.434]	[0.433]
Hansen test	23.57 [0.428]	23.10 [0.455]	22.19 [0.509]	24.14 [0.396]	24.40 [0.382]

（续表）

因变量 *Unskill*	(6)	(7)	(8)	(9)	(10)
$distrn_{jt}$	0.001 0*** (0.000 02)				
$transp_{jt}$		0.001 7*** (0.000 1)			
$telcom_{jt}$			−0.000 4 (0.000 4)		
$financ_{jt}$				0.001 5*** (0.000 1)	
ser_lib_{jt}					0.000 5*** (0.000 02)
$L.Unskill_{jt}$	0.832 2*** (0.006 9)	0.817 5*** (0.007 5)	0.868 0*** (0.007 0)	0.888 3*** (0.008 6)	0.851 9*** (0.008 2)
$Awage_{jt}$	1.17e−06*** (1.20e−07)	3.89e−07** (1.60e−07)	−1.74e−06*** (2.83e−07)	5.63e−08 (3.02e−07)	1.14e−06*** (2.21e−07)
$dEXP_{jt}$	0.012 4*** (0.000 8)	0.017 2*** (0.001 6)	0.009 4*** (0.000 4)	0.010 7*** (0.000 5)	0.013 9*** (0.001 3)
IMP_{jt}	−0.008 8*** (0.000 4)	−0.009 0*** (0.000 5)	−0.007 0*** (0.000 7)	−0.006 5*** (0.000 4)	−0.008 5*** (0.000 5)
AR(1)	[0.045]	[0.044]	[0.039]	[0.037]	[0.045]
AR(2)	[0.447]	[0.455]	[0.499]	[0.438]	[0.437]
Hansen test	26.89 [0.261]	26.92 [0.259]	26.26 [0.289]	26.58 [0.274]	26.99 [0.257]
观测值	190	190	190	190	190

进一步考察服务贸易自由化与非技术工人就业的关系，结果表明，除邮政通信服务无显著影响外，商业服务、交通运输和金融服务贸易自由化指标的系数均在1%水平上显著为正，这表明上述生产性服务部门的贸易开放降低了制造行业非技术工人的就业比例。从生产性服务部门整体来看，贸易自由化指标 ser_lib_{jt} 与非技术工人比重之间仍然高度正相关。从相关检验来看，二阶序列相关检验在各种显著水平上均接受不存在序列相关的原假设，从 Hansen 检验来看工具变量的选取是合理的。从控制变量来看，工资 $Awage_{jt}$ 对多数生产性服

务部门非技术工人比重的影响在统计上显著为正，这类员工通常工资较低，因而对工资提高的敏感性较强。进口渗透率IMP_{jt} 对制造业非技术工人比重有显著的负向影响，这是因为进口增加通过技术外溢提高了制造业生产效率和技术水平，给低技术或非技术劳动力带来消极影响。表 6-3 的实证结果较好地验证了前文理论假说 2。同时，我们发现就业结构和就业总量的回归结果是一致的，生产性服务贸易自由化促进了制造业就业总量的增加。从就业结构看，贸易自由化指标对技术工人就业比重有显著的负向影响，而对非技术工人就业比重有显著的正向影响，对比回归系数的绝对值，我们发现贸易自由化对技术工人就业的负向作用要略高于非技术工人就业的正向作用，从而导致贸易自由化促进制造业就业总量增加的结果。

6.5.3 稳健性检验

为保证分组回归结果的可靠性，本章采用科技活动人员作为工程技术人员的替代变量，两者的相关性高达 0.887。研究发现：第一，从第(1)～第(5)列可以看出，除邮政通信的系数不显著外，商业服务、交通运输和金融服务贸易自由化指标的系数均在 1%水平上显著为负，这证实了上述生产性服务部门的贸易开放对制造行业科技活动人员比重的增加有显著促进作用。从生产性服务部门整体来看，贸易自由化指标 ser_lib_{jt} 与科技活动人员比重之间仍然高度负相关。由于我国通信服务具备一定竞争力，通信服务贸易开放使企业倾向于从高收入或发达国家进口中间服务投入，进而倾向于减少高技能人员的就业并将知识技术密集型产品生产转移给国外，因此服务贸易开放没能提高该部门科技活动人员比例。第二，由于贸易自由化指标非严格外生，本章采用动态面板系统 GMM 估计并进行干扰项序列相关检验，第(1)～第(5)列在各种显著性水平上均接受模型估计不存在二阶序列相关的原假设。进一步进行工具变量合理性检验，采用 Hansen 统计量不受模型异方差和序列相关的影响，从 Hansen 统计量的 P 值来看工具变量的选择是合理的。第三，从控制变量来看，工资对多数生产性服务部门科技活动人员的影响在统计上显著为负，可能是因为科技活动人员工资水平较高，制造行业工资的提高对这类高技能员工的激励作用不明显。出口依存度的估计系数显著为负，因为出口比重较大的行业具有更明显的技术优势，其对高技能员工的相对需求较小。进口渗透率对科技活动人员比重的影响在统计上显著为正，这表明制造业进口增加通过技术溢出提高了国内市场技术水平，对科技活动人员有积极影响，如表 6-4 所示。

表 6-4　分组回归(科技活动人员)

被解释变量	(1)	(2)	(3)	(4)	(5)
$distrn_{jt}$	−0.001 5*** (0.000 2)				
$transp_{jt}$		−0.001 9*** (0.0004)			
$telcom_{jt}$			0.000 7 (0.000 4)		
$financ_{jt}$				−0.000 5*** (0.000 2)	
ser_lib_{jt}					−0.000 7*** (0.000 1)
$L.Skill_{jt}$	0.699 2*** (0.029 6)	0.734 7*** (0.024 0)	0.767 8*** (0.011 7)	0.792 2*** (0.013 3)	0.749 0*** (0.024 3)
$Awage_{jt}$	−9.63e−07* (5.71e−07)	5.77e−07 (5.83e−07)	3.06e−06*** (3.10e−07)	2.31e−06*** (2.88e−07)	−5.16e−07 (4.67e−07)
$dEXP_{jt}$	−0.024 7*** (0.001 4)	−0.028 2*** (0.002 1)	−0.020 4*** (0.001 9)	−0.019 9*** (0.002 0)	−0.025 5*** (0.001 4)
IMP_{jt}	0.019 0*** (0.002 9)	0.016 7*** (0.001 6)	0.013 6*** (0.000 9)	0.012 8*** (0.001 3)	0.017 0*** (0.002 1)
_cons	0.025 5*** (0.002 4)	0.022 1*** (0.002 4)	0.011 7*** (0.000 6)	0.013 1*** (0.000 8)	0.024 4*** (0.002 3)
AR(1)	[0.009]	[0.013]	[0.014]	[0.013]	[0.011]
AR(2)	[0.361]	[0.347]	[0.420]	[0.392]	[0.317]
Hansen test	23.10 [0.455]	23.56 [0.428]	23.47 [0.434]	23.74 [0.418]	22.97 [0.462]
观测值	190	190	190	190	190

注：***、**和*分别表示 1%、5%和 10%的显著性水平，( )内数值为对应回归系数的标准误，[ ]内数值为相应统计量的 P 值，为控制干扰项的异方差各列均采用两阶段估计。

6.6 本章小结

目前直接研究服务贸易自由化与制造业就业的文献较少，已有研究主要基于服务业 FDI、生产性服务业进口以及服务外包视角，围绕就业总量和就业结构展开。多数研究认为服务贸易自由化有利于提高制造业就业水平，但对就业结构或就业质量的影响并不明确。本章在 Feenstra 和 Hanson(1996 年)理论模型推导的基础上提出理论研究假说，通过构建动态面板模型来考察生产性服务贸易自由化对制造业就业的影响效应。服务贸易自由化对制造业就业总量的影响取决于以下两方面：第一，通过外包效应减少了制造业内部生产服务部门的就业；第二，通过生产率和出口作用于就业，一方面倾向于节约劳动力并降低劳动需求；另一方面促使企业扩大生产规模并增加出口，进而加大对劳动力市场的需求。服务贸易自由化对制造业就业结构的影响除上述两方面的分析，还应考虑出口技术结构的影响，当制造行业主要出口劳动密集型产品时，可能会增加非技术工人的就业比重；当制造行业主要出口资本密集型和技术密集型产品时，则会相应提高技术工人的比重。本章的实证结果验证了理论假说，即生产性服务贸易自由化促进了制造业就业总量的增加，同时更倾向于提高技术工人的比重，减少非技术工人比例。

7 生产性服务贸易自由化对制造业出口的非线性检验

7.1 研究背景

出口稳定增长和贸易结构优化是事关我国经济可持续发展的热点问题。生产性服务业作为经济活动的中间枢纽,贯穿于生产链条的各个环节,其效率高低会直接影响制造业的贸易成本和出口行为。目前我国生产性服务业发展相对滞后,亟需通过对外开放来调结构、促发展并最大限度地释放改革红利。国内外关于生产性服务贸易开放与制造业出口的文献较少,已有文献大致分为三种研究思路:一是考察服务贸易对贸易成本的影响,因为贸易成本与产品出口竞争力直接关联,而贸易成本大多受服务尤其是基础设施服务水平的制约。Beck(2002 年)指出金融体系较发达国家的经济发展同制造业出口密切相关。Djankov 和 Cong(2010 年)认为运输贸易成本是影响国家潜在出口竞争力的决定因素。二是生产性服务业进口与制造业出口的关系。Mazumder(2003 年)发现美国生产性服务业进口倾向于影响收入水平较低国家的商品出口。Francois 和 Woerz(2007 年)证实了服务中间进口对制造业出口的促进作用。张如庆(2012 年)认为生产性服务业进口以及服务业外资是出口制成品技术结构升级的重要途径。三是服务外包对制造业出口的影响。潘明韬、卫平(2012 年)基于投入产出关系测算了国际服务外包率,结果表明高效率服务中间投入会导致制造业结构改善和出口数量增加。Nordas(2010 年)、Lodefalk(2014 年)先

后从中观层面和微观层面进行实证研究，发现服务外包与制造业出口密集度或价值比呈正相关。

本章提出一个新的研究视角，从企业微观以及行业中观层面深入探讨生产性服务贸易自由化与我国制造业出口之间的内在关系。首先，基于 Baldwin 和 Forslid(2010 年)模型，从理论上分析生产性服务贸易开放对制造业出口的作用机理。其次，采用 Heckman 两阶段估计和 K-M 生存分析方法，分别从企业出口参与决策、出口强度和出口生存时间角度，研究生产性服务贸易自由化与企业出口的动态行为。最后，对服务贸易自由化的行业出口效应进行非线性检验；并从出口贸易结构视角，考察服务贸易自由化对行业出口技术复杂度的影响。本章在一定程度上拓展了异质性企业贸易理论框架下的经验研究，并从服务贸易政策视角为我国制造业快速发展提供了新的诠释。

7.2 理论分析与假说提出

以 Melitz(2003 年)为代表的异质企业贸易理论揭示了生产率差异对企业出口决策的影响。由于出口过程中的自我选择效应，生产率较低的企业只能供应国内市场，而生产率较高的企业会进行出口。随着生产性服务部门的开放，企业可以进口种类多样且质量更优的服务中间投入，导致企业生产率提高且成本下降。本章以企业边际成本差异来衡量异质性，进一步采用 Baldwin 和 Forslid(2010 年)模型来探讨生产性服务贸易开放对制造业出口的影响。

服务贸易自由化会带来质量更优且种类更多的服务中间投入，假设企业生产过程中需投入劳动要素 L 和生产性服务 X，则生产函数表示为：

$$y_i = \beta \times \sum_{j=1}^{N} (\bar{X}_{ij})^{\alpha} \times L_i^{1-\partial}$$

满足 $\bar{X}_{ij} = \sum_{h=0}^{h_j} (X_{ijh} q^h)$，其中，$X_{ijh}$ 表示企业 i 使用中间服务 j 的数

量(质量等级为 h_j)，因此，求解中间服务 j 的边际产出可得：

$$\mathrm{d}y_i/\mathrm{d}X_{ijh} = \beta_\alpha L_i^{1-\partial}(X_{ijh})^{\alpha-1}(q)^{\alpha h} = p_{jh}$$

企业在生产和交易中存在三类成本：产品研发和生产需投入的固定成本 C_i，如进行自主创新或开展技术贸易所支付的费用。新产品问世后企业面临是否进入一国市场的滩头成本，包括构建营销渠道和设立网点的固定成本投入。企业一旦确定进入该市场，这一固定成本就会成为沉淀成本。本章分别采用 C_f 和 C_d 代表国际市场和国内市场的固定进入成本，假设生产服务要素的单位价格为 p，劳动要素价格为 ω，则企业成本构成为：

$$C = C_i + C_d + C_f + pX_{ijh}(y_i) + \omega L(y_i)$$

进一步可得企业的边际成本：

$$MC_i = \frac{1}{\beta_\alpha (X_{ijh})^{\alpha-1} L_i^{1-\partial}(q)^{\alpha h}} + \omega$$

由于企业的边际成本会随着生产性服务投入质量和种类的提升而降低，且不同企业服务要素的使用情况不同，因此企业成本具有差异性。我们假定边际成本 MC_i 为随机变量，服从分布函数 $F(MC_i)$，边际成本的上限值为 MC^*，则满足 $MC_i \in [0, MC^*]$。进一步假定企业进入国际市场和国内市场的临界边际成本分别为 MC_f 和 MC_d，由于生产率较高的企业选择出口，所以 $MC_f > MC_d$。

经济体包含两对称国家，每个国家使用单一要素投入并得到单一产成品。由于流冰型贸易成本，产品在运输过程中必有损失，即出口国 δ 单位产品到达进口国时为1单位($\delta > 1$)。此外假设企业之间贸易关系终止的危险率为 σ，且服从泊松分布函数。我们仅考虑到达稳态的均衡而不关注跨期迭代。

7.2.1 临界值条件

在垄断竞争理论框架下(Dixit-Stiglitz)，企业自身的边际成本以及贸易

对手的成本均会影响国内市场的销售额。给出企业国内销售额的公式：

$$\frac{MC^{1-\theta}}{\Delta}\mu E;\ \Delta = n^{*}\phi^{1-\theta}\int_{0}^{MC_f} MC^{1-\theta}\mathrm{d}F(MC/MC_d) + n\int_{0}^{MC_d} MC^{1-\theta}\mathrm{d}F(MC/MC_d)$$

其中：n^* 与 n 分别表示国外市场与本国市场的产品类别；ϕ 为流冰型贸易成本；Δ 为全部企业的边际成本在国内的加权平均值；$F(MC/MC_d)$ 为条件累积分布函数。假定企业获得的销售利润为 π，利润占销售收入的比重为 $1/\theta$，在企业危险率为 σ 的前提下，达到稳态均衡时企业的现值为 π/σ。我们分别求解企业在国际市场和国内市场的临界销售额：

$$MC_d^{1-\theta}\gamma = c_d;\ \phi^{1-\theta}MC_f^{1-\theta}\gamma^{*} = c_f$$

这里，$\gamma^{*} = \frac{\mu E^{*}}{\Delta^{*}}$，$\gamma = \frac{\mu E}{\Delta}$，且 $c_d = \theta\sigma C_d$，$c_f = \theta\sigma C_f$，$0 \leqslant \phi^{1-\theta} \leqslant 1$

其中：$\phi^{1-\theta}$ 表示贸易自由化，当冰山贸易成本无限大时（$\theta \to \infty$），企业不发生贸易行为；当冰山成本不存在时（$\theta = 1$），企业完全实现自由贸易。企业在国际市场的临界值条件满足：

$$MC_d^{*\,1-\theta}\gamma^{*} = c_d;\ MC_f^{*\,1-\theta}\gamma = c_f$$

7.2.2 自由进入条件

自由进入条件对两个国家是无差异的，因为满足 $\gamma = \gamma^{*}$，$MC_d = MC_d^{*}$ 且 $MC_f = MC_f^{*}$。对国内企业和国际企业而言，自由进入条件需满足新产品投资成本和预期收益相同，具体表达式如下：

$$\int_{0}^{MC_d}(MC^{1-\theta}\gamma - c_d)\mathrm{d}F(MC) + \int_{0}^{MC_f}(\phi^{1-\theta}MC^{1-\theta}\gamma - c_f)\mathrm{d}F(MC) = c_1$$

7.2.3 根据帕累托分布求解

假设帕累托分布函数以及正则性条件分别满足以下条件：

$$F(MC)=\left(\frac{MC}{MC_0}\right)^k,\ 0\leqslant MC\leqslant MC_0\equiv 1;\ \gamma=k/(\theta-1)>1$$

根据上述条件可以进一步得到：

$$\Delta=\frac{MC_d^{1-\theta}(1+\Gamma)}{1-1/\gamma}$$

其中：$0\leqslant\Gamma\equiv\phi^{\gamma(1-\theta)}T^{1-\gamma}\leqslant 1$；$T=C_f/C_d$ 且 $\gamma=k/(\theta-1)$。因为折现率为 0，消费者的劳动收入主要用于支付购买新产品所发生费用，所以有 $L=E$。根据前文公式推导，我们求解国内外商品销售种类和国内外企业边际成本：

$$n=\frac{\mu(\gamma-1)(L-\Gamma L^*)}{(1-\Gamma^2)\gamma c_d},\quad n^*=\frac{\mu(\gamma-1)(L^*-\Gamma L)}{(1-\Gamma^2)\gamma c_d}$$

$$MC_d=\left[\frac{c_I(\gamma-1)}{c_d(1+T)}\right]^{1/k},\quad MC_d=\left[\frac{(\gamma-1)c_I}{(1+T)c_f}\right]^{1/k}$$

7.2.4 出口满足条件

企业进行出口时需满足条件：$\phi^{1-\theta}\mu L/\Delta\theta=c_f/MC_f^{1-\theta}$，同时企业的出口额为 $MC^{1-\theta}\phi^{1-\theta}\mu L/\Delta\theta$，这样求解单个企业的出口额为：

$$V(MC)=\left(\frac{MC}{MC_f}\right)^{1-\theta}c_f$$

根据前文公式的推导，进一步得到单个市场的出口总值：

$$V=\frac{\mu\Gamma(L-\Gamma L^*)}{(1-\Gamma^2)}$$

由上式可知，企业的出口会随着边际成本 MC_i 的下降而增加。而企业的边际成本又与生产性服务投入的质量和种类密切相关，因此我们推论：服务贸易开放通过降低企业的边际成本来促进商品出口。本章重点考察我国生产性服务部门贸易自由化对制造业出口的影响效应。理论研究假说如下：

假说 1:生产性服务贸易自由化带来效率更高且质量更优的服务中间投入,通过成本节约效应促使企业参与出口决策,同时提高出口强度。

假说 2:生产性服务贸易自由化对不同所有制结构、不同服务使用程度以及不同技术水平企业的出口行为会产生差异化影响。

假说 3:生产性服务贸易自由化有助于降低出口企业退出市场的概率,同时延长企业在出口市场的生存时间。

假说 4:生产性服务贸易自由化与生产率的出口效应为非线性。生产率位于中间水平的行业,服务贸易自由化对制造业出口无影响。生产率位于较低或较高水平的行业,服务贸易自由化对制造业出口有显著正向影响。

7.3 变量选取与计量模型

7.3.1 变量选取及数据来源

本章所需数据主要来源于两组高度细化的数据库:一是世界投入产出数据库(WIOD),该数据库涵盖 40 个具体经济体以及世界其余地区共 41 个地区 19 个服务行业的双边服务贸易矩阵,时间跨度为 1995—2011 年。二是中国工业企业数据库。前文对 WIOD 数据库已做阐述①。针对研究需要,本章对工业数据库进行如下处理:第一,根据关键性数据在统计上的缺失、不可靠和违背会计基本原则进行剔除:①从业人数少于 8 人的企业;②工业增加值占工业销售额比重介于 0 和 1 之间的企业;③固定资产净值、从业人数、工业增加值和工业总产值等指标存在缺漏或≤0 的企业;④企业的应付工资额<0 的样本;⑤成立年份在 1994 年之前且年龄<0 的样本。第二,为保证口径统

① WIOD 数据库中世界投入产出表(WIOT)主体由中间使用(Intermediate Use)和最终使用(Final Use)两部分构成。具体可参照 Miller 和 Blair(2009 年)对投入产出表的使用说明和介绍。

一，根据2003年正式实施的国民经济行业分类标准重新调整2002年之前的企业代码。第三，由于工业增加值指标2004年存在缺漏，我们根据基本会计准则间接计算：工业增加值＝应缴增值税＋工业总产值－中间投入合计（按当年工业PPI指数平减）。接着对本章计量部分所使用的被解释变量、核心解释变量和其他控制变量进行说明和描述性统计，如表7-1所示。本章被解释变量为制造企业出口参与决策 $Expdum_{ijt}$ 和出口强度 $Intensity_{ijt}$，核心解释变量为生产性服务贸易自由度①对制造业的渗透率 $service\_lib_{jt}$。我们还选取异质性企业特征变量作为控制变量，关于这些变量的选取与说明如下：

（1）tfp_{ijt} 表示企业全要素生产率。相较于国内市场，企业出口到国外市场需支付更多的固定进入成本，如流冰型贸易成本、构建营销网络以及按照国外需求改进新产品的费用等。根据新新贸易理论，生产率较低的企业只能供应国内市场，而生产率较高的企业能够克服固定成本并进行出口。由于国际市场的竞争环境更为激烈，效率较低的企业更容易被迫退出出口市场。因此生产率变量预期与出口退出行为负相关，而与出口参与决策正相关。本书采用Olley-Pakes（1996年）方法来测算生产率，以企业当期投资额②作为生产率变化的工具变量，该方法较好地解决估计时常见的同时性偏差和样本选择问题。生产率的具体估算过程在第5章第3节中已经介绍，本章不再赘述。

（2）$Lnasset_{ijt}$ 表示企业规模（用总资产对数值表示）。以Krugman（1985年）为代表的新贸易理论揭示了规模报酬递增和不完全竞争对社会福利的影响。在异质性企业贸易理论框架下，一些经验研究也证实了企业规模对出口参与决策的正向促进作用（Roberts和Tybout，1997年；Bernard和Jensen，2010年）。因此在回归模型中我们需控

① 本章对生产性服务贸易自由度的测算仍采用Novy（2013年）相对贸易模型，主要测算了商业服务、交通运输、邮政通信和金融这四个生产性服务部门贸易成本的关税等值，再基于投入产出关系分别在29个制造行业内加总，最终得到生产性服务部门整体的贸易自由度（Service_Lib）。

② Olley-Pakes（1996年）采用永续盘存法来计算企业当期投资额，但该计算公式涉及不同企业的折旧率，通常难以统计。本章使用工业数据库中企业不同年份的固定资产折旧进行间接计算。

制企业规模的影响，预期该变量对企业出口决策和出口规模均有正向影响。同时规模较大的企业在国际市场上抵御风险的能力较强，在出口企业退出市场模型中该项的系数估计预期为负。

(3) $Wage_{ijt}$ 表示企业平均工资，用本年应付工资总额与就业人数比值的对数形式表示。为保证数据的可比性，根据当年的消费物价指数 CPI 进行平减并计算以 1998 年为基期的价格序列。Roberts 和 Tybout(1997 年)、Bernard 和 Jensen(2010 年)先后对哥伦比亚和美国的经验研究发现，企业的出口选择与工资水平正相关。赵伟等(2011 年)也认为工资收入是衡量劳动力质量的重要指标，较高的工资收入能够为企业吸引高端的劳动力资源，进而提升企业在国际市场上的适应能力并扩大产品出口。

(4) Age_{ijt} 表示企业年龄，用企业本年年份减去开工年份之差表示。Roberts 和 Tybout(1997 年)认为企业成立时间对企业是否进行出口有显著影响。周念利等(2015 年)指出企业年龄的增加必然伴随企业成长、繁荣与衰退过程。一方面年龄较大的企业具有丰富的生产管理经验，应对风险能力更强并倾向于进入出口市场；另一方面成立时间较长的企业可能面临硬件设施的损耗、人员和债务等历史遗留问题，遭受市场风险时难以迅速作出调整。

(5) $CAPI_{ijt}$ 表示企业资本强度，用固定资产净值年均余额与企业就业人数比值的对数表示，并以 1998 年固定资产价格指数为基准进行平减。通常资本强度相对较高的企业更为注重研发投入和生产效率的提高。根据要素禀赋理论，企业出口行为会受到生产要素使用比例和密集程度的影响，因此，本章在计量分析中需考虑企业资本强度因素的影响。

(6) $Dsub_{ijt}$ 表示政府补贴，用是否获得补贴的虚拟变量表示。从理论上讲，政府对企业生产活动进行转移支付，可以降低企业固定成本并提高出口竞争力，进而促使企业参与出口决策。然而补贴能否促进企业出口还受制于补贴效率的高低，一些实证研究表明政府补贴对企业出口业绩并没有显著的影响(Hoffmaister，1992 年；Faini，1994 年)。

(7) $Soes_{ijt}$ 和 $Foreign_{ijt}$ 分别代表国有企业和外商投资企业的虚拟变量。长期以来,外资企业在嵌入全球价值链过程中,主要依托中国廉价的要素资源和税收优惠进行加工装配和出口,其出口行为很多是与母公司发生的企业内贸易行为,简化了出口流程并节约贸易成本,因此出口倾向相对较高,并且面对外部市场不确定性时退出的概率较小。相比之下,国有企业受政府政策和资金扶持、拥有政府信用背书,在对外开放中更多依靠 OFDI 来实现其政治、经济目的而不仅仅依靠出口。此外,国有企业管理体制僵硬、缺乏竞争力且效率低下,进入出口市场后更容易被迫退出。鉴于此,我们在计量模型中有必要控制企业所有制结构因素对制造业企业出口动态的影响。

表 7-1　主要变量的描述性统计

变量	样本数	平均值	标准差	最小值	最大值
A 企业出口参与决策与出口强度模型的变量					
$Expdum_{ijt}$	1 579 913	0.278 693	0.448 356	0	1
$Intensity_{ijt}$	1 365 035	0.177 643	0.580 069	−0.147 593	345.944 4
$service\_lib_{jt}$	1 579 913	13.092 31	5.570 363	0	35.851 09
tfp_{ijt}	1 579 913	3.671 546	1.054 532	−7.428 868	11.066 83
$Lnasset_{ijt}$	1 579 913	9.680 105	1.426 808	2.302 585	18.852 46
$Wage_{ijt}$	1 579 913	12.581 61	64.543 58	−6.512 981	75 258.15
Age_{ijt}	1 579 913	10.552 65	10.728 39	1	59
$CAPI_{ijt}$	1 579 913	3.530 552	1.314 457	−6.437 752	11.426 47
$Dsub_{ijt}$	1 579 913	0.127 503	0.333 535	0	1
$Soes_{ijt}$	1 579 913	0.201 839	0.401 373	0	1
$Foreign_{ijt}$	1 579 913	0.100 594	0.300 791	0	1
B 企业出口退出模型的变量					
$Exit_{ijt}$	440 311	0.206 947	0.405 118	0	1
$service\_lib_{jt}$	440 311	12.498 27	4.781 005	0	35.851 09
tfp_{ijt}	440 311	3.749 361	0.950 874	−7.428 868	11.066 83
$Lnasset_{ijt}$	440 311	10.142 8	1.563 414	3.637 586	18.852 46
$Wage_{ijt}$	440 311	14.603 85	18.531 21	−5.818 19	6 297.993

（续表）

变量	样本数	平均值	标准差	最小值	最大值
B 企业出口退出模型的变量					
Age_{ijt}	440 311	10.297 63	10.117 37	1	59
$CAPI_{ijt}$	440 311	3.420 462	1.373 615	−5.967 428	10.223 89
$Dsub_{ijt}$	440 311	0.177 036	0.381 700	0	1
$Soes_{ijt}$	440 311	0.104 737	0.306 215	0	1
$Foreign_{ijt}$	440 311	0.230 964	0.421 449	0	1

7.3.2 模型设立

为探讨生产性服务贸易自由化对企业出口行为的影响效应，本章在已有理论研究和经验研究基础上，首先考察服务贸易自由化在企业出口参与决策中发挥的作用，并从企业层面建立出口决策的二值选择 Probit 模型，本章计量模型的设定如下：

$$\text{Prob}(Expdum_{ijt}=1)=\varphi(\gamma_0+\gamma_1 service\_lib_{jt}+\gamma_3 CVARs_{ijt}+\omega_j+\omega_k+\nu_t+\varepsilon_{ijt})$$

其中：t、i、j 和 k 分别代表年份、企业、产业和地区；因变量 $Expdum_{ijt}$ 表示企业出口决策虚拟变量，当 i 企业 t 年份参与出口时取值为 1，否则取值 0；$service\_lib_{ijt}$ 为中国生产性服务部门整体的贸易自由度，以服务贸易成本的关税等值衡量；$\varphi(\cdot)$ 表示标准正态分布函数；ν_t、ω_j 和 ω_k 分别控制年份、产业和地区固定效应；ε_{ijt} 为随机干扰项。控制变量 $CVARs_{ijt}$ 的集合为：

$$CVARs_{ijt}=\beta_1 tfp_{ijt}+\beta_2 Lnasset_{ijt}+\beta_3 Wage_{ijt}+\beta_4 Age_{ijt}+\beta_5 CAPI_{ijt}+\beta_6 Dsub_{ijt}+\beta_7 Soes_{ijt}+\beta_8 Foreign_{ijt}$$

其中：tfp_{ijt} 为采用 Olley-Pakes（1996 年）方法测算的制造企业全要素生产率；$Lnasset_{ijt}$ 为企业资产规模；$Wage_{ijt}$ 表示企业工资水平；Age_{ijt} 表示企业年龄；$CAPI_{ijt}$ 表示企业资本强度；$Dsub_{ijt}$ 表示是否获得政府补贴；$Soes_{ijt}$ 和 $Foreign_{ijt}$ 分别代表国有企业和外商投资企业的虚拟变量。

接着考察服务贸易自由化在企业出口强度中发挥的作用，并从企业层面建立以出口强度为被解释变量的 OLS 模型，但直接估计会导致样本选择问题。因为回归中观测到的企业均为出口企业，非随机产生会造成估计结果的偏误。Heckman（1979 年）提出的“两步法”能有效地解决这类问题，具体步骤为：

首先，采用企业出口决策 Probit 模型得到估计系数。

其次，计算“逆米尔斯比率”（IMR）并将其当作控制变量代入出口强度 OLS 模型：

$$\begin{aligned} Intensity_{ijt} = {} & \eta_0 + \eta_1 service\_lib_{jt} + \eta_2 tfp_{ijt} + \eta_3 Lnasset_{ijt} + \eta_4 Wage_{ijt} \\ & + \eta_5 Age_{ijt} + \eta_6 CAPI_{ijt} + \eta_7 Dsub_{ijt} + \eta_8 Soes_{ijt} \\ & + \eta_9 Foreign_{ijt} + \theta IMR_{ijt} + \omega_j + \omega_k + \nu_t + \varepsilon_{ijt} \end{aligned}$$

其中：$Intensity_{ijt}$ 表示制造企业出口强度，用企业销售收入中出口交货值所占比重来表示。根据第一步 Probit 模型得到逆米尔斯比率 IMR_{ijt}，用 $\varphi(\cdot)$ 和 $\phi(\cdot)$ 分别表示对应的累计正态分布函数和概率密度函数，即 $IMR_{ijt} = \phi(\cdot)/[1-\varphi(\cdot)]$。如果 IMR_{ijt} 显著异于 0，则表明存在自我选择偏差，Heckman 两步估计法有效。

最后，考察生产性服务贸易自由化对企业出口退出的影响，从企业层面建立出口退出影响因素的二值选择 Probit 模型：

$$\begin{aligned} \text{Prob}(Exit_{ijt} = 1) = \varphi(& \gamma_0 + \gamma_1 service\_lib_{jt} + \gamma_3 CVARs_{ijt} \\ & + \omega_j + \omega_k + \nu_t + \varepsilon_{ijt}) \end{aligned}$$

其中：$Exit_{ijt}$ 表示企业出口退出虚拟变量，当 i 企业 t 年份从出口市场退出时取值为 1，否则取值 0。企业退出可能是因为倒闭或出口转内销，无论何种情况均取值为 1。此外对于样本期内 2007 年仍然存在的企业，由于无法观测其出口的具体终止时间，故令 $Exit_{ijt}$ 取值为 0。控制变量的选择与出口参与决策模型相同，一方面可以考察异质性企业特征变量对企业退出或进入出口市场是否具有对称的影响，另一方面已有的理论与经验研究文献大都进行类似处理（Bernard 和 Wagner，2001 年；Ilmakunnas 和 Nurmi，2010 年）。

7.4 生产性服务贸易自由化与企业出口动态

7.4.1 基准回归-Heckman 两步法

表 7-2 采用 Heckman 两阶段估计，对中国生产性服务部门贸易自由化对制造业企业出口行为的影响进行检验。其中第(1)和第(3)列为企业出口决策模型的估计结果，第(2)和第(4)列为企业出口强度模型的估计结果。根据贸易自由化指标的构造特征，服务贸易成本的关税等值越小表示服务贸易自由度越高。从第(1)～第(4)列可以看出，服务贸易自由化指标的系数大都显著为负，这与我们预期结果相符。我们重点考察第(3)和第(4)列结果，在前两列基础上进一步控制了年份、产业和地区特殊效应。其中服务贸易自由化指标对出口参与决策的影响在统计上为负值，而对出口强度的影响在 1%水平上显著为负，这表明我国生产性服务部门开放所带来的优质要素多样化以及成本节约效应，确实提升了企业的出口强度并促使企业做出出口决策。该实证结果验证了前文理论研究假说 1。从控制变量来看，企业生产率 tfp_{ijt} 与出口参与决策显著正相关，这印证了生产率较高的企业更倾向于出口的结论。企业规模 $Lnasset_{ijt}$ 对企业出口决策和出口规模均有正向影响。政府补贴 $Dsub_{ijt}$ 的影响也显著为正，说明政府通过转移支付促使企业参与出口决策并提高了出口竞争力。但企业年龄的系数显著为负，可能是因为年龄较大的企业受制于硬件设施损耗、人员和债务等历史遗留问题。外资企业虚拟变量 $Foreign_{ijt}$ 有利于提高企业进入出口市场的倾向，而国有企业由于体制僵硬且效率低下，对企业出口参与决策和出口强度均有显著的负向作用。

值得注意的是，出口强度主方程中逆米尔斯比率 IMR_{ijt} 在 1%水平上显著为负，这说明确实存在自我选择偏误，heckman 样本选择模型是恰当的。模型中 wald chi2 统计量是对主方程中除常数项之外的所有系数都为 0 的检验，其 P 值表明模型的系数是联合显著的。上述研

表 7-2　企业出口参与决策与出口强度的 Heckman 两阶段估计

变量	总体样本			
	出口参与决策	出口强度	出口参与决策	出口强度
	(1)	(2)	(3)	(4)
$service\_lib_{jt}$	−0.038 5*** (0.000 2)	0.001 3*** (0.000 4)	−0.003 3 (0.006 7)	−0.001 9*** (0.000 2)
tfp_{ijt}	0.030 6*** (0.001 3)	−0.026 3*** (0.000 6)	0.237 1*** (0.006 9)	−0.010 5*** (0.000 5)
$Lnasset_{ijt}$	0.029 7*** (0.001 2)	0.036 8*** (0.000 5)	0.099 9*** (0.009 3)	0.029 6*** (0.000 4)
$Wage_{ijt}$	−0.000 0*** (0.000 0)	0.000 0** (7.18e−06)	0.028 2*** (0.002 4)	−2.07e−06 (6.83e−06)
Age_{ijt}	0.007 0*** (0.000 2)	−0.001 7*** (0.000 1)	−0.005 9*** (0.000 8)	−0.000 1** (0.000 1)
$CAPI_{ijt}$	0.028 1*** (0.001 4)	−0.072 8*** (0.000 5)	−0.125 1*** (0.010 7)	−0.039 8*** (0.000 5)
$Dsub_{ijt}$	−0.176 6*** (0.003 8)	0.037 4*** (0.002 2)	0.350 3*** (0.052 6)	0.030 2*** (0.001 5)
$Soes_{ijt}$	0.516 9*** (0.004 1)	−0.129 6*** (0.004 3)	−0.293 8*** (0.028 5)	−0.058 2*** (0.001 5)
$Foreign_{ijt}$	−0.020 0*** (0.004 3)	0.272 2*** (0.001 7)	−0.130 7* (0.056 6)	0.234 4*** (0.001 7)
IMR		−0.182 2*** (0.026 4)		−0.308 2*** (0.060 0)
常数项	0.999 0*** (0.010 7)	0.216 7*** (0.008 1)	2.503 7*** (0.201 5)	0.151 8*** (0.008 4)
行业效应	No	No	Yes	Yes
地区效应	No	No	Yes	Yes
年份效应	No	No	Yes	Yes
对数似然值	−814 474		−716 196	
(*Pseudo*) R^2		0.046 2	0.233 9	0.100 0
观测值	1 579 913	1 365 035	1 579 913	1 365 035

注：***、**和*分别表示1%、5%和10%的显著性水平，( )内数值为对应回归系数的标准误。第(2)和(4)列的 *IMR* 为逆米尔斯比率，均显著异于0。第(3)列报告的是伪 R^2，其余各列报告的是 R^2。

究虽证实了生产性服务贸易自由化对企业出口决策(出口扩展边际),以及出口强度(出口集约边际)有显著的促进作用,但仍需继续探讨服务贸易开放下两种方式对企业出口的不同影响程度。因为主方程和选择方程中各变量数量级不同,无法直接进行系数的比较,参照毛其淋(2013年)的做法对贸易自由化指标进行标准化,计算公式如下:

$$\gamma'_1 = \gamma_1 \cdot se(service\_lib_{jt})/se(Expdum_{ijt})$$

$$\eta'_1 = \eta_1 \cdot se(service\_lib_{jt})/se(Intensity_{ijt})$$

其中:γ_1 和 η_1 分别为企业出口决策和出口强度方程中贸易自由化指标在均值处的系数估计值①;γ'_1 和 η'_1 为标准化后的系数;$se(\cdot)$ 为变量对应的标准差。从计算结果来看,γ'_1 和 η'_1 均为负值,并且 $|\eta'_1| = 0.018\,2 < |\gamma'_1| = 0.033\,2$,这表明我国生产性服务部门开放引致的要素投入多样化以及成本节约效应总体上促进了企业出口的增加,但对制造业企业出口的影响更大程度上来自企业出口参与决策的促进效应。这意味着服务贸易开放对制造业出口增长的边际贡献中扩展边际的作用更为显著。事实上,出口贸易沿着扩展边际增长有利于减少贸易条件恶化的风险,促进出口结构多元化,在外部冲击下使贸易增长更稳定(Hausmann 和 Klinger, 2006 年;赵永亮等,2011 年)。

7.4.2 分组回归

生产性服务贸易自由化对制造业企业出口的影响在所有制结构方面是否存在差异呢?为探讨这一问题,我们将样本划分为国有企业和外商投资企业,并分别采用 Heckman 两阶段估计,回归结果如表7-3(a)第(1)~第(4)列,其中第(1)和第(2)列为国有企业样本的结果,第(3)和第(4)列为外资企业样本的结果。国有企业对应于工业数据库中的国有和集体企业,外商投资企业则包含外商独资企业、中外合资

① 因为企业出口参与方程中采用Probit估计,其系数估计值并不表示对被解释变量的边际效应,而出口强度方程中的系数可以直接衡量边际效应。为使两个方程之间的估计系数具有可比性,首先对出口参与方程求相应的边际系数,然后再代入标准化计算公式。

企业和中外合作企业。研究发现，核心解释变量 $service\_lib_{jt}$ 对外资企业的出口决策与出口强度均有正向促进作用。从结果来看，国有企业和外资企业方程中逆米尔斯比率均和 0 有显著差异，表明样本选择模型使用恰当。Wald chi2 统计量的 P 值在两类企业中均为 0，说明模型中所有变量联合起来显著。进一步分析生产性服务贸易开放主要通过扩展边际还是集约边际对两类企业的出口产生影响，根据公式将系数标准化，国有企业系数 γ'_1 与 η'_1 均为负值，且 $|\eta'_1| = 0.052\,7 < |\gamma'_1| = 0.059\,4$。外资企业系数 γ''_1 和 η''_1 也为负值，且 $|\eta''_1| = 0.020\,6 < |\gamma''_1| = 0.036\,8$。无论何种企业，服务贸易自由化对制造企业出口的扩张作用更多地依靠扩展边际（出口参与决策），这与前文基准回归结论一致。比较国有企业和外资企业的标准化系数发现，服务贸易自由化对国有企业出口强度和出口决策的影响效应均要大于外资企业。可能是因为，外资企业在参与全球价值链过程中，其发生的出口行为多是与母公司之间的企业内贸易，出口流程简便且贸易成本较低。同时外资企业的原材料供应渠道更广阔，不仅能从国外的母公司获得还能从中国的子公司以及外包公司购买。相较而言，生产性服务贸易开放通过低价、高质与多样化的中间服务投入实现成本的节约，促使更多的国有企业进入出口市场，对国有企业生产效率和出口能力的提升作用更显著。

表 7-3(a)　不同所有制结构企业的 Heckman 两阶段估计

变量	国有企业		外资企业	
	出口参与	出口强度	出口参与	出口强度
	(1)	(2)	(3)	(4)
$service\_lib_{jt}$	0.018 2*** (0.000 6)	−0.007 5*** (0.001 8)	−0.053 4** (0.022 1)	−0.002 7 (0.002 1)
tfp_{ijt}	−0.033 0*** (0.002 9)	0.015 9*** (0.004 1)	0.180 4*** (0.022 3)	−0.024 9*** (0.004 3)
$Lnasset_{ijt}$	0.052 7*** (0.002 7)	0.002 7 (0.005 8)	0.120 8*** (0.028 8)	0.023 7*** (0.003 7)

（续表）

变量	国有企业		外资企业	
	出口参与	出口强度	出口参与	出口强度
	(1)	(2)	(3)	(4)
$Wage_{ijt}$	−0.000 03** (0.000 02)	0.000 02 (0.000 0)	0.025 4*** (0.006 3)	−0.000 3 (0.000 2)
Age_{ijt}	−0.001 0*** (0.000 2)	−0.000 3* (0.000 2)	−0.013 3 (0.003 0)	0.000 8 (0.000 7)
$CAPI_{ijt}$	−0.058 6*** (0.003 2)	−0.013 5** (0.006 5)	−0.053 5* (0.029 1)	−0.052 2*** (0.003 7)
$Dsub_{ijt}$	−0.242 1*** (0.009 0)	0.073 7** (0.028 9)	2.102 0 (3.282 3)	0.068 8*** (0.012 2)
IMR		−1.368 8*** (0.447 7)		−2.037 1*** (0.685 1)
常数项	1.042 3*** (0.024 7)	0.361 7*** (0.109 3)	13.775 8 (.)	0.497 2*** (0.117 4)
行业效应	No	No	Yes	Yes
地区效应	No	No	Yes	Yes
年份效应	No	No	Yes	Yes
对数似然值	−117 530		−182 165	
$(Pseudo)R^2$	0.108 2	0.002 1	0.135 8	0.112 9
观测值	318 888	295 860	319 020	274 060

注：***、**和*分别表示1%、5%和10%的显著性水平，( )内数值为对应回归系数的标准误。第(2)和第(4)列的 *IMR* 为逆米尔斯比率，系数均显著异于0，说明存在自我选择偏误。

接着考察生产性服务贸易自由化对不同服务使用率企业出口行为的差异性影响。基于2005年中国42个部门投入产出表计算各制造行业的服务使用程度，进而划分为高服务使用率和低服务使用率行业，其中，服务中间投入占总产出比重高于15%的为高服务使用率。从表7-3(b)可以看出，贸易自由化指标 $service\_lib_{jt}$ 对两类企业的出口参与决策与出口强度均有正向影响。从回归结果看，高服务使用率和低服务使用率方程中逆米尔斯比率和0有显著差异，这表明 Heckman 样本选择模型恰当。Wald chi2 统计量表明模型中除常数项之外所有系数联合起来显著。进一步将核心解释变量的系数标准化，其中高服务使用率企业系数 γ_1' 和 η_1' 均为

负值，且 $|\eta_1'|=0.0523>|\gamma_1'|=0.0045$；低服务使用率企业系数 γ_1'' 和 η_1'' 也为负值且满足 $|\eta_1''|=0.0463<|\gamma_1''|=0.0579$。

表 7-3(b)　不同服务使用率企业的 Heckman 两阶段估计

变量	高服务使用率		低服务使用率	
	出口参与	出口强度	出口参与	出口强度
	(5)	(6)	(7)	(8)
$service\_lib_{jt}$	−0.045 2*** (0.000 7)	−0.009 99*** (0.001 5)	−0.004 4 (0.007 7)	−0.003 9*** (0.000 2)
tfp_{ijt}	0.024 3*** (0.002 4)	−0.011 0*** (0.001 5)	0.242 0*** (0.009 0)	−0.010 4*** (0.000 6)
$Lnasset_{ijt}$	0.011 8*** (0.002 1)	0.043 9*** (0.001 2)	0.133 5*** (0.012 3)	0.029 8*** (0.000 5)
$Wage_{ijt}$	−0.000 02 (0.000 02)	−6.71e−06 (0.000 01)	0.021 3*** (0.002 7)	0.000 2*** (0.000 0)
Age_{ijt}	0.005 1*** (0.000 3)	−0.000 4** (0.000 2)	−0.007 7*** (0.001 0)	0.000 2** (0.000 1)
$CAPI_{ijt}$	0.030 4*** (0.002 2)	−0.049 5*** (0.001 6)	−0.151 4*** (0.013 5)	−0.043 8*** (0.000 5)
$Dsub_{ijt}$	−0.151 2*** (0.007 4)	−0.028 7*** (0.006 5)	0.392 4*** (0.072 9)	0.036 5*** (0.001 5)
$Soes_{ijt}$	0.491 1*** (0.007 5)	0.030 8** (0.015 2)	−0.255 9*** (0.035 5)	−0.062 9*** (0.001 5)
$Foreign_{ijt}$	−0.030 2*** (0.007 8)	0.244 2*** (0.004 6)	−0.062 5 (0.076 1)	0.239 3*** (0.001 7)
IMR		0.886 4*** (0.102 6)		−0.294 3*** (0.065 2)
常数项	1.269 2*** (0.020 8)	−0.161 2*** (0.022 6)	2.361 1*** (0.251 0)	0.148 7*** (0.008 8)
行业效应	No	No	Yes	Yes
地区效应	No	No	Yes	Yes
年份效应	No	No	Yes	Yes
对数似然值	−209 330		−685 223	
$(Pseudo)\ R^2$	0.156 2	0.028 0	0.083 0	0.132 3
观测值	443 705	389 446	1 136 208	975 589

注：***、** 和 * 分别表示 1%、5%和 10%的显著性水平，( )内数值为对应回归系数的标准误。第(6)和第(8)列的 *IMR* 为逆米尔斯比率，系数均显著异于 0，说明存在自我选择偏误。

这说明生产性服务部门开放对不同服务使用程度企业的出口决策和出口强度都有明显促进作用。从标准化系数大小看，生产性服务贸易开放对高服务使用率企业出口强度的影响效应大于低服务使用率企业，这与我们的预期结果相符。原因在于，行业总产出中服务中间投入所占比重较高的行业，对生产性服务部门开放的敏感性较高，这类企业的管理能力、学习能力和技术吸收能力通常更强，因而易于从服务贸易自由化中获取优质要素多样化效应和成本节约效应，对出口倾向和出口强度的促进作用更为显著。

进一步考察生产性服务贸易自由化对不同技术水平企业出口行为的异质性影响，如表 7-3(c)所示。参照 OECD 的制造行业技术划分标准，将我国 29 个制造行业对应划分为中高技术、中等技术和中低技术行业。从结果可知，贸易自由化指标 $service\_lib_{jt}$ 对不同技术水平企业的出口参与决策与出口强度均有正向影响。除第(4)列估计结果外其余各列的逆米尔斯比率 *IMR* 均显著异于 0，说明确实存在一个自我选择偏差。Wald chi2 统计量的 *P* 值表明模型中除常数项之外所有系数联合显著。根据公式将系数标准化，中高技术企业出口决策系数 γ'_1 和出口强度系数 $|\eta'_1$ 均为负值，且 $|\eta'_1|=0.020>|\gamma'_1|=0.011\ 2$；中等技术企业的系数 γ''_1 和 η''_1 也为负值，且满足 $|\eta''_1|=0.028\ 3<|\gamma''_1|=0.046\ 3$；此外中低技术企业的系数 γ'''_1 和 η'''_1 同样为负值，并且有 $|\eta'''_1|=0.011\ 2<|\gamma'''_1|=0.039\ 6$。不难看出，生产性服务贸易开放对中等技术企业出口强度的促进作用最大，其次为中高技术企业，对中低技术企业的影响效应最小。从出口决策影响程度看，服务贸易开放使技术水平中等的企业更容易出口。可能是因为，生产性服务业开放带来了优质且高效的中间服务投入，中等技术行业主要包括石油燃料加工业和有色金属制造业，这些行业大多属于资源密集型行业，对外部市场服务要素的需求最为旺盛。相比之下，中低技术行业主要包括食品、纺织和木材印刷制造业，这些低附加值、低技术含量的劳动密集型行业对服务贸易开放的敏感程度较低。最后为中高技术行业，这些行业属于技术密集型且主要包括化学制品和运输设备制造业。已

表 7-3(c)　不同技术水平企业的 Heckman 两阶段估计

变量	中高技术		中等技术		中低技术	
	(1)	(2)	(3)	(4)	(5)	(6)
$service\_lib_{jt}$	−0.009 8 (0.007 9)	−0.003 0*** (0.000 3)	−0.008 4*** (0.000 4)	−0.001 6*** (0.000 2)	−0.008 9 (0.019 2)	−0.001 7*** (0.000 6)
tfp_{ijt}	0.243 2*** (0.012 0)	−0.013 6*** (0.001 0)	0.051 8*** (0.002 7)	−0.017 8*** (0.001 4)	0.221 2*** (0.010 3)	−0.006 3*** (0.000 9)
$Lnasset_{ijt}$	0.082 8*** (0.015 7)	0.031 0*** (0.000 8)	0.028 0*** (0.002 4)	0.026 5*** (0.000 9)	0.088 49*** (0.014 2)	0.033 4*** (0.000 8)
$Wage_{ijt}$	0.023 1*** (0.003 7)	−0.000 1*** (0.000 02)	−0.000 3 (0.000 2)	0.000 1** (0.000 1)	0.041 6*** (0.004 3)	4.21e−06 (7.61e−06)
Age_{ijt}	0.000 6 (0.001 4)	−0.001 1*** (0.000 1)	0.008 1*** (0.000 3)	0.000 1 (0.000 2)	−0.007 0*** (0.001 1)	0.000 8*** (0.000 1)
$CAPI_{ijt}$	−0.106 9*** (0.018 2)	−0.027 3*** (0.000 8)	0.024 1*** (0.002 4)	−0.043 4*** (0.000 9)	−0.127 9*** (0.016 6)	−0.055 7*** (0.000 8)
$Dsub_{ijt}$	0.316 3*** (0.086 8)	0.022 0*** (0.002 6)	−0.170 7*** (0.007 8)	0.015 4** (0.004 5)	0.368 1*** (0.080 3)	0.047 3*** (0.002 7)
$Soes_{ijt}$	−0.355 8*** (0.049 3)	−0.046 9*** (0.002 6)	0.438 3*** (0.007 8)	−0.045 0*** (0.009 4)	−0.316 4*** (0.045 1)	−0.071 8*** (0.002 7)

（续表）

变量	中高技术		中等技术		中低技术	
	(1)	(2)	(3)	(4)	(5)	(6)
$Foreign_{ijt}$	−0.015 0 (0.105 6)	0.220 2*** (0.002 9)	0.006 3 (0.009 9)	0.256 7*** (0.002 8)	−0.216 7*** (0.080 7)	0.240 2*** (0.002 7)
IMR		−0.211 2 (0.133 8)		0.048 0 (0.069 3)		−0.369 8*** (0.082 2)
常数项	2.067 1*** (0.257 7)	−0.101 3*** (0.016 0)	0.657 5*** (0.039 2)	0.002 7 (0.029 0)	3.010 8*** (0.329 5)	0.113 6*** (0.013 5)
行业效应	No	No	No	No	Yes	Yes
年份效应	Yes	Yes	No	No	Yes	Yes
地区效应	Yes	Yes	Yes	Yes	Yes	Yes
对数似然值	−269 619		−162 872		−284 501	
(Pseudo) R^2	0.204 5	0.045 2	0.198 6	0.097 8	0.254 5	0.131 7
观测值	586 229	504 009	398 425	344 813	595 259	516 213

注：***、**和*分别表示1%、5%和10%的显著性水平，( )内数值为对应回归系数的标准误。除第(4)列外其余各列的逆米尔斯比率 *IMR* 均显著异于0，说明存在自我选择偏误。第(3)和第(4)列中行业和年份固定效应由于多重共线性自动删除，故不予控制。

有文献从服务外包视角得出了类似的结论。Egger 等(2001 年)认为技术密集型或资本密集型行业更专注于更先进环节的生产，因而倾向于将低效率服务环节外包出去。刘海云和唐玲(2009 年)指出，资本密集度或技术水平较高的行业从国际服务外包中获得的收益更大。

7.4.3 生产性服务贸易自由化对企业出口退出的影响

本章考察了生产性服务贸易开放对企业出口退出决策的影响。表 7-4 为采用 Probit 模型的估计结果，其中第(1)列仅包括核心解释变量和控制变量，第(2)列进一步控制了行业特定效应和年份特定效应，其中核心解释变量估计系数的方向和显著性并未发生改变，贸易自由化指标 *service_lib* 为正值并通过 1%的显著性检验，这表明服务贸易自由化降低了出口市场上企业的退出概率。该实证结果验证了前文理论研究假说 3。表 7-4 第(3)和第(4)列给出了不同所有制企业的估计结果。可以看出，外资企业贸易自由化指标的估计系数在 5%水平上显著为正，表明服务贸易开放对外资企业的出口退出产生显著的抑制作用。长期以来，外资企业生产流程简化且具备成本优势，因而在面对外部市场不确定性时退出的概率较小。然而，国有企业贸易自由化指标的估计系数为负值且在统计上不显著，这与前文分组估计的结果并不矛盾。尽管服务贸易自由化对国有企业出口强度和出口参与决策的影响效应相对更大，但并不能显著降低企业退出出口市场的概率，这与国有企业管理体制落后、缺乏市场竞争力且效率低下的根本原因密不可分。

表 7-4 服务贸易自由化对企业退出影响的估计结果

解释变量	Probit 模型(被解释变量：$Exit_{ijt}$)			
	全体企业		国有企业	外资企业
	(1)	(2)	(3)	(4)
$service\_lib_{jt}$	0.009 8*** (0.000 5)	0.015 0*** (0.000 6)	−0.004 5 (0.003 4)	0.004 6** (0.001 4)

(续表)

解释变量	Probit 模型(被解释变量：$Exit_{ijt}$)			
	全体企业		国有企业	外资企业
	(1)	(2)	(3)	(4)
tfp_{ijt}	−0.017 3*** (0.002 5)	−0.057 7*** (0.002 6)	−0.138 0*** (0.006 2)	−0.043 8*** (0.005 4)
$Lnasset_{ijt}$	−0.162 0*** (0.002 0)	−0.166 6*** (0.002 1)	−0.162 7*** (0.005 0)	−0.169 0*** (0.004 9)
$Wage_{ijt}$	−0.004 1*** (0.000 2)	−0.001 2*** (0.000 2)	−0.003 5*** (0.000 6)	−0.000 8** (0.000 3)
Age_{ijt}	0.001 8*** (0.000 2)	0.000 4 (0.000 3)	0.000 1 (0.000 4)	0.010 1*** (0.001 1)
$CAPI_{ijt}$	0.105 6*** (0.002 1)	0.082 3*** (0.002 2)	0.113 9*** (0.006 2)	0.059 1*** (0.004 9)
$Dsub_{ijt}$	−0.137 7*** (0.006 2)	−0.098 0*** (0.006 4)	−0.136 9*** (0.015 8)	−0.114 7*** (0.013 7)
$Soes_{ijt}$	0.438 3*** (0.007 5)	0.333 4*** (0.007 7)		
$Foreign_{ijt}$	−0.222 5*** (0.005 8)	−0.240 8*** (0.006 1)		
常数项	0.441 8*** (0.018 2)	0.843 7*** (0.064 3)	−4.068 7 (127.039)	0.446 9*** (0.052 4)
行业效应	No	Yes	Yes	Yes
地区效应	No	Yes	Yes	Yes
对数似然值	−214 753	−209 079	−32 525	
$(Pseudo)\ R^2$	0.043 4	0.068 7	0.081 3	0.029 0
观测值	440 311	440 311	57 056	101 696

注：***、**和*分别表示1%、5%和10%的显著性水平，( )内数值为对应回归系数的标准误。

7.4.4 生产性服务贸易自由化对企业出口生存时间的影响

为进一步验证前文的理论假说3，本章考察了生产性服务贸易自由化对企业出口生存时间的影响。首先采用非参数方法进行初步估计，然后以此为基础构建离散时间生存模型进行计量分析。本章数据主要来源于 1998—2007 年中国工业数据库以及 WIOD。出口生存时间定义为企业从进入到退出出口市场所经历的时间（中间无间隔），企业退出则视为风险事件发生。在处理数据时我们考虑以下两点：①多个持续时间段(Multiple Spells)。同一贸易关系在观测期内可能存在多个持续期，表现为企业在出口市场频繁的进入和退出。本章将贸易关系的多个持续期视为相互独立，其存在对出口生存时间的分布特征不会产生实质影响。②数据删失问题。我们的样本观测期间是 1998—2007 年，对于 1998 年有出口的企业，无法获知其确切的出口开始时间，对于 2007 年仍然出口的企业，同样无法获知确切的出口终止时间，因而存在数据删失。通过删除初始年份为 1998 年的持续时间段可以处理左删失问题，而设定删失指示变量可以有效解决右删失问题。

7.4.4.1　出口生存函数的估计

本章采用生存分析方法构建中国制造业企业出口的生存函数和风险函数，来考察出口生存时间的贸易特征（舒杏等，2015 年）。假设 T 为离散型随机变量($t_i = 1, 2, 3, \cdots$)，表示某一产品对目的国的出口生存时间，i 为特定持续时间段对应的序号。c_i 为持续时间段的删失指示变量，失败发生则 c_i 取 1，右删失则取 0。生存函数 $S(t)$ 代表某一企业的出口生存时间大于 t 的概率，在 $t_i = 0$ 时刻的生存率为 1，随着 t 增加，生存率逐步递减，可表示为：

$$S(t) = \Pr(T > t) = \sum_{t_i > 1} p(t_i)$$

风险函数 $h(t)$ 表示某一企业在 $t-1$ 年出口情况下，在 t 年停止出口的概率：

$$h(t) = \Pr(t-1 < T \leqslant t \mid T > t-1) = \frac{p(t-1 < T \leqslant t)}{p(T > t-1)}$$

根据 K-M 乘积限估式分别得到生存函数和风险函数的非参估计，其中：n_i 表示 t_i 时处于风险的持续时间段个数；d_i 表示同期失败的个数。则：

$$S(t) = \prod_{t_i < t} \frac{n_i - d_i}{n_i}$$

风险函数的非参估计为：$h(t) = \dfrac{d_i}{n_i}$

基于K-M生存分析方法，我们分别对制造业企业出口生存时间进行总体估计并根据服务贸易自由度的高低进行分组估计。首先，从企业出口生存函数的总体估计来看，如图7-1所示，中国制造企业出口生存时间较短，中位数为2年，有65.95％的企业生存时间超过1年，即34.05％的企业持续出口1年后终止出口。从数据变化来看，1～4年的危险率由34.05％上升至68.78％，上升幅度为34.73％；5～8年的危险率由73.84％上升至81.11％，上升幅度为7.27％。这与Besedes和Prusa(2006年)结论一致，即出口贸易关系失败①的概率具有负的时间依存性，在贸易关系建立初期危险率急剧上升，随着时间推移变动幅度逐渐减小。其次，按照服务贸易自由化水平的高低对行业分组②，即划分服务贸易自由度较高的行业与服务贸易自由度较低的行业。从图7-2生存函数的分组估计看，在生产性服务贸易成本相对较低的

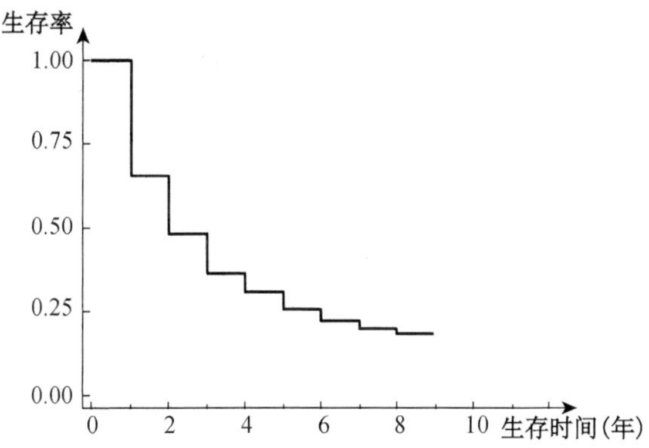

图7-1 企业出口生存函数的总体估计

① 本章定义企业出口贸易关系的终止为“失败事件”，每一持续时间段的结局变量为二分类变量，失败事件发生则fail=1，没有发生则fail=0。

② 计算生产性服务贸易成本关税等值的中位数，将小于中位数值的行业作为服务贸易自由化水平高的行业，其余行业则作为服务贸易自由化水平低的行业。

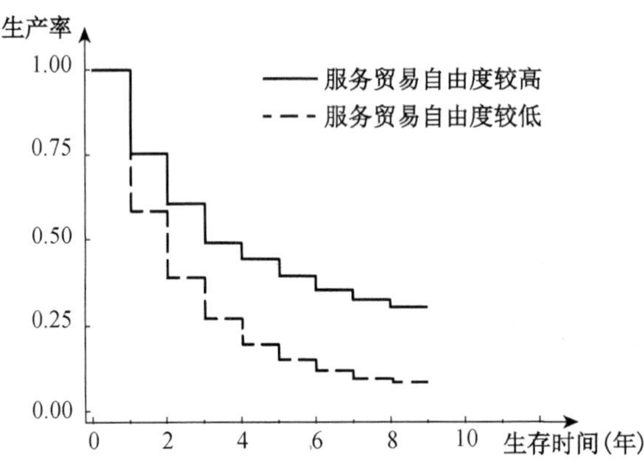

图 7-2　企业出口生存函数的分组估计

行业中,企业生存曲线的位置始终较高,这表明贸易自由化水平较高的行业中企业的出口生存时间相对较长,间接反映了服务贸易开放对出口的促进效应。

7.4.4.2　计量模型的设定

在分析贸易关系生存时间的影响因素时,多数文献采用生存分析中的连续时间 Cox 比例风险模型(Volpe 和 Carbaloo, 2009 年)。但 Hess 和 Persson(2010 年)指出 Cox 模型存在以下三大缺陷:①Cox 模型很难控制不可观测的异质性,这种异质性会导致参数估计的偏误和伪负时间依存性;②贸易持续时间存在结点导致回归参数在估计时产生渐近误差;③Cox 模型必须满足比例风险的基本假设,在参数估计中解释变量对危险率的影响不会随时间而改变。

离散时间模型可规避 Cox 模型的上述缺陷,因此,本书构建离散时间模型来考察服务贸易自由化对制造业企业出口生存时间的影响:

$$\ln[h_v(t, X)] = \alpha + \beta_1 service\_lib_{jt} + \beta_2 CVARs_{ijt} + \omega_j + \omega_k + \nu_t + \varepsilon_{ijt}$$

其中:风险率 $h_v(t, X)$ 的函数形式,通常假定其服从极值分布、正态分布和逻辑斯蒂分布,分别对应 cloglog、probit 和 logit 模型;β_1 是核心变量的回归系数,控制变量的集合 $CVARs_{ijt}$ 包括企业生产率、企业规模、平均工资、企业年龄、企业资本强度、政府补贴、企业所有制以

及持续时间段特定虚拟变量；ν_t、ω_j 和 ω_k 分别控制年份、产业和地区固定效应，ε_{ijt} 为随机干扰项。

7.4.4.3 估计结果及经济解释

本章主要考察生产性服务贸易自由化对企业出口生存时间的影响。在离散时间模型中，被解释变量为贸易关系失败的风险率。表7-5中各模型均考虑了不可观测异质性，其中第1～第3列为总体检验，第4～第5列为稳健性检验。因为三种离散模型的估计结果大致相同，下面我们仅以xtcloglog为例进行解释。从总体估计结果可以看出，服务贸易自由化指标 $service\_lib_{jt}$ 在1%水平上显著为正，说明生产性服务贸易自由度的提高降低了制造企业出口贸易关系终止的概率，从而有利于延长企业出口生存时间。上述估计是针对多个持续时间段样本，为验证总体回归结果的稳健性，表7-5中第4、第5列分别对每一贸易关系的首个持续时间段(First Spell)和只有一个持续时间段(Only One Spell)的样本数据进行离散时间cloglog模型的回归。我们发现，核心解释变量的预期符号和显著性与总体回归完全一致，并且cloglog模型的回归系数基本上介于probit和logit模型之间。通过不同样本范围的稳健性检验，我们可以认为生产性服务贸易自由化会延长我国制造企业的出口生存时间。该结论有力地验证前文的理论假说3。此外，通过比较第5列、第3列和第4列的回归系数，我们发现只有一个持续时间段(Only One Spell)相比全部样本(All Spells)和首个持续时间段(First Spell)，其出口贸易关系失败的风险率受到核心解释变量的影响程度相对较小。因此在贸易关系建立初期应当关注贸易开放与企业特征变量的影响，为促进出口贸易关系的长期稳定发展打好基础。

7.5 生产性服务贸易自由化与行业出口的非线性回归

7.5.1 门限模型设定

已有文献在研究通过作用于某一自变量进而对因变量产生异质

表 7-5　服务贸易自由化对企业出口生存时间影响的估计

变量	All Spells			First Spell	Only One Spell
	xtcloglog	xtprobit	xtlogit	xtcloglog	xtcloglog
$service\_lib_{jt}$	0.053 8*** (0.000 8)	0.040 5*** (0.000 5)	0.067 7*** (0.001 0)	0.036 8*** (0.000 7)	0.019 8*** (0.000 8)
tfp_{ijt}	−0.158 0*** (0.004 1)	−0.106 8*** (0.002 8)	−0.184 5*** (0.004 9)	−0.096 6*** (0.003 3)	−0.091 0*** (0.004 0)
$Lnasset_{ijt}$	−0.128 5*** (0.003 5)	−0.080 1*** (0.002 2)	−0.143 6*** (0.004 0)	−0.083 8*** (0.002 6)	−0.107 8*** (0.003 3)
$Wage_{ijt}$	−0.008 5*** (0.000 4)	−0.004 1*** (0.000 2)	−0.008 7*** (0.000 5)	−0.004 1*** (0.000 3)	−0.003 5*** (0.000 3)
Age_{ijt}	0.009 1*** (0.000 4)	0.006 3*** (0.000 3)	0.011 0*** (0.000 5)	0.008 2*** (0.000 4)	0.008 3*** (0.000 4)
$CAPI_{ijt}$	0.129 5*** (0.003 5)	0.081 2*** (0.002 2)	0.145 7*** (0.004 0)	0.830 8*** (0.002 6)	0.062 4*** (0.003 1)
$Dsub_{ijt}$	−0.142 8*** (0.010 3)	−0.095 5*** (0.006 7)	−0.167 3*** (0.011 8)	−0.096 5*** (0.007 5)	−0.101 3*** (0.009 2)
$Soes_{ijt}$	0.455 8*** (0.013 3)	0.354 1*** (0.009 8)	0.585 3*** (0.016 7)	0.339 7*** (0.011 2)	0.505 7*** (0.014 2)
$Foreign_{ijt}$	−0.071 0*** (0.009 4)	−0.046 2*** (0.006 1)	−0.079 7*** (0.010 6)	−0.054 0*** (0.006 8)	−0.074 5*** (0.008 4)

（续表）

变量	All Spells			First Spell	Only One Spell
	xtcloglog	xtprobit	xtlogit	xtcloglog	xtcloglog
*lifetime*2	−0. 185 4*** (0. 009 3)	−0. 144 2*** (0. 006 0)	−0. 238 9*** (0. 010 9)	−0. 145 8*** (0. 007 5)	−0. 222 9*** (0. 008 9)
*lifetime*3	−0. 213 6*** (0. 012 8)	−0. 162 0*** (0. 007 3)	−0. 272 9*** (0. 014 7)	−0. 161 0*** (0. 010 3)	−0. 149 4*** (0. 011 5)
*lifetime*4	−0. 560 8*** (0. 018 0)	−0. 387 3*** (0. 009 4)	−0. 667 2*** (0. 019 9)	−0. 408 6*** (0. 013 2)	−0. 455 3*** (0. 014 5)
*lifetime*5	−0. 568 3*** (0. 024 4)	−0. 397 3*** (0. 013 1)	−0. 683 6*** (0. 027 0)	−0. 398 4*** (0. 017 4)	−0. 461 0*** (0. 019 4)
*lifetime*6	−0. 590 2*** (0. 033 4)	−0. 393 8*** (0. 017 9)	−0. 694 7*** (0. 036 7)	−0. 386 4*** (0. 022 4)	−0. 345 9*** (0. 024 0)
*lifetime*7	−0. 853 5*** (0. 050 2)	−0. 531 4*** (0. 025 9)	−0. 967 3*** (0. 053 6)	−0. 543 2*** (0. 029 7)	−0. 467 0*** (0. 031 5)
*lifetime*8	−0. 106 1*** (0. 088 7)	−0. 616 9*** (0. 043 8)	−1. 168 9*** (0. 092 8)	−0. 647 2*** (0. 046 8)	−0. 470 5*** (0. 046 9)

（续表）

变量	All Spells			First Spell	Only One Spell
	xtcloglog	xtprobit	xtlogit	xtcloglog	xtcloglog
*lifetime*9	−22.955 (8 682.80)	−8.567 2 (3.66e+07)	−25.250 (25 401.6)	−6.425 7 (7 489.82)	−6.714 1 (26 234.8)
常数项	−0.384 5*** (0.030 7)	−0.184 1*** (0.020 3)	−0.184 5*** (0.035 5)	−0.141 4*** (0.022 8)	0.114 2*** (0.028 5)
行业效应	Yes	Yes	Yes	Yes	Yes
年份效应	Yes	Yes	Yes	Yes	Yes
地区效应	Yes	Yes	Yes	Yes	Yes
ρ	0.023 5 (0.006 4)	2.23e−06 (0.000 03)	0.003 1 (0.004 7)	0.011 3 (0.009 0)	0.003 5 (0.012 6)
N	352 445	352 445	352 245	283 165	227 064
Log likelihood	−179 160	−178 964	−178 978	−145 353	−93 960

注：***、** 和 * 分别表示系数的估计值在 1%、5%和 10%的水平上显著，括号内数值为对应回归系数的标准误；ρ 为不可观测的异质性的方差占总误方差的比重。

性影响的变量时，通常采取交互项方法或进行分组检验。近年来流行的"门限回归方法"是对分组检验的拓展，作为非线性回归模型的代表被广泛应用于计量经济学的多个领域。门限模型的基本思想是搜索经济中存在的结构突变点或临界值，具体做法是采用网格搜索法或优化搜索法，以门限值为界划分不同区间，各区间有不同的回归表达式。首先考虑单一门限模型：假设 q_{it} 为模型内门限变量；γ 为给定门槛值水平，在两个区间内 $q_{it}>\gamma$ 或 $q_{it}\leqslant\gamma$ 时，q_{it} 会对因变量产生差异化影响。Hansen(1999 年)的门限模型能较好地解决此类问题：

$$\ln Y_{it}=\lambda'\ln M_{it}+\beta_1\ln X_{it}\cdot I(q_{it}\leqslant\gamma)+\beta_2\ln X_{it}\cdot I(q_{it}>\gamma)+C+\eta_{it}$$

其中：$I(\cdot)$ 是一个指示函数；$\eta_{it}\in iid(0,\ \sigma^2)$。$Y_{it}$ 表示因变量，t 为年份且 i 为经济个体，γ 表示特定的门槛值。作用于解释变量的门限变量为 q_{it}，相应的解释变量为 X_{it}。此外 M_{it} 表示控制变量的集合，λ' 为对应的系数向量，在两个区间 $q_{it}>\gamma$ 或 $q_{it}\leqslant\gamma$ 时，X_{it} 对 Y_{it} 的估计系数分别为 β_2 和 β_1。

Chan(1999 年)指出，当门限回归模型中 γ 靠近门限值时，残差平方和相应较小，通过采用非线性最小二乘法(即残差平方和最小化)得到门限值 γ 的估计式，即满足 $\hat{\gamma}=\mathrm{argmin}S(\gamma)$ 且 $S(\gamma)=e(\gamma)\hat{e}(\gamma)'$。进一步根据门限值 $\hat{\gamma}$ 求出其他参数的估计式，门限回归模型必须通过以下两方面检验：

检验一为是否存在门限，即门限效应是否显著。该检验中的备择假设是 $H_1:\hat{\beta}_1!=\hat{\beta}_2$，相应的原假设是 $H_0:\hat{\beta}_1=\hat{\beta}_2$。当通过备择假设时，表明模型中存在显著的门限效应。我们构建的 F 统计量和对应残差平方和如下：

$$F=\frac{S_0-S(\hat{\gamma})}{\hat{\sigma}^2},\ \hat{\sigma}^2=\frac{1}{n(T-1)}S(\gamma)=\frac{1}{n(T-1)}e(\gamma)\hat{e}(\gamma)'$$

其中：S_0 和 $S(\hat{\gamma})$ 分别为存在或不存在门限效应的残差平方和，由于 F 统计量的分布函数在原假设下非标准，使用 Hansen(1999 年)的 Bootstrap 方法(自体抽样法)来渐近模拟其分布函数，进而得到对应的

概率值 P 检验其显著性。

检验二为门限值是否等于真实值，即原假设是 $H_0:\hat{\gamma}=\gamma_0$。其中：$S_1(\gamma)$ 为存在其他可能门限值时对应的残差平方和；$S_1(\hat{\gamma})$ 为实际估出门限值的残差平方和；参考的临界值为 $C(\alpha)=-2\log[1-sqrt(1-\alpha)]$；$\alpha$ 为显著性水平。则：

$$LR(\gamma)=\frac{S_1(\gamma)-S_1(\hat{\gamma})}{\hat{\sigma}^2}$$

上述分析针对的是单一门限模型的情形，而实际计量过程中可能会存在双重或三重门限，本书设定以下模型来阐述双重门限回归模型：

$$\begin{aligned}\ln Y_{it}=\lambda''\ln M_{it}+\beta_1\ln X_{it}\times I(q_{it}\leqslant\gamma_1)+\beta_2\ln X_{it}\\ \times I(\gamma_1<q_{it}\leqslant\gamma_2)+\beta_3\ln X_{it}\\ \times I(q_{it}>\gamma_2)+C+\eta_{it}\end{aligned}$$

上式的基本思想是先搜索第一个门限值 γ_1，固定第一个门限值再搜索第二个门限值 γ_2，此后固定第二个门限值再重新搜索第一个门限值，重复上述过程 2～3 次，即可确定最终的门限值。每次搜索都在残差平方和最小处确定对应的门限值，这样保证门限值的估计是渐进有效的(Bai，1997 年)。类似地，三重门限模型是对单一门限和双重门限的相应拓展，此处不再赘述。

本书采用面板门限模型来考察生产性服务贸易自由化对行业出口的影响是否存在结构突变问题，单一门限和双重门限模型分别设定如下：

$$\begin{aligned}Y_{jt}=\lambda'\ln M_{jt}+\beta_1 ser\_lib_{jt}\times I(tfp_{jt}\leqslant\gamma)\\ +\beta_2 ser\_lib_{jt}\times I(tfp_{jt}>\gamma)+C+\eta_{jt}\end{aligned}$$

$$\begin{aligned}Y_{jt}=\lambda'\ln M_{jt}+\beta_1 ser\_lib_{jt}\times I(tfp_{jt}\leqslant\gamma_1)\\ +\beta_2 ser\_lib_{jt}\times I(\gamma_1<tfp_{jt}\leqslant\gamma_2)\\ +\beta_3 ser\_lib_{jt}\times I(tfp_{jt}>\gamma_2)+C+\eta_{jt}\end{aligned}$$

其中：Y_{jt} 为行业出口交货值；ser_lib_{jt} 为生产性服务贸易自由度；

tfp_{jt} 为采用OP法测算的行业生产率；M_{jt} 表示控制变量集合，包括资本投入($Fasset_{jt}$)、赫芬达尔指数(HHI_{jt})、新产品开发强度(NPS_{jt}) 以及知识产权保护(IPR_{jt})。

7.5.2 门限效果检验

前文通过逻辑推演考察了生产性服务贸易自由化对制造业出口的影响路径，认为服务贸易自由化会通过影响制造业生产率促进出口。那么服务贸易自由化对行业出口的影响是否会由于全要素生产率的作用表现出非线性的特点呢？为控制内生性，本章以服务贸易自由化的滞后项为解释变量，同时采用面板门限模型来检验生产性服务贸易自由化与行业出口的内在关系。

表 7-6 门限效果自抽样检验

模型	F值	P值	BS次数	临界值 1%	临界值 5%	临界值 10%
单一门限	173.729***	0.000	300	114.199	27.921	14.675
双重门限	−17.671**	0.027	300	−6.035	−20.987	−26.720
三重门限	15.802*	0.065	200	27.961	16.879	12.875

注：临界值和P值是根据自抽样法(Bootstrap)得到的结果，分别抽样300次和200次。

表 7-7 门限估计值和置信区间

模型	门限估计值	95%置信区间
第一个门限变量	5.706	[4.767, 5.706]
第二个门限变量	5.492	[5.398, 5.492]
第三个门限变量	4.806	[4.767, 6.866]

首先为确定门限值个数，采取自抽样方法对门限效应进行检验，如表7-6所示。门限回归依次对第一个门限值、第二个门限值进行搜索并以此类推，通过参数估计得到P值和F统计量。本章以制造业全要素生产率(tfp_{jt})作为门限变量，研究发现单一门限、双重门限以及三重门限效应均显著。其中，单一门限的P值在1%显著水平上拒绝

原假设，双重门限和三重门限分别在5%和10%水平上拒绝原假设。从表7-7结果来看，第三个门限变量估计值的95%置信区间非常宽泛，介于4.767～6.866，已经包含了第一个门限估计值5.706和第二个门限估计值5.492。这表明第三个门限变量和第二个门限变量在统计上无显著差异，因此，为提高自由度并使解释结果更方便，可以将其退化为双重门限模型进行分析。综上所述，生产性服务贸易自由化通过行业生产率影响行业出口的非线性关系得到证实。图7-3和图7-4分别显示了全要素生产率第一个和第二个门限估计值的置信区间，其中图形与虚线的重合部分表示置信区间临界值的上限和下限。接下来我们将采用双重门限模型进行回归分析。

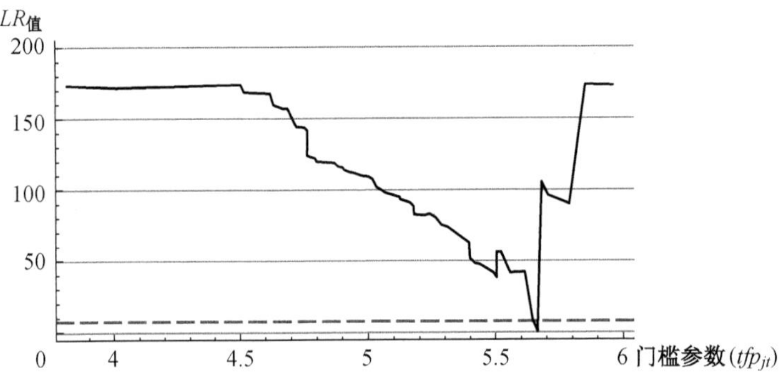

图7-3　生产率第一个门限变量的估计值和置信区间

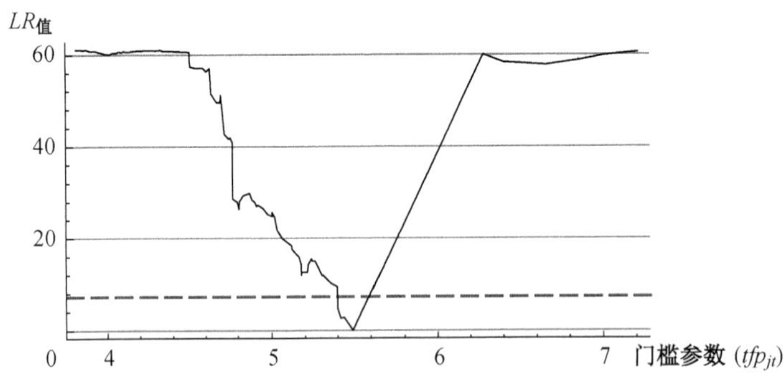

图7-4　生产率第二个门限变量的估计值和置信区间

7.5.3 门限回归

本章在实证分析中，首先根据两个门限估计值将制造业行业划分为高生产率水平行业（$tfp_{jt} > \gamma_1$）、中等生产率水平行业（$\gamma_2 < tfp_{jt} \leqslant \gamma_1$）和低生产率水平行业（$tfp_{jt} \leqslant \gamma_2$）三个区间。表 7-8 给出了面板门限模型的估计结果。可以看出，行业生产率高于第一个门限估计值 5.706 时，贸易自由化指标的估计系数在 10%水平上显著为负；行业生产率低于第二个门限估计值 5.492 时，贸易自由化指标的估计系数仍在 10%水平上显著为负；当行业生产率介于 5.492～5.706 时，贸易自由化指标的估计系数在统计上并不显著。

面板门限模型的结果验证了前文提出的理论假说 4。本章对生产性服务贸易自由化指标的构造仍采用服务贸易成本的关税等值法，当制造行业隶属于高生产率水平区间时（$tfp_{jt} > 5.492$），在追求比较优势和靠近技术前沿的过程中，该行业可供选择的服务中间投入较少，因而其将行业内低效率服务环节外包出去的可能性较低，生产性服务贸易自由化带来的贸易成本下降和技术水平提高作用有限。但行业生产率在一定层面上反映了行业出口的比较优势和国际竞争力，整体来看生产性服务贸易自由化与该行业出口呈显著正相关。当制造行业隶属于中等生产率水平区间时（$5.492 < tfp_{jt} \leqslant 5.706$），相较于高生产率行业更容易从生产性服务贸易自由化中获益，但受制于该行业技术水平和生产效率偏低的现实，生产性服务贸易自由化与该行业出口之间无明显的相关性。当制造行业隶属于低生产率水平区间时（$tfp_{jt} \leqslant 5.492$），由于自身技术水平和生产效率相对不足，更倾向于通过生产性服务贸易开放，来获取质量更优且种类更多的服务中间投入，并选择将低效率的服务环节外包出去。生产性服务贸易自由化促使该行业逐步改善自身出口劣势并抵消非正式贸易壁垒（白瑜婷，2014 年），因此贸易自由化的行业出口效应显著为正。

具体来说，制造业行业生产率与服务贸易自由化的出口效应之间存在 U 型关系，当行业生产率位于中间水平时，服务贸易自由化对行

表 7-8　面板门限回归结果

被解释变量：Y_{jt}	参数估计	标准差	t 值	P 值	95%置信区间
$ser\_lib_{jt}(tfp_{jt} > \gamma_1)$	−1.53e+07	8 163 740	1.88	0.071	[−1 401 962，3.21e+07]
$ser\_lib_{jt}(\gamma_2 < tfp_{jt} \leqslant \gamma_1)$	4.03e+07	2.40e+07	1.68	0.105	[−9 059 031，8.96e+07]
$ser\_lib_{jt}(tfp_{jt} \leqslant \gamma_2)$	−2.36e+07	1.35e+07	−1.75	0.092	[−5.13e+07，4 129 512]
NPS_{jt}	−3.71e+07	6.53e+07	−0.57	0.575	[−1.71e+08，9.70e+07]
IPR_{jt}	8.36e+07	5.10e+07	1.64	0.113	[−2.10e+07，1.88e+08]
HHI_{jt}	9 475 889	1.18e+07	0.80	0.429	[−1.47e+07，3.37e+07]
$Fasset_{jt}$	0.728 385	0.474 495	1.54	0.136	[−0.245 198，1.701 968]
$\_Cons$	−0.746e+08	5.11e+08	−1.46	0.156	[−1.79e+09，3.03e+08]

业出口无显著影响；当行业生产率位于较低或较高水平时，服务贸易自由化对行业出口有明显促进作用，但影响程度有差异。本章研究结论在一定程度上解释了我国制造业出口的“生产率悖论”。与 Melitz（2003 年）结论相悖，部分学者发现我国出口企业存在生产率悖论现象。李春顶和尹翔硕（2009 年）、刘海洋和汤二子（2011 年）先后采用增长核算法测算我国制造企业生产率并证实了出口企业生产率悖论的存在；范剑勇和冯猛（2013 年）采用 LP 法同样验证了我国出口企业生产率更低的结论。随后 Lu 和 Tao（2011 年）从国内外市场竞争程度差异视角对生产率悖论作出解释，认为劳动密集型行业中生产率较低企业的进入是导致该现象的原因。梁会君和史长宽（2013 年）从国内外贸易成本异质性角度对制造行业的生产率悖论现象进行阐释。戴觅和余淼杰（2014 年）则从加工贸易角度解释了特定行业我国出口企业生产率普遍较低的原因。本书认为生产率较低的制造行业更倾向于通过生产性服务贸易开放来节约成本并提升技术水平，进而促进行业出口。

7.6 生产性服务贸易自由化与行业技术复杂度研究

前文分别从企业和行业层面探讨了生产性服务贸易自由化对制造业出口总量的影响。接着我们将考察服务贸易自由化对制造行业技术复杂度的影响，出口技术复杂度从一定程度上反映了行业出口结构的优化，是事关我国制造业转型升级的重要问题。从已有文献来看，针对生产性服务贸易自由化影响制造业出口技术复杂度的直接研究较为缺乏，但关于生产性服务贸易与制造业技术进步视角的研究为我们提供了一些借鉴。在理论研究方面：Segerstorm（2000 年）和 Lennon 等（2009 年）均从服务中间投入的特征出发，认为生产性服务业进口与一国制造业技术进步以及效率水平之间呈正相关。Lnghammer（2006 年）则从分工演进的角度，指出生产性服务贸易进口会通过中间品种类增加和质量提升来促进制造业效率的提高。Raff 等（2007 年）基于服务可贸易性视角的研究,同样发现服务贸易进口有助于推动下游制造业的技术进步。伍华佳等(2009年)进一步将服务贸易进口促进制造业技术进步的机制归纳为:物质资本积累效应、人力资本效应与制度变迁效应的综合作用。但有些学者持不同意见,Baier等(2001年)认为服务贸易进口并非一定产生技术外溢,可能会挤占国内技术研发,从而对制造业生产效率产生消极影响。在实证研究方面:尚涛等(2009年)、蒙英华等(2010年)利用中国数据分别证实了生产性服务贸易进口对制造业生产效率以及国际竞争力的显著提升作用。张如庆(2012年)利用2004—2010年中国省市面板数据,验证了生产性服务业外资对出口制成品技术结构升级的促进效应。刘艳(2014年)基于52国的跨国面板数据,通过实证分析发现生产性服务业进口显著提高了高技术制成品的技术复杂度。现有研究为我们探讨服务贸易自由化与制造业出口技术复杂度的内在关系奠定了理论基础。

7.6.1 回归方程

本章将利用中国工业企业数据,对生产性服务贸易自由化与制造行业出口技术复杂度之间的内在关系进行初探。利用Hausman等(2007年)的方法来测度产品的技术复杂度,行业的技术复杂度可由行业内HS六位产品层面技术复杂度简单平均得到,实际上产品层面技术复杂度是由这种产品的全球化生产结构决定的。按照Hausman等(2007年)的方法,计算公式如下:

$$prody_{kt} = \sum_m \frac{(Export_{mk}/Export_m) \times Y_m}{\sum\limits_m (Export_{mk}/Export_m)}$$

其中:$prody_{kt}$ 表示HS六位产品 k 的技术复杂度;$Export_{mk}/Export_m$ 表示 m 国家产品 k 的出口额占该国出口的比重;Y_m 表示 m 国家的人均GDP。其中,1998—2007年各国HS六位产品之间的进出口数据来源于CEPII-BACI数据库,由于需计算制造业各行业的出口技术复杂度,我们采取迂回的方法,先算出HS92六位产品的技术复杂度,再根据联

合国提供的 HS1992 与国际贸易商品标准分类(SITC, Rev. 3)转换表,以及 SITC, Rev. 3 与我国国民经济行业分类(GB/T 4754—2002 年)之间的对照表,统一转化为行业层面的技术复杂度。本章充分考虑模型估计的内生性问题,分别采取系统 GMM 估计、一阶差分 GMM 估计、IV-2SLS 估计以及核心解释变量滞后一阶来进行回归。则:

$$prody_{jt} = \alpha + \beta_1 L.\,prody_{jt} + \beta_2 ser\_lib_{jt} + \beta_3 NPS_{jt} + \beta_4 IPR_{jt} + \beta_5 LnHu_{jt} + \beta_6 Fasset_{jt} + \varepsilon_{jt}$$

借鉴已有文献的做法,本书对相关变量的选取和说明如下:

(1) 新产品开发强度(NPS_{jt})。新产品开发强度用行业工业总产值中新产品产值所占比重来表示,数据来自 1998—2007 年《中国科技统计年鉴》。所谓新产品是指相比原产品在设计思路、研发技术、工艺流程以及结构材质等方面有所改进。生产性服务贸易开放降低了服务供应商的进入门槛,带来质量更优且种类更多的服务中间投入。Ethier(1982 年)、Amiti 和 Wei(2009 年)认为来自国外或国内的优质服务要素中间投入,会促使企业研发和生产多样化的新产品,进而提高其技术水平。Nordas(2010 年)也认为多元化服务要素投入有利于发挥服务密集型行业的竞争优势,提高生产效率和产品技术含量。

(2) 知识产权保护程度(IPR_{jt})。知识产权保护有助于降低生产和销售的不确定风险,通过提高执行效率和规范实施环境来获取出口比较优势。柒江艺和许和连(2012 年)指出加大知识产权保护力度可以促进出口产品技术含量的提升。目前衡量知识产权的指标较多,如 Park(2008 年)针对全球超过 100 个国家构造的知识产权保护综合指标(GP 指数)。Eicher 等(2008 年)认为拥有的发明专利更能体现现实的保护力度,因为申请的发明专利并不能从法律上杜绝竞争者的恶意仿制。本章基于 1998—2007 年《中国科技统计年鉴》,以制造业各行业拥有发明专利数的对数形式来表示行业知识产权保护程度。

(3) 人力资本禀赋($LnHu_{jt}$)。高技术出口制成品是典型的人力资本与物质资本密集型产品。基于要素禀赋理论(H-O 理论),人力资本丰裕的国家在出口高复杂度、高技术含量产品方面更具比较优势。人力资本也是经济增长的动力之一，其禀赋高低直接关系到企业的生产效率和竞争力。由于人力资本衡量的是劳动者的基本技能、能力以及知识水平，估算起来比较困难，Cole 等(2005 年)曾采用行业平均工资中员工平均工资所占的比重来表示。本章借鉴刘艳(2014 年)的做法，以高等教育入学率作为人力资本禀赋的替代变量，数据来源于《中国科技统计年鉴》。

(4) 物质资本水平 ($Fasset_{jt}$)。通常来说，物质资本水平越高的产业拥有更先进的生产技术和机器设备。但物资资本并非越高越好，需要与国家最适宜的技术结构相匹配(林毅夫和张鹏飞，2006 年)。已有文献对资本水平的测度多集中于省际层面或国家层面，大都采取资本租赁价格法或永续盘存法，但针对工业行业层面资本水平度量的文献较少。一些学者采用行业固定资产净值等指标来替代(胡昭玲，2007 年；蔡宏波，2011 年)，鉴于此，本章采用中国工业企业数据库中各行业加总的固定资产净值年均余额来表示。

7.6.2 回归结果分析

表 7-9 给出了生产性服务贸易自由化对制造业出口技术复杂度影响的估计结果。为保证结果的可信度，本章使用不同方法来控制贸易自由化指标可能产生的内生性问题。与前文一致，服务贸易自由化的构造仍采用 Novy(2013 年)贸易成本的关税等值法，预计对制造行业出口复杂度有负向影响。

本章在第(1)列中采用动态面板系统 GMM 估计，结果发现核心解释变量 ser_lib_{jt} 在 1%水平上显著为负，这表明生产性服务贸易自由化显著提升了我国制造行业的出口技术复杂度。从干扰项序列相关检验来看，在统计上无法拒绝模型估计不存在二阶序列相关的原假设。进一步进行过度识别检验，采用 Hansen 检验不受模型异方差和序列相关的影响，从 Hansen 统计量的 P 值来看，模型工具变量的使用是合理的。本章在第(2)列中采用一阶差分 GMM 估计，回归结果显示核心

表 7-9 生产性服务贸易自由化对行业技术复杂度的影响

被解释变量：$prody_{jt}$	系统 GMM	差分 GMM	IV-2SLS	解释变量 滞后一期
	(1)	(2)	(3)	(4)
$L.prody_{jt}$	1.080 2*** (0.001 6)	1.108 0*** (0.001 5)		
ser_lib_{jt}	−2 265.73*** (22.44)	−2 222.04*** (55.70)	−5 957.41** (2 525.49)	−4 960.58*** (1 814.38)
NPS_{jt}	3 189.52*** (642.22)	1 190.46** (454.64)	43 990.24* (26 363.72)	38 520.26 (26 670.11)
IPR_{jt}	−2 126.93*** (153.59)	−1 658.28*** (180.48)	3 965.59 (9 628.32)	6 769.92 (7 356.84)
$LnHu_{jt}$	0.011 1*** (0.000 4)	0.002 8*** (0.000 3)	0.038 9** (0.015 7)	0.035 6** (0.014 1)
$Fasset_{jt}$			0.000 3*** (0.000 08)	0.000 4*** (0.000 07)
$AR(1)$	[0.639]	[0.635]		
$AR(2)$	[0.240]	[0.842]		

（续表）

被解释变量：$prody_{jt}$	系统 GMM	差分 GMM	IV-2SLS	解释变量 滞后一期
	(1)	(2)	(3)	(4)
过度识别检验	23.65 [0.857 0]	23.59 [0.886 0]	2.743 [0.097 7]	
Wald/*F* 统计量	7.21e+07 [0.000 0]	1.39e+07 [0.000 0]	40.41 [0.000 0]	47.25 [0.000 0]
观测值	172	172	194	221

注：***、**和*分别表示 1%、5%和 10%的显著性水平，( )内数值为对应回归系数的标准误，[ ]内数值为相应统计量的 P 值，第(1)和第(2)列中部分解释变量由于多重共线性被删除。

解释变量的方向和显著性并未发生改变。从相关检验来看，二阶序列相关检验的 P 值为 0.857，过度识别检验的 P 值为 0.886，说明模型估计仍然通过不存在二阶序列相关的检验，且在各显著性水平上均接受工具变量合理的原假设。本章在第(3)列中采用工具变量两阶段最小二乘法(IV-2SLS)进行估计，发现贸易自由化指标仍然为负并通过 5%显著性水平，说明生产性服务贸易自由化确实促进了制造业出口技术复杂度的提升。为检验工具变量的合理性，该模型进行了以下三种检验：采用 Anderson Canon 的 LM 统计量进行识别不足检验，结果在 1%水平上显著拒绝了工具变量与内生变量不相关的原假设；采用 Cragg Donald 的 Wald F 统计量进行弱工具变量检验，其统计量远大于 10%水平上的临界值 19.93，因而不满足工具变量弱相关的假定；采用 Sargan 统计量进行过度识别检验，结果在各显著性水平上均接受工具变量合理的原假设，即工具变量与内生变量相关而与干扰项不相关。上述检验证实了所选工具变量的合理性，说明计量结果是稳健的。

与多数文献的做法一样(刘海云，2009 年；尹翔硕等，2014 年)，本章在第(4)列中考虑到贸易自由化指标可能对技术复杂度产生时滞效应，故将贸易自由化指标 ser_lib_{jt} 替换为其滞后一阶，结果发现生产性服务贸易自由化的符号与显著性与之前估计结果一致。进一步从控制变量来看，多数变量的回归结果与预期相符，新产品开发强度 NPS_{jt} 在 10%水平上显著为正，说明行业新产品开发力度的增强有利于提高出口产品技术复杂度。此外人力资本禀赋 $LnHu_{jt}$、物质资本水平 $Fasset_{jt}$ 分别在 5%水平和 10%水平上显著为正，由于生产要素禀赋高低直接关系到企业的生产效率和竞争力，因此，人力资本和物质资本较丰裕的行业，其出口制成品在技术含量和复杂度方面更具比较优势。

7.7 本章小结

国内外直接研究服务贸易自由化与制造业出口的文献较少，已有文献主要集中于服务贸易对贸易成本的影响、生产性服务业进口与制造业出口的关系以及服务外包对制造业出口的影响这三个方面。本章提出一个新的研究视角,从企业微观和行业中观层面深入探讨生产性服务贸易自由化与我国出口贸易增长之间的内在关系。首先,基于Baldwin(2010年)模型,从理论上分析生产性服务业开放对制造业出口的作用机理。其次,采用Heckman两阶段估计和生存分析方法,分别从企业出口参与决策、出口强度和出口持续时间角度,考察服务贸易自由化与企业出口的动态行为。最后,对服务贸易自由化对制造行业出口的影响进行非线性检验,并从出口贸易结构角度,研究服务贸易自由化对行业出口技术复杂度的影响。本章主要结论体现在以下方面:

(1)采用Heckman两阶段估计对中国生产性服务贸易自由化的商品出口效应进行检验,发现生产性服务贸易自由化对企业出口决策(出口扩展边际)以及出口强度(出口集约边际)均有显著的促进作用。进一步探讨服务贸易开放下这两种方式对企业出口的不同影响程度,参照毛其淋(2013年)的做法对贸易自由化指标进行标准化,结果发现贸易自由化对制造业出口增长的边际贡献中,扩展边际的作用更为显著。接下来考察生产性服务贸易自由化对制造企业出口的影响在所有制结构、不同服务使用率以及不同技术水平方面是否存在差异。估计结果表明:第一,服务贸易自由化对两类企业的出口决策与出口强度均有正向促进作用,从标准化系数来看,服务贸易自由化对国有企业出口强度和出口决策的影响效应均要大于外资企业。第二,服务贸易自由化对不同服务使用率企业的出口参与决策与出口强度均有正向影响,从标准化系数大小看,服务贸易自由化对高服务使用率企业出口强度和出口决策的影响效应均大于低服务使用率企业。第三,服务贸易自由化对不同技术水平企业的出口参与决策与出口强度均有正向影响,从标准化系数来看,服务贸易自由化对中等技术企业出口强度的促进作用最大,其次为中高技术企业,对中低技术企业的影响效应最小。从出口决策影响程度看,服务贸易自由化使技术水平较高的企业更倾向于出口。

(2) 进一步考察生产性服务贸易开放对企业出口退出行为的影响,发现服务贸易自由化降低了出口市场上企业的退出概率。该实证结果验证了前文理论研究假说 3。从不同所有制企业的估计结果看,贸易自由化对外资企业的出口退出产生显著的抑制作用。继续考察生产性服务贸易自由化对企业出口生存时间的影响。首先采用非参数方法进行初步估计,然后以此为基础构建离散时间生存模型进行计量分析。结果表明,生产性服务贸易自由度的提高降低了制造企业出口贸易关系终止的概率,从而有利于延长企业出口生存时间。分别对每一贸易关系的首个持续时间段(First Spell)和只有一个持续时间段(Only One Spell)的分样本数据进行检验,发现结果是稳健的。

(3) 考察生产性服务贸易自由化与制造行业出口的关系时,发现服务贸易自由化对行业出口的影响会由于全要素生产率的作用表现出非线性特征,并且存在双重门限效应。该实证结果验证了前文理论研究假说 4。当制造业属于中等生产率水平区间 ($5.492 < tfp_{jt} \leqslant 5.706$) 时,服务贸易自由化对行业出口无显著影响;当制造业属于低生产率($tfp_{jt} \leqslant 5.492$) 或高生产率区间($tfp_{jt} > 5.492$) 时,服务贸易自由化对行业出口有明显促进作用,但影响程度有差异。本书研究结论在一定程度上解释了我国制造业出口的"生产率悖论"。

(4) 前文从企业和行业层面探讨了生产性服务贸易自由化对制造业出口总量的影响,接着继续考察服务贸易自由化对制造行业技术复杂度的影响,出口技术复杂度从一定程度上反映了行业出口结构的优化。实证分析中充分考虑模型估计的内生性问题,分别采取系统 GMM 估计、一阶差分 GMM 估计、IV-2SLS 估计以及核心解释变量滞后一阶来进行回归,结果发现生产性服务贸易自由化促进我国制造业出口技术复杂度提升的结论是稳健可靠的。

8 结论、政策建议及展望

8.1 主要研究结论

本书基于中国工业企业数据库和世界投入产出数据库，结合理论和实证研究方法，重点探讨生产性服务贸易自由化对我国制造业发展的作用机制，综合整理已有文献中提到并解释的各种服务贸易自由化影响路径，从生产率提高效应、就业增加效应和商品出口效应三个角度展开分析。通过对上述问题的细致研究，本书得出了比较丰富的结论。本书将对这些主要结论进行回顾和总结，并提出相应的政策建议，最后针对本书研究的不足之处指出未来进一步可能研究的方向。

(1) 在归纳总结已有文献的基础上，本书通过逻辑推演对生产性服务贸易自由化影响制造业发展的机制进行规范分析，其作用机制包括生产率效应、就业效应和商品出口效应三个方面。其中生产性服务贸易自由化主要通过中间品贸易、产品内资源重置和技术创新等渠道作用于制造业企业生产率。生产性服务贸易自由化对行业生产率的影响则来自两方面：一是行业内企业生产率的加总效应；二是企业进入退出和市场份额转移带来的资源再配置效应。生产性服务贸易自由化对制造业就业和出口的影响，均可划分为直接效应和间接效应。

(2) 从中国生产性服务贸易自由化进程来看，第一，我国生产性服务贸易的多边开放主要包括加入 WTO 前生产性服务业开放、加入 WTO 后 GATS 框架下的开放以及生产性服务业开放的最新进展。第二，我国双边或区域生产性服务贸易自由化表现出如下特征：其一，区

域服务贸易较多边服务贸易的承诺水平有所提升;其二,区域服务贸易开放采取渐近、灵活的原则;其三,区域服务贸易开放由“扩展”转为“深化”。第三,对商业存在模式下生产性服务业利用外资特征的研究发现:我国生产性服务业外资规模不断增加、比重逐渐上升,但各行业利用外资分布不均,外资开放度仍然较低。第四,本书创新地采用Novy(2013年)的相对贸易模型,通过服务贸易成本的关税等值间接衡量我国生产性服务部门的贸易自由度。结果发现,我国生产性服务贸易成本的关税等值总体呈不断下降趋势,尤其加入WTO后贸易成本的下降更为明显。从具体服务部门来看,批发零售业和航空运输业贸易成本的下降幅度较大,而金融业无论贸易成本的绝对值还是变动幅度均相对较小。

(3) 生产性服务贸易自由化促进了我国制造业全要素生产率的提升。本书基于张艳等(2013年)任务外包模型提出理论研究假设,认为生产性服务贸易自由化主要通过中间品贸易、产品内资源重置和技术创新等渠道影响制造业企业生产率。从调节效应来看,生产性服务贸易开放确实通过研究开发费用、中间投入合计(营业中间投入、管理中间投入与其他中间投入)对企业生产率产生正向影响。企业规模和所有制结构异质性视角的考察发现:第一,大型企业服务内置现象较为明显,中小企业对外界服务投入依赖更高,因此商业服务、交通运输和通信服务贸易自由化更倾向于提高中小企业的生产效率。第二,大型制造企业多隶属于资金密集型行业,对资金的依赖程度更高且受制于金融产权改革的相对滞后,金融服务贸易自由化反而更利于提高大型企业的生产效率。第三,外资企业相比国有企业更熟悉国际经营环境,更倾向于从服务部门开放中获益。进一步从企业生产率分布异质性角度来看,第一,商业服务、交通运输和通信服务贸易自由化更倾向于提高行业内靠近技术前沿即技术水平较高企业的生产率。第二,金融服务贸易自由化对行业内远离技术前沿即技术水平较低企业的生产率效应更显著。最后对制造行业生产率进行动态分解,重点考察服务贸易自由化在其中发挥的作用。根据Bernard和Jensen(2003年)分解思路，我国制造行业生产率的增长是由企业技术进步（在位企业自身生产率提高）、第一类资源重置效应（生产率异质企业之间的进入和退出行为）、第二类资源重置效应（持续企业之间市场份额转移）所共同决定。实证结果显示，生产性服务贸易自由化显著提高了制造业行业总体生产率、资源再配置效应以及技术进步效应。但贸易自由化对资源配置的促进作用主要是依靠企业的进入退出实现，在位企业之间市场份额转移所带来驱动作用甚微甚至为负。

(4) 对生产性服务贸易自由化与制造业就业关系的研究发现：第一，基于 Feenstra 和 Hanson(1996 年)理论模型提出理论研究假说，认为生产性服务贸易自由化通过外包效应提高生产效率和出口进而作用于制造业就业总量；同时通过就业转移效应影响制造业就业结构。第二，通过采用动态面板系统 GMM 估计以及分组回归方式，分别考察生产性服务贸易自由化对制造业就业总量和就业结构的影响。其中，服务贸易自由化对制造业就业总量的影响取决于以下两方面：①通过外包效应减少了制造业内部生产服务部门的就业；②通过生产率和出口作用于就业，一方面倾向于节约劳动力并降低劳动需求；另一方面促使企业扩大生产规模并增加出口，进而加大对劳动力市场的需求。服务贸易自由化对制造业就业结构的影响除上述两方面的分析，还应考虑出口技术结构的影响，当制造行业主要出口劳动密集型产品时，可能会增加非技术工人的就业比重；当制造行业主要出口资本密集型和技术密集型产品时，则会相应提高技术工人的比重。本章的实证结果验证了理论假说，发现生产性服务贸易自由化显著提高了制造业就业总量，同时促进了制造业就业结构的优化，即更倾向于提高技术工人的比重。

(5) 对生产性服务贸易自由化与制造业出口内在关系的研究发现：第一，采用 Heckman 两阶段估计对中国生产性服务部门贸易自由化的商品出口效应进行检验，发现生产性服务贸易自由化对企业出口决策（出口扩展边际）以及出口强度（出口集约边际）均有显著的促进作用。进一步探讨贸易开放下这两种方式对企业出口的不同影响程度，

结果表明，服务贸易开放对制造业出口增长的边际贡献中，扩展边际的作用更为显著。第二，从异质性角度来看，生产性服务贸易自由化对制造企业出口的影响在不同所有制结构、不同服务使用率以及不同技术水平方面存在差异。第三，从企业出口动态行为来看，生产性服务贸易自由化降低了出口市场上企业的退出概率，同时也降低了企业出口贸易关系终止的风险率，从而有利于延长企业出口生存时间。第四，从行业出口层面来看，生产性服务贸易自由化对行业出口的影响会由于全要素生产率的作用表现出非线性特征，并且存在双重门限效应。当制造业属于中等生产率水平区间（$5.492 < tfp_{jt} \leqslant 5.706$）时，服务贸易自由化对行业出口无显著影响；当制造业属于低生产率（$tfp_{jt} \leqslant 5.492$）或高生产率区间（$tfp_{jt} > 5.492$）时，服务贸易自由化对行业出口有明显促进作用，但影响程度有差异。此外，出口技术复杂度从一定程度上反映了行业出口结构的优化，实证分析表明生产性服务贸易自由化促进了我国制造业出口技术复杂度的提升。

8.2 政策建议

前文通过理论和实证研究发现，生产性服务贸易自由化可以促进我国制造业生产效率的提高、就业的增加以及商品出口的扩大。在服务贸易自由化大趋势背景下，有效利用这一途径对推动制造业转型升级、经济发展方式转变以及吸纳就业具有重要的现实意义。生产性服务贸易开放降低了国外服务企业的进入壁垒，通过中间品贸易带来种类更多、质量更优且效率更高的服务中间投入，同时通过外包效应将低效率服务环节外包出去，促使企业集中资源从事更高效率环节的生产。本书将围绕生产性服务贸易进口、服务业引资、服务外包以及服务业与制造业产业关联等视角提出相应的政策建议。

8.2.1 实施生产性服务业差异化开放战略

从实证结果可以看出，不同生产性服务部门的自由化对制造业全要素生产率的影响存在差异性。鉴于此，政府在生产性服务部门的开放过程中应制定相应的开放战略：首先，要熟悉生产性服务部门的实际开放概况，以确定不同部门的优先开放顺序，即哪些部门属于关系国家经济安全的生产性服务部门，哪些部门属于竞争优势更明显的生产性服务部门。其次，在实际开放过程中根据国内生产性服务部门的具体特征，决定哪些部门需采取保护措施且哪些部门可以承受较大程度的对外开放。结合实证结果估计值大小，我们发现交通运输和邮政通信部门贸易自由化对制造业生产率的提升作用较大，因此，优先开放这些生产性服务部门不仅符合其内在的比较优势，而且也有助于提高制造业全要素生产率。从企业规模异质性影响来看，商业服务、交通运输和通信部门贸易自由化更有利于中小企业生产率的提升，从扶持中小企业发展的视角来看，我国有必要继续推行该服务领域的对外开放。从生产率分布异质性影响来看，金融服务开放带来的改革红利更容易被生产率较低的企业所攫取。因此，在其他生产性服务部门推行以竞争为导向的市场化改革时，有必要在金融部门实施"产权结构改革"，政府从市场准入、经营管制、产权改革等多个层面出台配套措施，并且密切关注政策实施效果。此外，有必要继续推动要素市场的市场化改革。从实证结果可以看出，生产性服务贸易自由化通过改善企业平均生产率和资源再配置效应促进行业生产率的提升。在要素市场仍然存在扭曲的情形下，应继续推进要素市场的市场化进程，发挥市场的优胜劣汰机制并激发企业的创新能力，实现行业资源在企业间的合理配置，进而从生产性服务部门开放中获益。

8.2.2　扩大生产性服务贸易进口

目前我国制造业转型升级面临的主要问题，实质是提供配套服务的生产性服务业发展相对滞后，难以发挥对制造业的支撑和引领作用。我国制造业大规模提供优质生产性服务的能力较薄弱，亟需在培育发展本国生产性服务业比较优势的同时，加大对国外先进生产性服务的进口力度。尽管我国生产性服务贸易进口规模呈逐年扩大的趋

势，但从进口贸易结构来看，运输服务和商业服务等传统生产性服务依旧占较大比重，高端生产性服务，如金融服务、保险服务、计算机和信息服务以及通信服务等所占比重相对较低，生产性服务贸易的进口结构有待进一步优化。本书认为要发挥生产性服务贸易进口对制造业发展的支撑作用，提高进口综合效应并优化进口结构，应采取以下几方面措施：第一，多数发展中国家在国民待遇和市场准入两个原则下设置严格的壁垒，使生产性服务业对制造业发展的提升作用大打折扣。未来应积极参与服务贸易的多边开放，加强双边或区域服务贸易合作，通过与其他国家签订服务贸易协定来继续扩大生产性服务领域的开放程度。第二，提高知识密集型生产性服务业的进口力度，侧重引进国外先进的服务种类、管理理念和商业模式。通过加大与战略新兴产业和先进制造业相配套的研发设计、融资租赁、信息技术服务和节能环保等我国比较劣势较为明显地服务贸易的进口，来构建生产性服务贸易的动态比较优势。第三，加快培育跨境电商平台，利用互联网拓展生产性服务贸易进口。一方面要积极搭建进口促进平台；另一方面则要提高进口贸易便利化水平，通过互联网快速建立针对重点服务产品或产业的进口风险预警机制与快速反应管理体系。

8.2.3 进一步加大生产性服务业引资力度

目前世界服务贸易总额中以商业存在形式实现的服务贸易额比重为55%～60%，是服务贸易最主要的提供方式。服务业FDI与商业存在模式直接关联，成为服务贸易自由化的重要形式。根据经合组织2015年最新统计的外商直接投资限制指数，我国除法律和航空领域的限制程度较低外，其余生产性服务领域的限制程度大都高于发达国家和主要新兴经济体国家。从服务业外资开放的水平可知，我国生产性服务业未来对国际资本的开放仍有较大提升空间。我国“十二五”规划明确提出要加大物流、金融等服务业的对外开放，引进优质资源并提高服务业国际竞争力。管理部门应综合考虑国内服务业承载能力、市场化程度、经济发展水平以及国家宏观调控等多方面情况，在外资业务经营地域、经营范围和市场准入条件等方面不断调整，主要包括以下几方面措施：

第一，有针对性地引导外资流向生产性服务业。首先，我国在提高引资数量的同时，更应注重引资的质量和效果，积极引导一些产业关联度高、技术溢出效应强、对制造业效率提升明显的外资进入生产性服务领域，满足制造业转型升级的需求并实现服务功能价值链与制造业的集聚和重组。基于《投入产出表 2010 年》测算，我国制造业中间投入使用中交通运输和仓储服务比重最大，但仍处于起步阶段，因此应充分利用外资的先进管理理念和商业模式，将信息技术、金融保险和商务服务等与现代物流业有机融合，提高现代物流业的生产效率和创新能力。其次，我国应有步骤地开放金融、电信等涉及国家经济安全的敏感服务领域，将较为薄弱的生产性服务业纳入优先鼓励发展的范围(包括研发、信息、供应链、专业服务与市场营销等)，加大对这些服务领域的政策倾斜和扶持力度。再次，服务业开放的滞后或超前均不利于国内服务市场的发展。在引进外资过程中应循序渐进，根据开放中出现的问题及时调整产业政策与规制，最大程度地规避外资开放带来的负面效应。

第二，进一步发挥生产性服务业外资的集聚效应和辐射能力。根据制造业与生产性服务业协同定位理论，我国在引进和利用生产性服务业外资过程中，应充分考虑在城市地区间实现合理的产业布局和资源优化配置，加强技术溢出效应的空间相关性(张宇馨，2014 年)。一方面提高中心城市知识密集型服务业的辐射能力，拓展其服务半径并为周边城市提供高端服务。周边城市利用中心城市的优质服务要素资源弥补招商引资能力匮乏的短板，进而较好地推进产业结构升级；另一方面积极引进与制造业关联度较高的外商投资项目，发挥对产业链上下游的辐射功能和枢纽作用，通过集聚效应降低生产成本并更快地实现制造业与高端生产性服务业的有效融合。

8.2.4 利用服务外包，促进制造业转型升级

随着经济全球化和信息技术的广泛应用，服务“可贸易性”的特征

日益显现，服务外包成了国际服务业转移的新业态。大多数跨国公司为降低生产成本、提高竞争力，选择将低效率的非核心环节外包给成本更低的国家或地区。目前我国传统制造业正经历由劳动密集型向知识技术密集型转变的压力，服务外包对制造业生产效率和出口结构优化的影响，可以促进制造业内部产品技术创新、引导产业结构转型升级，增强企业出口比较优势和国际竞争力。结合我国服务外包存在的主要问题，为有效发挥生产性服务外包对制造业发展的杠杆作用，本书认为应采取以下几方面措施：

第一，引进高端人力资源，提升多元化服务能力。首先，我国服务外包领域对高端人才的需求仍存在较大缺口，具有专业技术和丰富从业经验的人员相对匮乏。据中国竞争力报告(2012—2013 年)统计，我国服务外包产业的员工多为工龄不足 5 年的新员工，而工龄 10 年以上的老员工仅占整个行业的 1%。其次，外语能力不足使我国企业从事服务外包业务时产生语言和文化的隔阂。再次，我国服务外包企业缺乏系统解决方案设计、行业咨询、业务流程再造等服务能力，难以符合高端市场的需求。虽然我国服务外包产业发展较快，但多数企业不具备完整产业链的供应能力，仅能服务产业链上单个或几个环节。上述原因导致我国企业在专业技能和服务水平方面与国际服务企业存在较大差距。未来政府应加强对服务外包行业专业人员的培训力度，如设立服务外包人才培养专项资金、进行课程开放和职业培训、对高端稀缺人员的引进给予政策支持等。

第二，加强知识产权与信息安全保护。目前涉及核心知识产权和关键数据的外包业务难以向中国转移，原因在于，我国网络信息安全立法严重滞后、信用体系监管不健全、关于知识产权保护的法律法规相对缺乏，这些因素使服务发包企业的利益无法得到保障。未来我国亟待构建服务外包行业信息安全与知识产权保护体系：一方面制定专门法律法规，以及配套的部门规制和实施细则；另一方面构建咨询和投诉平台，加强对信息安全技术和知识产权领域资金和人力的投入，以及相关成果的国际宣传推广力度(李钢等，2012 年)。

第三，完善服务业法制与征信制度建设。一方面借鉴国际标准和惯例，加强国内服务行业法律法规的建设；另一方面进行诚信宣传教育，系统调查和评估服务企业和消费者的资信状况，建立服务主体的信用信息数据库，加快构建全社会的征信制度和体系。

8.2.5 提高生产性服务业与制造业的产业关联度

生产性服务业作为经济活动的中间枢纽，贯穿于生产链条的各个环节，通过提高专业化分工水平和降低制造业中间服务投入成本来使制造业部门受益(Eswaran 和 Kotwal, 2002 年)。目前我国生产性服务业与制造业的产业关联度较低，根据 OECD 各国投入产出表计算，我国制造业部门对生产性服务部门的依赖程度较低，该数值仅为 14.16%，而同期美国和德国分别为 37.17%和 31.60%，巴西和印度该数值也远高于中国水平。部分学者对生产性服务业与制造业互动关系的研究发现，生产性服务业对制造业增长的拉动作用明显小于制造业对生产性服务业发展的促进作用(高觉民和李晓慧，2011 年)。下面我们对提高生产性服务业与制造业的联系提出几点可能的建议：第一，积极引进与制造业关联度较高的生产性服务业外资或跨境服务供应商，通过产业间关联的前向溢出和聚集效应，更快地实现制造业与高端生产性服务业的有效融合，进而改善制造业生产效率并提高其对新技术的消化吸收能力；第二，鼓励国外先进服务企业对制造业企业的产品提出高标准，通过后向溢出倒逼本国制造企业进行产品质量升级；第三，通过金融、财政等优惠政策推进服务业从制造业内部分离，扩大生产性服务要素投入，通过各种平台搭建来促进生产性服务业与制造业的融合发展。

8.3 研究不足与展望

如引言所述，本书的边际贡献主要体现在理论研究探索、服务贸易自由化指标的测度、研究视角以及研究方法四个方面，但是在这些

方面本书仍存在如下不足和值得未来进一步研究之处。

（1）对服务贸易自由化收益理论的拓展。已有关于服务贸易自由化收益的理论研究，都是基于传统贸易理论和新贸易理论框架，从比较优势、要素禀赋或规模经济等视角，来探讨服务要素国际间流动能否增加贸易国的福利效应。尽管本书尝试从理论方面进行创新，通过数理模型的建立与推导，在异质性企业贸易理论框架下考察生产性服务贸易开放对制造业行业生产率的影响，但本书的理论探索仍属尝试性研究，有待进一步拓展和深化。一方面，模型采用高技术引入成本和可变贸易成本的下降来表示生产性服务贸易自由化，并没有很好地体现生产性服务业的特性和作用，今后应更多地对模型中的关键机制进行理论探索和实证检验；另一方面，现有理论文献较少从制度视角来考察服务贸易自由化收益。部分学者认为生产性服务业 FDI 溢出效应的发挥受东道国体制机制的制约（Claessens 和 Laeven，2003 年；韩超德，2011 年）。新制度经济学指出，一国的经济绩效和资源配置效率高低取决于制度的优劣。目前我国在宏观与微观层面都进行了一系列制度变革，微观层面主要体现在微观治理结构的优化与产权制度改革，宏观层面则表现为资源在三大产业间有序转移，促使行业生产率与社会资源配置效率逐步提升。因此，在制造业转型升级中，制度是诠释全要素生产率增长不可或缺的因素。忽略制度变量对生产率增长的作用，无疑会夸大生产性服务贸易开放对制造业生产效率的影响。今后的理论研究方向应将制度因素纳入异质性企业贸易模型框架，考察特定制度环境下服务贸易开放的生产率效应。

（2）对服务贸易自由化指标测度的改进。由于服务贸易具有无形性、非储存性和非转移性，使服务贸易自由化的测度存在较大难度。服务贸易自由化与服务贸易成本类似于硬币的两面，本书基于 Novy（2013 年）“相对贸易模型”中服务贸易成本的关税等值进行间接测度，该指标较全面地衡量了生产性服务贸易开放的政策信息。但该指标仅反映贸易国的相对开放程度，未来研究中需要进行标准化处理和敏感性分析，基于改进数据的计量结果将更加精准。此外，本书服务贸易数据来源于世界投入产出数据库，该数据库涵盖世界41个国家或地区的服务进出口数据。尽管服务贸易成本关税等值的测度不受样本量大小的影响，但后续研究可以进一步完善并将样本拓宽至世界所有国家或地区，扩大整个研究样本的范围来捕捉更多服务贸易的进出口信息。

(3) 在研究视角方面，首先，在考察服务贸易自由化与制造业就业这一主题时，主要围绕就业总量和就业结构展开。这两方面研究都是基于静态视角，缺乏从长短期就业效应等动态视角的考察。事实上，服务贸易自由化对制造业就业的拉动效应是动态持续的。部分学者基于服务外包视角的研究发现，短期内服务外包带来的失业和劳动力转移只占就业总量的较小部分，长期内失业人员转移到新岗位可能会导致国家就业的增加(Garner, 2004 年；Bhagwati, 2004 年)。未来的研究可以扩展 Greenaway 等(1998 年)的理论分析框架，进一步探讨服务贸易开放对就业行为的动态影响。其次，在考察服务贸易自由化与企业生产率关系这一主题时，本书仅从外包效应角度探讨其实现途径，没有对服务外包展开系统的研究。今后应继续挖掘我国服务外包的微观数据，对服务外包与制造业发展的内在关系进行细致全面的分析。结合已有文献，建议从以下方面进行拓展：第一，从服务主体差异、传统和新型服务业异质性角度考察国内服务外包和国际服务外包对制造业发展的不同影响；第二，对比研究制造行业和服务行业外包的原因、作用机理和经济效益。第三，探讨服务外包组织成本与组织架构对制造企业生产效率的影响。

(4) 在研究方法方面，鉴于服务贸易自由化指标的非严格外生性，本书主要采取动态面板系统 GMM 估计来控制内生性。在考察服务贸易自由化与企业生产率关系时，本书在稳健性检验中采用倍差法(DID)进行回归，该方法在控制差异时更接近准自然实验。在实际研究中，我们以加入 WTO 作为政策冲击虚拟变量，由于入世后我国贸易自由化主要体现为货物贸易领域关税壁垒的削减，服务贸易领域开放所占比重相对较小，因此，实证结果在一定程度上夸大了服

务贸易自由化的生产率效应。我们在未来研究中需要进一步排除其他政策效应的影响,更准确地衡量服务贸易开放的生产率效应。此外还可以尝试进一步使用结构模型(Structural Model)来处理这种内生性问题。

参考文献

[1] 白瑜婷. 国际服务贸易和制造业发展——基于中国服务外包视角的实证研究[D]. 天津:南开大学博士学位论文,2014.

[2] 蔡昉,宋立刚. 中国经济增长与发展新模式[M]. 北京:社会科学文献出版,2014.

[3] 蔡宏波. 外包与劳动生产率提升——基于中国工业行业数据的再检验[J]. 数量经济技术经济研究,2011(1):63-75.

[4] 陈保启,李为人. 生产性服务业的发展与我国经济增长方式的转变[J]. 中国社会科学院研究生院学报,2006(6):86-90.

[5] 陈明,魏作磊. 中国服务业开放对产业结构升级的影响[J]. 经济学家,2016(4):24-32.

[6] 陈伟达,冯小康. 生产者服务业与制造业的互动演化研究——基于我国投入产出表的实证分析[J]. 华东经济管理,2010,24(1):54-59.

[7] 陈文芝. 贸易自由化与行业生产率:企业异质性视野的机理分析与实证研究[D]. 浙江:浙江大学博士学位论文,2009.

[8] 陈勇兵,仉荣,曹亮. 中间品进口会促进企业生产率增长吗?——基于中国企业微观数据的分析[J]. 财贸经济,2012(3):76-86.

[9] 陈仲常,马红旗. 中国制造业不同外包形式的就业效应研究:基于动态劳动需求模型的实证检验[J]. 中国工业经济,2010(4):79-88.

[10] 戴觅,余淼杰. 中国出口企业生产率之谜:加工贸易的作用[J]. 经济学:季刊,2014,13(1):675-698.

[11] 段炼. 中国生产性服务业内部结构的经济效应[J]. 经济管理,2014(6):26-33.

[12] 范剑勇,冯猛. 中国制造业出口企业生产率悖论之谜:基于出口密度差别上的检验[J]. 管理世界,2013(8):16-29.

[13] 樊秀峰,余姗. 价值链视角下异质性跨国外包与制造业生产率效应[J]. 当代财

经,2013(11):99-109.

[14] 樊瑛. 中国服务业开放度研究[J]. 国际贸易,2012(10):10-17.

[15] 高觉民,李晓慧. 生产性服务业与制造业的互动机理:理论与实证[J]. 中国工业经济,2011(6):151-160.

[16] 耿殿贺,原毅军. 生产性服务业促进制造业企业动态创新能力的机理研究[J]. 经济研究导刊,2010(24):22-24.

[17] 顾乃华,毕斗斗,任旺兵. 生产性服务业与制造业互动发展:文献综述[J]. 经济学家,2006(6):35-41.

[18] 韩德超. 生产性服务业 FDI 对工业企业效率影响研究[J]. 统计研究,2011,28(2):65-70.

[19] 黄建忠,袁姗. 两岸服务贸易自由化评估及福建对台服务合作——基于两岸加入 WTO 与 ECFA 中服务贸易开放承诺的比较[J]. 亚太经济,2011(4):130-136.

[20] 黄少军. 服务业与经济增长[M]. 北京:经济科学出版社,2000.

[21] 韩先锋,惠宁,宋文飞. 贸易自由化影响了研发创新效率吗?[J]. 财经研究,2015(2):15-26.

[22] 胡国平,杨诗宇,景宏鑫. 生产性服务业 FDI 对我国制造业效率的影响研究:基于关联效应的视角[J]. 投资研究,2013,32(8):153-158.

[23] 霍杰. 服务业自由化对制造业全要素生产率的影响[J]. 商业研究,2012(8):108-113.

[24] 胡昭玲. 产品内国际分工对中国工业生产率的影响分析[J]. 中国工业经济,2007(6):38-45.

[25] 蒋殿春,张宇. 经济转型与外商直接投资技术溢出效应[J]. 经济研究,2008(7):26-38.

[26] 江静,刘志彪,于明超. 生产者服务业发展与制造业效率提升:基于地区和行业面板数据的经验分析[J]. 世界经济,2007(8):52-62.

[27] 江小涓,李辉. 服务业与中国经济:相关性和加快增长的潜力[J]. 经济研究,2004(1):4-15.

[28] 简泽. 市场扭曲、跨企业的资源配置与制造业部门的生产率[J]. 中国工业经济,2011(1):58-68.

[29] 简泽,张涛,伏玉林. 进口自由化、竞争与本土企业的全要素生产率——基于中国加入 WTO 的一个自然实验[J]. 经济研究,2014(8):120-132.

[30] 季剑军. 服务业开放度与竞争力的国际比较[J]. 宏观经济研究,2015(1):

28-30.

[31] 吉亚辉,李岩,苏晓晨.我国生产性服务业与制造业的相关性研究——基于产业聚集的分析[J].软科学,2012,26(3):15-38.

[32] 梁会君,史长宽.国内外贸易成本差异、行业要素密集度与我国出口"生产率悖论"——基于中国制造业动态面板数据[J].山西财经大学学报,2013(10):54-67.

[33] 李春顶,尹翔硕.中国服务业开放对产业结构升级的影响[J].财贸经济,2009(11):84-111.

[34] 李丹.亚洲区域服务贸易自由化的合作问题研究[D].大连理工大学博士学位论文,2012.

[35] 李钢,郝治军,聂平香.对我国服务业开放的多维度评估[J].国际贸易,2015(1):53-58.

[36] 林毅夫,张鹏飞.适宜技术、技术选择和发展中国家的经济增长[J].经济学:季刊,2006,5(4):985-1006.

[37] 李强.生产性服务贸易自由化与制造业生产率提升:基于跨国数据的分析[J].商业经济与管理,2014(11):86-95.

[38] 李平,姜丽.贸易自由化、中间品进口与中国技术创新[J].国际贸易问题,2015(7):3-11.

[39] 刘海洋,汤二子.鼓励出口究竟能否促进企业生产率提高的数据验证[J].现代财经(天津财经大学学报),2011(6):108-119.

[40] 刘海云,唐玲.国际外包的生产率效应及行业差异——基于中国工业行业的经验研究[J].中国工业经济,2009(8):78-86.

[41] 刘莉,黄建忠.服务贸易自由化发展的不平衡性分析[J].亚太经济,2008(6):39-42.

[42] 刘艳.服务业 FDI 的前向关联和中国制造业生产率增长——基于行业面板数据的实证分析[J].世界贸易组织动态与研究,2013(5):70-78.

[43] 刘艳.生产性服务进口与高技术制成品出口复杂度——基于跨国面板数据的实证分析[J].产业经济研究,2014(4):84-93.

[44] 刘中伟.东亚区域服务贸易自由化合作发展机制研究[D].北京科技大学博士学位论文,2015.

[45] 李艳华,葛丹丹.服务外包对中国制造业生产率的影响机制探讨[J].山东社会科学,2011(2):100-104.

[46] 李玉红,王皓,郑玉歆.企业演化:中国工业生产率增长的重要途径[J].经济研

究,2008(6):12-24.

[47] 罗立彬.服务业 FDI 与东道国制造业效率提升[J].国际经贸探索,2009(8):69-73.

[48] 逯宇铎,李丹.亚洲区域服务贸易自由化合作问题研究[M].北京:经济科学出版社,2013.

[49] 吕延方,王冬.参与不同形式外包对中国劳动力就业动态效应的经验研究[J].数量经济技术经济研究,2011,28(9):103-117.

[50] 毛其淋.贸易自由化、异质性与企业动态:对中国制造业企业的经验研究[D].天津:南开大学博士学位论文,2013.

[51] 毛其淋,许家云.中间品贸易自由化的生产率效应——以中国加入 WTO 为背景的经验研究[J].财经研究,2015(4):42-53.

[52] 孟雪.反向服务外包如何影响中国的就业结构:以中国作为发包国的视角分析[J].国际贸易问题,2012(9):82-95.

[53] 孟夏,于晓燕.论中国区域服务贸易自由化的发展与特点[J].国际贸易,2009(9):54-58.

[54] 蒙英华,尹翔硕.生产者服务贸易与中国制造业效率提升——基于行业面板数据的考察[J].世界经济研究,2010(7):38-45.

[55] 聂辉华,贾瑞雪.中国制造业企业生产率与资源误置[J].世界经济,2011(7):27-41.

[56] 潘明韬,卫平.中国的对外外包与出口:基于制造行业数据的经验研究[J].经济问题,2012(5):1-25.

[57] 柒江艺,许和连.行业异质性、适度知识产权保护与出口技术进步[J].中国工业经济,2012(2):79-88.

[58] 尚涛,陶蕴芳.中国生产性服务贸易开放与制造业国际竞争力关系研究——基于脉冲响应函数方法的分析[J].世界经济研究,2009(5):52-60.

[59] 盛斌,牛蕊.生产性外包对中国工业全要素生产率及工资的影响研究[J].世界经济文汇,2009(6):1-18.

[60] 盛斌.中国加入 WTO 服务贸易自由化的评估与分析[J].世界经济,2002(8):11-19.

[61] 舒杏,霍伟东,王佳.中国对新兴经济体国家出口持续时间及影响因素研究[J].经济学家,2015(2):16-26.

[62] 宋丽丽,刘廷华,张英涛.多边服务贸易自由化促进了生产率提升吗?——基于

中国工业行业数据的检验[J]. 世界经济研究,2014(9):49-55.

[63] 孙灵燕,李荣林. 融资约束限制中国企业出口参与吗? [J]. 经济学:季刊,2012,11(1):231-252.

[64] 孙浦阳,彭伟瑶. 外商直接投资、资源配置与生产率提升——基于微观数据的验证[J]. 中南财经政法大学学报,2014(6):131-160.

[65] 汤毅,尹翔硕. 我国出口企业的"生产率悖论"及其解释[J]. 财贸经济,2014(11):79-88.

[66] 田荣华. 贸易开放、国内市场化进程与资源误置——基于系统 GMM 的经验研究[J]. 中南财经政法大学学报,2015(2):103-118.

[67] 田巍,余淼杰. 中间品贸易自由化和企业研发:基于中国数据的经验分析[J]. 世界经济,2014(6):91-111.

[68] 屠莉佳. 生产性服务业 FDI 对制造业效率的影响研究[J]. 浙江金融,2015(1):32-36.

[69] 涂远芬. 中国双边服务贸易成本的测度及影响因素分析[J]. 国际商务(对外经济贸易大学学报),2016(1):17-27.

[70] 王健. 中国服务贸易承诺自由化指标的建立和比较研究[J]. 国际贸易问题,2005(3):71-76.

[71] 汪建新,黄鹏. 价格贸易条件变动、进口关税削减与中国加入 WTO 的生产率效应[J]. 世界经济研究,2011(12):3-9.

[72] 王璐. 贸易自由化对技术创新能力的影响研究[J]. 中国科技论坛,2015(2):27-31.

[73] 王诏怡. 生产性服务进口、FDI 与制造业生产率——基于行业面板数据的实证研究[J]. 首都经济贸易大学学报,2013(1):47-53.

[74] 魏浩,黄皓骥. 服务外包与国内就业:基于全球 15 个国家 25 个行业的实证分析[J]. 国际贸易问题,2012(5):64-73.

[75] 伍华佳,张莹颖. 中国服务贸易对产业结构升级中介效应的实证检验[J]. 上海经济研究,2009(3):20-27.

[76] 武力超,张馨月,候欣裕. 生产性服务业自由化对微观企业出口的机制研究与实证考察[J]. 财贸经济,2016(4):101-115.

[77] 吴贤彬,陈进,华迎. 基于 SRCA 和 Lafay 指数的"金砖五国"服务贸易结构竞争力分析[J]. 宏观经济研究,2012(2):42-55.

[78] 肖芍芳,王俊杰. 外包与生产率和就业:基于中国的实证[J]. 国际经贸探索,

2012(2):54-66.

[79] 夏天然,陈宪. 国际服务贸易成本的测度——基于相对贸易模型的实证研究[J]. 现代管理科学,2015(8):67-69.

[80] 夏晴. 服务业 FDI 的微观经济效应研究综述[J]. 经济学动态,2011(2):152-155.

[81] 谢慧,黄建忠. 服务业管制改革与制造业生产率——基于三水平多层模型的研究[J]. 国际贸易问题,2015(2):94-102.

[82] 熊凤琴. 我国生产者服务贸易发展及其自由化的经济增长效应研究[D]. 厦门大学博士学位论文,2013.

[83] 薛敬孝,韩燕. 服务业 FDI 对我国就业的影响[J]. 南开学报,2006(2):125-132.

[84] 徐宏毅,黄岷江,李程,徐硼. 生产性服务业 FDI 生产率溢出效应的实证研究[J]. 管理评论,2015,28(12):1-9.

[85] 杨长湧. 我国扩大服务业对外开放的战略思路研究[J]. 国际贸易,2015(4):59-66.

[86] 杨玲. 中国服务贸易开放度研究[J]. 世界贸易组织动态与研究,2011(5):41-54.

[87] 杨荣珍. 中印服务业市场开放比较[J]. 世界贸易组织动态与研究,2007(2):21-28.

[88] 杨汝岱. 中国制造业企业全要素生产率研究[J]. 经济研究,2015(2):61-74.

[89] 姚星,黎耕. 服务贸易自由化与经济增长的关系研究——基于吸收能力角度的实证分析[J]. 国际贸易问题,2010(7):68-74.

[90] 姚星,杨锦地,袁东. 对外开放门槛、生产性服务业与制造业生产效率——基于省际面板数据的实证分析[J]. 经济学动态,2012(5):24-28.

[91] 姚战琪. 工业和服务外包对中国工业生产率的影响[J]. 经济研究,2010(7):91-102.

[92] 姚战琪. 入世以来中国服务业开放度测算[J]. 经济纵横,2015(6):20-26.

[93] 原毅军,刘浩. 中国制造业服务外包与服务业劳动生产率的提升[J]. 中国工业经济,2009(5):67-76.

[94] 余淼杰. 中国的贸易自由化与制造业企业生产率[J]. 经济研究,2010(12):97-110.

[95] 张汉林. 国际服务贸易[M]. 北京:中国商务出版社,2002.

[96] 张如庆. 生产者服务进口对制成品出口技术结构的影响[J]. 产业经济研究,

2012(5):45-53.

[97] 张如庆,时媛,刘国晖.生产性服务业 FDI 对我国制造业技术溢出的渠道分析[J].经济问题探索,2014(10):91-97.

[98] 张艳,唐宜红,张默涵.服务贸易自由化是否提高了制造业企业生产效率[J].世界经济,2013(11):51-71.

[99] 张燕,谢建国.中国关税减让与国内工业行业的生产效率——基于竞争效应与成本效应的实证分析[J].国际经贸探索,2013(8):4-14.

[100] 张宇馨.生产性服务业外资对我国制造业升级发展的影响[J].当代经济研究,2014(6):50-54.

[101] 赵书华,王久红,荣博.中美试听服务贸易自由化与市场开放度研究[J].财贸经济,2011(6):81-86.

[102] 赵伟,郑雯雯.生产性服务业——贸易成本与制造业集聚:机理与实证[J].经济学家,2011(2):67-75.

[103] 赵伟,赵金亮,韩媛媛.异质性、沉没成本与中国企业出口决定:来自中国微观企业的经验证据[J].世界经济,2011(4):62-79.

[104] 赵永亮、阿彦.我国贸易多样性的收益分析和影响因素——基于内延边际与外延边际的考察[J].数量经济技术经济研究,2011(7):64-76.

[105] 郑展鹏.中国对外贸易结构及出口竞争优势的实证研究[J].国际贸易问题,2010(7):42-47.

[106] 制造强国战略研究项目组.制造强国战略研究·综合卷[M].北京:中国工信出版集团,2015.

[107] 邹春萌.东盟区域服务贸易自由化程度的定量评析[J].亚太经济,2013(3):38-43.

[108] 邹春萌.东盟区域服务贸易自由化研究[M].北京:社会科学文献出版社,2012.

[109] 周静.生产性服务业与制造业互动的阶段性特征及其效应[J].改革,2014(11):45-53.

[110] 周念利.RTAS 框架下的服务贸易自由化分析与评估[J].世界经济研究,2008(6):49-87.

[111] 周念利,郭辛捷.中国参与区域服务贸易自由化机制与对策研究[J].国际经贸探索,2012(4):52-60.

[112] 周念利,魏倩,沈铭辉.服务业市场竞争与中国制造业企业全要素生产率[J].财经研究,2015(11):133-144.

[113] Acemoglu, D. Introduction to Modern Economic Growth[M]. New Jersey, Princeton University Press, 2008.

[114] Ahn, S., Fukao, K., & Ito, K. Outsourcing in East Asia and Its Impact on the Japanese and Korean Labour Markets[C]. OECD Publishing, 2008.

[115] Alfaro, L. Foreign Direct Investment and Growth: Does the Sector Matter? [C]. America, Economica, 2003:113-170.

[116] Amiti, M., Wei, S. J. Service Offshoring, Productivity, and Employment: Evidence from the United States [J]. Social Science Electronic Publishing, 2005.

[117] Amiti, M., Wei, S. J. Service Offshoring and Productivity: Evidence from the United States[J]. The World Economy, 2009, 32(2):203-220.

[118] Anderson, T W, Hsiao C. Estimation of Dynamic Models with Error Components[J]. Journal of the American Statistical Association, 1981, 76(375):598-606.

[119] Anderson, J. E., Van Wincoop, E. Gravity with Gravitas: A Solution to the Border Puzzle[J]. American Economic Review, 2003(93):170-192.

[120] Anderson, J. E., Van Wincoop, E. Trade Costs[J]. Journal of Economics Literature, 2004, 42(3):691-751.

[121] Angrist, J. D., Pischke, J. S. Mostly Harmless Econometrics: An Empiricist's Companion[M]. New Jersey, Princeton University Press, 2008.

[122] Arellano, M., Bond, S. Some Tests of Specification for Panel Data: Monte Carlo Evidence and an Application to Employment Equations[J]. The Review of Economic Studies, 1991, 58(2):277-297.

[123] Arellano, M., Bover, O. Another Look at the Instrumental Variable Estimation of Error-components Models[J]. Journal of Econometrics, 1995, 68(1):29-51.

[124] Arnold, J. M., Mattoo, A., & Narciso, G. Services Inputs and Firm Productivity in Sub-Saharan Africa: Evidence from Firm-Level Data[J]. Journal of African Economics, 2008, 17(4):578-599.

[125] Arnold, J. M., Javorcik, B. S., & Mattoo, A. Does Service Liberalization Benefit Manufacturing Firms? Evidence from the Czech Republic[J]. Journal of International Economics, 2011, 85(1):136-146.

[126] Arnold, J. M., Javorcik, B. S., Lipscomb, M., & Mattoo, A. Service Reform and Manufacturing Performance: Evidence from India [J]. Economic Journal, 2015.

[127] Armenise, M., Giovannetti, G., & Santoni, G. FDI in Business Services Has General TFP Effects: Evidence from Italy [R]. University of Florence, European University Institute and Fondazione Manlio Masi, 2012.

[128] Bai, J. Estimation of a Change Point in Multiple Regression Models[J]. The Review of Economics and Statistics, 1997, 79(4):551-563.

[129] Baier, S. L., Bergstrand, J. H. The Growth of World Trade: Tariffs, Transport Costs and Income Similarity[J]. Journal of International Economics, 2001, 53(6):59-71.

[130] Baily, M. N., Caves, R. E. Productivity Dynamics in Manufacturing Plants[J]. Brookings Papers on Economic Activity Microeconomics, 1992, 4:187-267.

[131] Balasubramanian, N., Sivadasan, J. Capital Resalability, Productivity Dispersion, and Market Structure[J]. Review of Economics & Statistics, 2009, 91(3):547-557.

[132] Baldwin, R. E., Forslid, R. Trade Liberalization with Heterogeneous Firms [J]. Review of Development Economics, 2010, 14(2):161-176.

[133] Bas, M. Does Services Liberalization Affect Manufacturing Firms' Export Performance? Evidence from India [J]. Journal of Comparative Economics, 2014, 42(3):569-589.

[134] Bas, M., Causa, O. Service Offshoring, Productivity, and Employment: Evidence from the United States[J]. Journal of Comparative Economics, 2013, 41(3):843-862.

[135] Bas, M., Strauss-Kahn V. Input-trade Liberalization, Export Prices and Quality Upgrading [J]. Journal of International Economics, 2015, 95(2): 250-262.

[136] Bathla, S. Inter-Sartorial Growth Linkage in India: Implications for Policy and Liberalized Reforms[OL]. Research Gate, 2003.

[137] Beck, T. Financial Development and International Trade: Is There a Link? [J]. Journal of International Economics, 2002, (57):107-131.

[138] Bernard, A. B., Eaton, J., & Jensen, J. B. Plants and Productivity in

International Trade[J]. The American Economic Review, 2003, 93(4): 1268-1290.

[139] Bernard, A. B., Jensen, J. B. Exceptional Exporter Performance: Cause, Effect, or Both? [J]. Journal of International Economics, 1999, 47(1):1-25.

[140] Bernard, A. B., Jensen, J. B., Redding, S. J., et al. Firms in International Trade[J]. Journal of Economic Perspectives, 2007, 21(3):105-130.

[141] Bernard, A. B., Jensen, J. B. Exporters, Jobs and Wages in U. S. Manufacturing [C]. Brookings Papers on Economic Activity, Microeconomics, 2010.

[142] Bernard, A. B., Wagner, J. Export Entry and Exit by German Firms[J]. Weltwirtschaftliches Archiv, 2001, 137(1):105-123.

[143] Besedes, T., Prusa, T. J. Ins, Outs, and the Duration of Trade[J]. Canadian Journal of Economics, 2006, (39):266-295.

[144] Bhagwati, J., Panagariya, A., & Srinivasan, T. N. The Muddles over Outsourcing[J]. Journal of Economic Perspectives, 2004:93-114.

[145] Blundell, R., Bond, S. Initial Conditions and Moment Restrictions in Dynamic Panel Data Models[J]. Journal of Econometrics, 1998, 87(1):115-143.

[146] Bourles, R., Cette, G., & Lopez, J. Do Product Market Regulations In Upstream Sectors Curb Productivity Growth? Panel Data Evidence For OECD Countries[J]. The Review of Economics and Statistics, 2013, 95(5): 1750-1768.

[147] Browning, H. L., Singelmann, J. The Emergence of a Service Society: Demographic and Sociological Aspects of the Sectoral Transformation of the Labor Force in the U. S. A. [R]. National Technical Information Service, Springfield, 1975.

[148] Burgess, D. F. Is Trade Liberalization in the Service Sector in the National Interest? [J]. Oxford Economic Papers, 1995, 47(1):60-78.

[149] Bustos, P. The Impact of Trade on Technology and Skill Upgrading: Evidence from Argentina[OL]. CEEI and Universitat Pompeu Fabra, 2005.

[150] Bustos, P. Trade Liberalization, Export, and Technology Upgrading: Evidence on the Impact of MERCO-SUR on Argentinian Firms[J]. American Economic Review, 2011, 101(2):304-340.

[151] Claessens, S. , Laeven, L. What Drives Bank Competition? Some International Evidence[J]. Journal of Money, Credit and Banking, 2003, 36(3):563-583.

[152] Coe, D. T. , Helpman, E. , & Hoffmaister, A. W. North-South R&D Spillovers[J]. Economic Journal, 1997, 107(440):134-149.

[153] Cohen, S. S. , Zysman, J. Manufacturing Matters: The Myth of the Post-Industrial Economy[J]. Southern Economic Journal, 1989, 29(3):9-26.

[154] Daniels, P. W. Producer Services Research in the United Kingdom[J]. Professional Geographer, 1995, 47(1):82-87.

[155] Davis, D. R. , Weinstein, D. Technological Superiority and the Losses from Migration[J]. NBER Working Paper, 2001.

[156] Deardorff, A. V. Comparative Advantage and International Trade and Investment in Services[J]. Trade & Investment in Services Canada/Us Perspectives Toronto Ontario Economic Council, 1985.

[157] Deardorff, A. V. , Stern, R. M. Measurement of Nontariff Barriers[J]. RSIE Discussion Papers, 1997, 63(3):212-224.

[158] Djankov, S. , Cong, S. P. Trading on Time[J]. Review of Economics & Statistics, 2010, 92(1):166-173.

[159] Dollar, D. Technological Differences As A Source of Comparative Advantage [J]. American Economic Review, 1993, 83(2):431-435.

[160] Doytch, N. , Uctum, M. Does the Worldwide Shift of FDI from Manufacturing to Services Accelerate Economic Growth? A GMM Estimation Study[J]. Journal of International Money & Finance, 2011, 30(3):410-427.

[161] Duggan, V. , Rahardja, S. , & Varela, G. Can Open Service Sector FDI Policy Enhance Manufacturing Productivity? Evidence from Indonesia[J]. World Bank Other Operational Studies, 2013:1-7.

[162] Eaton, J. , Kortum, S. Technology, Geography and Trade[J]. Econometrica, 2002, 70(5):1741-1780.

[163] Ederington, J. , McCalman, P. Endogenous Firms Heterogeneity and the Dynamics of Trade Liberalization[J]. Journal of International Economics, 2008, 74(2):422-440.

[164] Egger, H. , Egger, P. Cross-border Sourcing and Outward Processing in EU Manufacturing[J]. North American Journal of Economic and Finance, 2001,

12(3):243-256.

[165] Eicher, T., Garcia-Penalosa, C. Endogenous Strength of Intellectual Property Rights: Implications for Economic Development and Growth[J]. European Economic Review, 2008, 52(2):237-258.

[166] Erik, V. D. M. On Trade, Productivity and Regulation in Services[M]. Paris, Institut d'études politiques, 2011.

[167] Eswaran, M., Kotwal, A. The Role of the Service Sector in the Process of Industrialization[J]. Journal of Development Economics, 2002, 68(2): 401-420.

[168] Ethier, W. J. National and International Returns to Scale in the Modern Theory of International Trade[J]. American Economic Review, 1982, 72(3):38-405.

[169] Feenstra, R. C., Hanson, G. H. Foreign Investment, Outsourcing and Relative Wages[J]. NBER Working Paper, 1996.

[170] Feenstra, R. C., Hanson, G. H. Foreign Direct Investment and Relative Wages: Evidence from Mexico's Maquiladoras[J]. Journal of International Economics, 1997, 42(3-4):371-393.

[171] Feenstra, R. C., Hanson, G. H. The Impact of Outsourcing and High-Technology Capital on Wages: Estimates for the United States, 1979—1990 [J]. Quarterly Journal of Economics, 1999, 114(3):907-940.

[172] Fernandes, A. M. Trade Policy, Trade Volumes and Plant-level Productivity in Colombian Manufacturing Industries[J]. Journal of International Economics, 2007, 71(1):52-71.

[173] Fernandes, A. M., Paunov, C. Foreign Direct Investment in Services and Manufacturing Productivity: Evidence for Chile[J]. Journal of Development Economics, 2012, 97(2):305-321.

[174] Francois, J. F. Trade in Producer Services and Returns due to Specialization under Monopolistic Competition[J]. Canadian Journal of Economics, 1990, 23(1):109-124.

[175] Francois, J., Hoekman, B. Market Access in the Service Sectors[R]. Manuscript, Tinbergen Institute, 1999.

[176] Francois, J., Woerz, J. Producer Services, Manufacturing Linkages and Trade [J]. Journal of Industry Competition & Trade, 2007, 8(3-4):199-229.

[177] Garner, C. A. Offshoring in the Service Sector: Economic Impact and Policy Issues[J]. Economic Review-Federal Reserve Bank of Kansas City, 2004, 89: 5-38.

[178] Girma, S., Görg, H. Outsourcing, Foreign Ownership and Productivity: Evidence from UK Establishment - level Data [J]. Review of International Economics, 2004, 12(5):817-832.

[179] Goldberg, P. K, Pavcnik, N. Distributional Effects of Globalization in Developing Countries[J]. Journal of Economic Literature, 2007, 45(1):39-82.

[180] Gonzales, F. J., Jensen, B., Kim, Y., & Nordas, H. K. Globalization of Service and Jobs[DB/OL]. http://www.oecd.org/site/tadicite/50287724.pdf, 2010:175-190.

[181] Görg, H., Hanley, A. International Outsourcing and Productivity: Evidence from the Irish Electronics Industry[J]. North American Journal of Economics & Finance, 2005, 16(2):255-269.

[182] Görg, H., Hanley, A., & Strobl, E. Productivity Effects of International Outsourcing: Evidence from Plant Level Data [J]. Canadian Journal of Economics, 2008, 41(2):670-688.

[183] Greenaway, D., Morgan, W., & Wright, P. Trade Reform, Adjustment and Growth: What Does the Evidence Tell Us? [J]. The Economic Journal, 1998, 108(450):1547-1561.

[184] Grossman, M. G., Esteban, R. Trading Takes: A Simple Theory of Offshoring[J]. American Economics Review, 2008, 98(5):1978-1997.

[185] Grossman, G. M., Helpman, E. Innovation and Growth in the Global Economy [M]. MIT Press, Cambridge, 1991.

[186] Grubel, H. G., Walker, M. A. Service Industry Growth: Causes and Effects [M]. Canada: Fraser Institute, 1989.

[187] Guerrieri, P., Meliciani, V. Technology and International Competitiveness: The Interdependence Between Manufacturing and Producer Services [J]. Structural Change & Economic Dynamics, 2005, 16(4):489-502.

[188] Gustafsson, P., Segerstrom, P. Trade Liberalization and Productivity Growth [J]. Review of International Economics, 2010, 18(2):207-228.

[189] Halpern, L., Koren, M., & Szeidl, A. Imported Inputs and Productivity[J].

The American Economic Review, 2015, 105(12):3660-3703.

[190] Hansen, N. The Strategic Role of Producer Services in Regional Development [J]. International Regional Science Review, 1993, 16(1-2):187-195.

[191] Hansen, B. E. Threshold Effects in Non-dynamic Panels: Estimation, Testing, and Inference[J]. Journal of Econometrics, 1999, 93(2):345-368.

[192] Harrison, A. E., Martin, L. A., & Nataraj, S. Learning Versus Stealing: How Important are Market-Share Reallocations to India's Productivity Growth? [J]. World Bank Economic Review, 2011, 27(2):202-228.

[193] Hausmann, R., Klinger, B. Structural Transformation and Patterns of Comparative Advantage in the Product Space[J]. Center for International Development of Harvard University Working Paper, 2006(7):6-31.

[194] Hausman, R., Hwang, J., & Rodrik, D. What You Export Matters[J]. Journal of Economic Growth, 2007, 12(1):1-25.

[195] Head, K., Ries, J. Offshore Production and Skill Upgrading by Japanese Manufacturing Firms[J]. Journal of International Economics, 2002, 58(1): 81-105.

[196] Heckman, J. J. Sample Selection Bias as a Specification Error [J]. Econometrica, 1979, 47(1):153-161.

[197] Helpman, E., Krugman, P. Market Structure and Foreign Trade: Increasing Returns, Imperfect Competition and the International Economy [M]. MIT Press, Cambridge, MA, 1985.

[198] Hess, W., Persson, M. The Duration of Trade Revisited: Continuous-Time vs. Discrete-Time Hazards[R]. Working Paper, 2010.

[199] Hoekman, B. Tentative First Steps: an Assessment of the Uruguay Round Agreement on Services[J]. CEPR Discussion Papers, 1995.

[200] Hoekman, B. The Next Round of Services Negotiations: Identifying Priorities and Options[J]. Federal Reserve Bank of St Louis Review, 2000(4):31-52.

[201] Horn, H., Lang, H., & Lundgren, S. Managerial Effort Incentives, X-inefficiency and International Trade[J]. European Economic Review, 1995, 39(1):117-138.

[202] Howells, J., Green, A. Technological Innovation, Structural Change and Location in UK Services[M]. Aldershot: Avebury, 1987.

[203] Hsieh, C. T., Klenow, P. Misallocation and Manufacturing TFP in China and India[J]. Quarterly Journal of Economics, 2009, 124(4): 1403-1448.

[204] Hsu, T. Heterogeneous Firms, Sector Size and Effects of Trade on Industry Productivity Columbia University[OL]. Mimo, 2006.

[205] Hubbard, R. K. B., Nutter, D. S. Service Sector Employment in Merseyside [J]. Geoforum, 1982, 13(3):209-235.

[206] Hummels, D., Ishii, J., & Yi, K. M. The Nature and Growth of Vertical Specialization in World Trade[J]. Journal of International Economics, 2001, 54(1):75-96.

[207] Ilmakunnas, P., Nurmi, S. Dynamics of Export Market Entry and Exit[J]. Scandinavian Journal of Economics, 2010, 112(1):101-126.

[208] Inklaar, R., Timmer, M. P. International Comparisons of Industry Output, Inputs and Productivity Levels: Methodology and New Results[J]. Economic Systems Research, 2007, 19(3):343-363.

[209] Ishido, H. Liberalization of Trade in Services Under ASEAN+n FTAs: A Mapping Exercise[J]. ERIA Discussion Paper Series, 2011.

[210] Jacobson, L., Lalonde, R., & Sullivan. Earnings Losses of Displaced Workers[J]. American Economic Review, 1993, 83(4):685-709.

[211] Javorcik, B. S., Li, Y. Do the Biggest Aisles Serve a Brighter Future? Global Retail Chains and Their Implications for Romania[R]. World Bank Working Paper, 2009.

[212] Jones, R. W., Ruane, F. Appraising the Options for International Trade in Services[J]. Oxford Economic Papers, 1990, 42(4):672-687.

[213] Kakaomerlioglu, D., Carlsson, B. Manufacturing In Decline? A Matter Of Definition[J]. Economics of Innovation & New Technology, 1999, 8(3): 175-196.

[214] Kalirajan, K. Restrictions on Trade in Distribution Services[C]. Australia Productivity Commission Staff Research Paper, 2001.

[215] Kasahara, H., Lapham, B. Productivity and the Decision to Import and Export: Theory and Evidence[J]. Journal of International Economics, 2013, 89(2):297-316.

[216] Keller, W. International Technology Diffusion. J Econ Lit[J]. Journal of

Economic Literature, 2002, 42(3):752-783.

[217] Kim, J. I., Kim, J. D. Liberalization of Trade in Services and Productivity Growth in Korea[J]. Trade Working Papers, 2003:179-208.

[218] Klodt, H. Structural Change Towards Services: the German Experience[R]. University of Birmingham IGS Discussion paper, 2000.

[219] Knobel, A. The Influence Of Services Trade Liberalization On Service Flows And Industry Productivity In CIS Countries And Russia [J]. Economic Education and Research Consortium Working Papers E12/05E, 2012.

[220] Kumbhakar, S. C., Lovell, K. Stochastic Frontier Analysis[J]. Cambridge: Cambridge University Press, 2003.

[221] Lafay, G. The Measurement of Revealed Comparative Advantages [M]. NewYork: Springer US, 1992:209-234.

[222] Lawrence, R. Z., Weinstein, D. E. Trade and growth: Import-Led or Export-Led? Evidence from Japan and Korea[R]. NBER Working Paper, 1999.

[223] Lennon, C., Nicoletti, G. Complementarity of Inputs across Countries in Services Trade[J]. Annales Deconomie Et De Statistique, 2009, (93-94): 183-205.

[224] Levinsohn, J. Testing the Imports-as-Market-Displine Hypothesis[J]. Journal of International Economics, 1993, 35(1-2):1-22.

[225] Levinsohn, J., Petrin, A. Estimating Production Functions Using Inputs to Control For Unobservables[J]. The Review of Economic Studies, 2003, 70(2): 317-341.

[226] Lodefalk, M. The Role of Services for Manufacturing Firms' Export [J]. Review of World Economics, 2014, 150(1):59-82.

[227] Markusen, J. R. Trade in Producer Services and in Other Specialized Intermediate Inputs[J]. American Economic Review, 1989, 79(1):85-95.

[228] Marrewijk, C. V., Vaal, A. D. Services Tradability, Trade Liberalization and Foreign Direct Investment[J]. Economica, 1996, 63(252):611-631.

[229] Mattoo, A., Subramanian, A. Measuring Services Trade Liberalization and Its Impact on Economic Growth: An Illustration [J]. Journal of Economic Integration, 2001, 21(2655):64-98.

[230] McCallum, J. National Borders Matter: Canada-U. S. Regional Trade Patterns

[J]. American Economic Review, 1995, 85(3):615-623.

[231] Melvin, J. R. Trade in Producer Services: A Heckscher-Ohlin Approach[J]. Journal of Political Economy, 1989, 97(5):1180-1196.

[232] Melitz, M. J. The Impact of Trade on Intra-Industry Reallocations and Aggregate Industry Productivity[J]. Econometrica, 2003, 71(6):1695-1725.

[233] Melitz, M. J., Gianmarco, I. P. Ottaviano. Market Size, Trade and Productivity[J]. Review of Economic Studies, 2008, 75(1):295-316.

[234] Miller, R. E., Blair, P. D. Input-Output Analysis: Foundations and Extensions [M]. Cambridge UK, Cambridge University Press, 2009.

[235] Miroudot, S., Sauvage, J., & Shepherd, B. Measuring the Cost of International Trade in Service[R]. MPRA Working Paper, 2010.

[236] Miroudot, S., Sauvage, J., & Shepherd, B. Measuring the Cost of International Trade in Services[J]. World Trade Review, 2013, 12(4): 719-735.

[237] Nguyen-Hong, D. Restrictions on Trade in Professional Services[C]. Australia Productivity Commission Staff Research Paper, 2000.

[238] Nickell, S. Biases in Dynamic Models with Fixed Effects[J]. Econometrica, 1981, 49(6):1417-1426.

[239] Novy, D. Is the Iceberg Melting Less Quickly? International Trade Costs after World War II[R]. Mimeo, University of Warwick, Working Paper, 2006.

[240] Novy, D. Gravity Redux: Measuring International Trade Costs with Panel Data [J]. Economic Inquiry, 2013, 51(1):101-121.

[241] Nordas, H. K. Trade in Goods and Service: Two Sides of the Same Coin? [J]. Economic Modeling, 2010, 27(2):496-506.

[242] Olley, G. S., Pakes, A. The Dynamics of Productivity in the Telecommunications Equipment Industry[J]. Econometrica, 1996, 64(6):1263-1297.

[243] Ottaviano, G., Thisse, J. F. Agglomeration and Trade Revisited [J]. International Economic Review, 2002, 43(2):409-435.

[244] Park, W. G. International Patent Protection: 1960—2005[J]. Research Policy, 2008, 37(4):761-766.

[245] Parsons, C. R., Nguyen, A. T. Import Variety and Productivity in Japan[J]. Economics Bulletin, 2009, 29(3):1947-1959.

[246] Pritchett, L. Measuring Outward Orientation in Developing Countries: Can It Be Done? [J]. Journal of Development Economics, 1996, 49(2):307-335.

[247] Raff, H., Marc, V. D. R. Foreign Direct Investment in Producer Services: Theory and Empirical Evidence [J]. CESifo Working Paper, 2001.

[248] Raff, H., Ruhr, M. Foreign Direct Investment in Producer Services: Theory and Evidence[J]. Applied Economic Quarterly, 2007, 53(3):299-321.

[249] Rivera-Batiz, L. A., & Romer, P. M. Economic Integration and Endogenous Growth[J]. Quarterly Journal of Economics, 1991a, 106(2):531-555.

[250] Rivera-Batiz, L. A., & Romer, P. M. International Trade with Endogenous Technological Change [J]. European Economic Review, 1991b, 35 (4): 971-1001.

[251] Rose, A. K. One Money, One Market: Estimating the Effect of Common Currencies on Trade[J]. Economic Policy, 2000(30):7-45.

[252] Roberts, M., Tybout, J. R. The Decision to Export in Colombia: An Empirical Model of Entry with Sunk Costs [J]. American Economic Review, 1997, 87(4):545-564.

[253] Sagari, S. B. International Trade in Financial Services [C]. The World Bank, 1989.

[254] Sassen, S. The Global City: New York, London, Tokyo [M]. Princeton University Press, 2001.

[255] Segerstorm, P. S. The Long-Run Growth Effects of R&D Subsidies [J]. Journal of Economic Growth, Springer, 2000, 5(3): 277-305.

[256] Segerstrom, P. S., Gustafsson, P. Trade Liberalization and Productivity Growth[OL]. CEPR Discussion Paper, 2006.

[257] Shepotylo, O., Vakhitov, V. Services Liberalization and Productivity of Manufacturing Firms: Evidence from Ukraine [J]. Economics of Transition, 2012, 23(1):1-44.

[258] Sjöholm, F. Which Indonesian Firms Export? The Importance of Foreign Networks[J]. Economic of Governance, 2003, 82(3):333-350.

[259] Smarzynska, B. K. Does Foreign Direct Investment Increase the Productivity of Domestic Firms? In Search of Spillovers Through Backward Linkages [J]. American Economic Review, 2004, 94(3):605-627.

[260] Syverson, C. What Determines Productivity? [J]. Journal of Economic Literature, 2010, 49(2):326-365.

[261] Tarr, D. Impact of Services Liberalization on Industry Productivity, Exports and Development: Six Empirical Studies in the Transition Countries[J]. Policy Research Working Paper, 2012.

[262] Topalova, P., Khandelwal, A. Trade Liberalization and Firm Productivity: The Case of India[J]. Review of Economics & Statistics, 2011, 93(3): 995-1009.

[263] Trewin, R. A Price-Impact Measure of Impediments to Trade in Telecommunications Service[J]. ANU Research Publications, 2001.

[264] Trognon, A. Miscellaneous Asymptotic Properties of Ordinary Least Squares and Maximum Likelihood Estimators in Dynamic Error Components Models[J]. Annales De Linsée, 1978(30/31):631-657.

[265] Vickery, G., Welsum, D. V. Potential Off-Shoring of ICT-Intensive Occupations[DB/OL]. http://dx.doi.org/10.1787/9789264010307-en, 2005-06-08.

[266] Volpe, C., Carbaloo, J. Survival of New Exporters in Developing Countries: Does it Matter How They Diversify? [R]. Inter-American Development Bank Working Paper, 2009.

[267] Warren, B. T. The Impact on Output of Impediments of Trade in Telecommunications Services [C]. Impediments in Trade in Services: Measurement and Policy Implications, 2000.

[268] Yeaple, S. R. A Simple Model of Firm Heterogeneity, International Trade, and Wages[J]. Journal of International Economics, 2005, 65(1):1-20.

[269] Yu M. Processing Trade, Tariff Reductions and Firm Productivity: Evidence from Chinese Firms[J]. Economic Journal, forthcoming, 2014.

[270] Yu, R., Cai, J., & Leung, P. S. The Normalized Revealed Comparative Advantage Index[J]. Annals of Regional Science, 2009, 43(1):267-282.

后　　记

本书是在我博士学位论文的基础上修改、完善而成。从论文选题、文献梳理到章节布局，直至最终定稿，我的导师刘夏明教授都给予了精心的指导。刘老师具有国际化的视野，严谨求实的治学理念，扎实深厚的学术造诣，谦虚豁达的人格魅力，在平时的学习生活中亦师亦友，使我在各方面都受益匪浅，我为在学术生涯中遇到这样优秀的导师而倍感自豪。书稿倾注着刘老师的心血与睿智，学生谨向导师致以真诚的谢意！

本书得到了上海立信会计金融学院“序伦财经文库”系列学术专著出版计划的资助，立信会计出版社的编辑老师在本书出版过程中给予了大力的支持和帮助，在此一并郑重致谢。

我要特别感谢我的父母，多年求学历程中，虽然相隔千里，但父母的关爱始终伴随我成长，让我时刻感受到无微不至的关怀和竭尽全力的帮助。父母多年以来一如既往的抚育与教导，在我困难之时给予的鼓励和宽容，让我乐观积极地面对挑战，让我明白只有自立自强才能闯出一片属于自己的天空。“谁言寸草心，报得三春晖”，为人子女只能以点滴的成熟与进步作为微薄回报，来回馈父母一直以来无私的付出与辛劳。

我还要感谢在这三年里与我齐头并进的各位博士同学，感谢你们的陪伴和帮助，给予我勇攀学术高峰的动力与信心。在这里尤其要感谢王佳博士在读博期间所有的支持和鼓励，感谢龚静、刘飞宇、李萍、周茂、赵哲、邓富华和陈若愚在生活中给予我的关心与帮助。此外，也要感谢在百忙之中抽出宝贵时间对我论文进行评阅的专家教授，感谢各位老师提出的宝贵意见和中肯建议。同时，感谢参考文献中所列出研究成果的各位学者和专家，感谢你们开创性的研究成果为本研究奠定了坚实的基础，指明了可以拓展的研究方向。

由于撰写的时间和作者水平所限，本书难免存在错误和疏漏，恳请广大读者特别是各位教师与同学提出宝贵意见，以便今后进一步改进和完善。

转眼间离开校园已有一年半光景，光华园记录着我在西财的青春岁月，颐德楼的灯光辉映着求学的印记，柳湖的波光激荡着青春的涟漪，雄伟的钟楼依然敲打着时间的洪荒，厚重的大爱碑铭刻着西财的担当。母校“经世济民、孜孜以求”的大学精神塑造了我“大气为人、大智谋事、大爱行天下”的西财青年品格，在未来的工作生活中也将继续激励我发奋图强，砥砺前行，力争为国家和社会贡献出更多的力量。

舒　杏

2018 年 3 月 26 日